新时代防范和化解社会风险研究

Research on Preventing and Resolving Social Risks in the New Era

李文姣 著

中国社会科学出版社

图书在版编目（CIP）数据

新时代防范和化解社会风险研究/李文姣著.—北京：中国社会科学出版社，2023.9
ISBN 978-7-5227-2548-2

Ⅰ.①新⋯ Ⅱ.①李⋯ Ⅲ.①社会管理—风险管理—研究—中国 Ⅳ.①D63

中国国家版本馆 CIP 数据核字（2023）第 165971 号

出版人	赵剑英
责任编辑	王 斌 李 立
责任校对	谢 静
责任印制	张雪娇

出　　版	中国社会科学出版社
社　　址	北京鼓楼西大街甲 158 号
邮　　编	100720
网　　址	http://www.csspw.cn
发 行 部	010-84083685
门 市 部	010-84029450
经　　销	新华书店及其他书店

印　　刷	北京君升印刷有限公司
装　　订	廊坊市广阳区广增装订厂
版　　次	2023 年 9 月第 1 版
印　　次	2023 年 9 月第 1 次印刷

开　　本	710×1000 1/16
印　　张	17.25
字　　数	274 千字
定　　价	98.00 元

凡购买中国社会科学出版社图书，如有质量问题请与本社营销中心联系调换
电话：010-84083683
版权所有　侵权必究

前　　言

新时代国家治理体系和治理能力现代化建设步入新阶段，防范和化解社会风险成为将制度优势转化为治理效能的必然选择。本课题立足于促进防范和化解社会风险的科学化、民主化、社会化和法治化建设，将研究视角聚焦在构建完善的制度保障和机制建设，打造社会治理共同体、构建协同治理机制和建设韧性社会，科学处理风险防治、经济发展和社会稳定三者之间的关系，着力将社会风险转化为发展机遇。

本课题的实践意义在于：首先，以防范和化解社会风险为切入点，探索具有中国特色、时代特点的社会风险治理新模式，为各级政府部门进行风险综合治理提供科学依据；其次，充分发挥制度优势，以全程性视角进行社会风险防范，从源头、传导、转化的关键环节进行社会风险化解，防止风险向上传导、向外溢出；最后，通过创新社会风险防范化解机制，督促政府部门真正承担和全面履行政府的有限职责，维护人民群众的生命财产安全、社会生活的安定、社会秩序的稳定、经济社会的稳健发展、社会的公平正义。

本研究基于理论分析、实践调研和案例分析提出以下观点。首先，新时代防范和化解社会风险有助于将制度优势转化为治理效能。要强化风险意识，充分认识当前新的社会矛盾和社会冲突形式；提升风险防范水平，居安思危把风险防范于未然；提高风险化解能力，打造社会治理共同体，构建协同治理机制，提高社会整体韧性。其次，新时代防范和化解社会风险要早识别、早管控、早处置。防止风险扩散到政治、经济、意识形态等领域，造成全局性系统性的危害。各级政府部门要重点提升风险防范意识、风险防范能力、风险化解水平和风险转化能力。最后，新时代防范和化解社会风险是一项系统工程。一是构建社会治理共同体，共同打造防范和化解社会风险的责任共同体、目标共同体和力量共同体，通过协商与合作化解社会风险。二是构建协同治理机制，在政府—社会—公众之间建立协同治理关系，动员社会资源参与防范和化解社会风险，提升社会风险治理效能。三是完善社会韧性治理，通过完善治理制度、治理技术、治理体系和治理方式的韧性建设，构建高韧性社会。四是，创新社会风险管理，完善社会稳定风险评估机制，以有效规避、预防、降低、控制和应对可能产生威胁的社会风险。五是加强公众参与实效性，消弭重大决策的社会风险，维护国家安全和社会稳定。

中国特色社会主义进入新时代同样也是面临利益分化、风险频发、冲突不断、矛盾突出的社会转型重要时期。本研究的应用价值在于以下几点。一是在全球化的时代背景下，社会风险也呈现出全球化趋势，这对我国实现第二个百年奋斗目标提出了严峻挑战。防范和化解社会风险是实现社会长期稳定的重要基石。二是为创新社会治理，加强和完善共建共治共享的社会治理制度提供实践经验，进一步推进国家治理体系和治理能力现代化。三是社会风险涉及的领域关系到人民群众的获得感、幸福感、安全感能否得到保障，对社会风险相关问题进行研究有助于维护人民群众的切身利益。

由于时间精力和研究内容局限性，本书还存在许多不足之处，需要在今后的研究工作中进一步展开，敬请读者批评指正。

李文姣

2023 年 4 月

目 录

第一章 绪论 （1）
  第一节 选题背景与研究意义 （1）
    一 选题背景 （1）
    二 研究意义 （2）
  第二节 国内外相关研究综述 （3）
    一 国外相关研究 （3）
    二 国内相关研究 （8）
    三 文献述评 （19）
  第三节 研究思路与研究方法 （20）
    一 研究思路 （20）
    二 研究方法 （20）
  第四节 内容框架与创新之处 （22）
    一 内容框架 （22）
    二 创新之处 （23）

第二章 新时代防范和化解社会风险的理论分析 （24）
  第一节 相关概念界定 （24）
    一 新时代 （24）
    二 风险与社会风险 （25）
    三 防范和化解社会风险 （26）
  第二节 防范和化解社会风险的理论基础 （27）
    一 社会治理共同体理论 （27）
    二 协同治理理论 （30）
    三 韧性治理理论 （33）

四　风险管理理论 …………………………………………（37）
　　五　公众参与理论 …………………………………………（38）

第三章　新时代防范和化解社会风险的新要求与新进展 ……（40）
第一节　新时代社会风险的主要特征 …………………………（40）
　　一　内外交织的复杂性 ……………………………………（40）
　　二　突如其来的不确定性 …………………………………（41）
　　三　相互叠加的聚集性 ……………………………………（41）
　　四　外溢上传的扩散性 ……………………………………（42）
第二节　新时代防范和化解社会风险的新要求 ………………（42）
　　一　社会风险的复杂性要求进行多元化的风险防治 ……（42）
　　二　社会风险的不确定性要求进行常态化的风险防治 …（44）
　　三　社会风险的聚集性要求进行综合化的风险防治 ……（45）
　　四　社会风险的扩散性要求进行动态化的风险防治 ……（46）
第三节　新时代防范和化解社会风险的新进展 ………………（47）
　　一　风险防范意识显著强化 ………………………………（47）
　　二　风险防范能力逐渐提升 ………………………………（48）
　　三　风险化解水平逐步提高 ………………………………（49）
　　四　风险转化能力明显增强 ………………………………（50）

第四章　新时代防范和化解社会风险面临的困境及其原因分析 ……（53）
第一节　新时代防范和化解社会风险面临的主要困境 ………（53）
　　一　多层次多中心的网络结构引发孤岛效应 ……………（53）
　　二　社会治理统筹整合协同机制不健全 …………………（57）
　　三　社会整体脆弱性较大且抗逆力不足 …………………（60）
　　四　社会风险管理缺乏有效的社会稳定风险评估 ………（65）
　　五　公众参与机制缺乏完善的制度保障 …………………（68）
第二节　新时代防范和化解社会风险面临困境的原因分析 …（70）
　　一　社会治理共同体之间尚未构建起紧密的网络结构 …（70）
　　二　社会协同治理尚未建立起高效有序的治理模式 ……（73）
　　三　社会韧性治理尚未建立起整体性的全面韧性社会 …（76）
　　四　社会稳定风险评估尚未健全风险管理机制 …………（79）

五　公众参与重大决策尚未形成有效路径 ……………………（82）

第五章　以第三方介入重大决策社会稳定风险评估防范和化解社会风险的案例分析 ………………………………………（86）
　第一节　第三方介入重大决策社会稳定风险评估的理论基础 ……（87）
　　一　委托代理理论与第三方介入机制 …………………………（88）
　　二　风险认知理论与第三方介入机制 …………………………（90）
　　三　第三方介入机制的理论分析框架 …………………………（92）
　第二节　第三方介入重大决策社会稳定风险评估的治理价值 ……（94）
　　一　第三方介入重大决策社会稳定风险评估具有重要性 ……（94）
　　二　第三方介入重大决策社会稳定风险评估具有必要性 ……（95）
　　三　第三方介入重大决策社会稳定风险评估具有迫切性 ……（97）
　第三节　重大决策社会稳定风险评估中第三方介入机制的
　　　　　要素、运行框架与原则 …………………………………（99）
　　一　重大决策社会稳定风险评估中第三方介入机制的要素 …（100）
　　二　重大决策社会稳定风险评估中第三方介入机制的运行
　　　　框架 ……………………………………………………（115）
　　三　重大决策社会稳定风险评估中第三方介入的原则 ………（120）
　第四节　案例选取与案例分析 ……………………………………（122）
　　一　第三方介入重大决策社会稳定风险评估的机制 …………（122）
　　二　第三方介入重大决策社会稳定风险评估的结果 …………（124）
　　三　第三方介入重大决策社会稳定风险评估的结论 …………（146）
　第五节　案例分析的贡献与展望 …………………………………（149）
　　一　案例分析的贡献 ……………………………………………（150）
　　二　案例分析的不足与展望 ……………………………………（152）

第六章　新时代防范和化解社会风险的对策建议 …………………（156）
　第一节　构建社会治理共同体，完善防范和化解社会领域
　　　　　重大风险的网络结构 ……………………………………（156）
　　一　基于社会治理制度，打造社会风险防治的责任共同体 …（157）
　　二　基于社会治理目标，打造社会风险防治的目标共同体 …（159）
　　三　基于社会治理体系，打造社会风险防治的力量共同体 …（163）

第二节 加强社会协同治理，提升社会风险的治理效能 …… (167)
  一 加强政治引领，协调多元治理主体关系 …… (168)
  二 强化统筹协调，整合市域协同治理效能 …… (170)
  三 制定规章制度，互嵌共同规则 …… (173)
第三节 构建社会韧性治理，强化抵御社会风险冲击的能力 …… (176)
  一 完善社会治理制度的韧性建设，着力将制度优势
    转化为治理效能 …… (177)
  二 完善社会治理技术的韧性建设，推动科技赋能社会
    治理 …… (180)
  三 完善治理体系的韧性建设，加强社会治理结构的有效
    衔接 …… (182)
  四 完善治理方式的韧性建设，推动社会治理统筹协调 …… (188)
第四节 创新社会风险管理，完善社会稳定风险评估机制 …… (193)
  一 建立健全社会稳定风险评估制度 …… (193)
  二 创新第三方介入社会稳定风险评估机制 …… (197)
  三 落实第三方机构评估结论的评价管理 …… (202)
第五节 加强公众参与实效性，消弭重大决策的社会风险 …… (208)
  一 完善公众参与机制，提高参与重大决策的有效性 …… (208)
  二 加强风险沟通机制，保障参与重大决策的完整性 …… (210)
  三 构建信息公开机制，提升参与重大决策的相容性 …… (211)

第七章 结论与展望 …… (214)
 第一节 研究结论 …… (214)
 第二节 研究展望 …… (215)

附录一 …… (217)

附录二 …… (229)

参考文献 …… (257)

后　记 …… (268)

第 一 章

绪　　论

新时代是中华民族全面走向伟大复兴的时代。然而无论从改革发展稳定看，还是从内政外交国防、治党治国治军看，实现伟大复兴所涉及的任务之重、领域之广、难度之大、风险之多前所未有。国家治理体系和治理能力现代化离不开社会治理的现代化。防范和化解社会风险是社会治理的重要方面，包括社会安全事件的处置、基层矛盾纠纷的化解、社会秩序稳定的维护、突发公共卫生事件的处理、自然灾害引发的社会次生灾害的防范等。社会治理越有效，国家治理的基础就越坚实。

第一节　选题背景与研究意义

一　选题背景

党的十八大以来，以习近平同志为核心的党中央反复强调要增强忧患意识、防范化解重大风险，领导全党成功应对各种风险挑战。党的十九届四中全会作出当今世界正经历百年未有之大变局、我国正处于实现中华民族伟大复兴关键时期的战略判断。党的十九届五中全会站在"两个一百年"历史交汇点上，激励全党全国各族人民，战胜前进道路上各种风险挑战。党的十九届六中全会指出，总结党的百年奋斗重大成就和历史经验，是推进党的自我革命、提高全党斗争本领和应对风险挑战能力、永葆党的生机活力、团结带领全国各族人民为实现中华民族伟大复兴的中国梦而继续奋斗的需要。党的二十大报告提出，国家安全是民族复兴的根基，社会稳定是国家强盛的前提。必须坚定不移贯彻总体国家安全观，把维护国家安全贯穿党和国家工作各方面全过程，确保国家安全和社会稳定。这些新思想、新理念、新战略为增强忧患意识，把握伟大斗争的方向提供了指引，为深入分析新时代面临的社会风险挑战提供了理论指导，为正确认识和有效应对社会风险提供了具体遵循。

近年来，随着社会矛盾和社会冲突的日渐增多，社会风险成为一种现象级的事件，社会结构断裂错位，风险点呈现出应力集中，一触即发导致连锁效应。2019年1月21日，习近平总书记在省部级主要领导干部坚持底线思维着力防范化解重大风险专题研讨班开班式上发表重要讲话强调，深刻认识和准确把握外部环境的深刻变化和我国改革发展稳定面临的新情况、新问题、新挑战，坚持底线思维，增强忧患意识，提高防控能力，着力防范化解重大风险。社会主义新时代面临着社会的全面转型，其中社会风险表现为传统风险和现代风险交织出现，区域性风险与全局性风险相叠加，风险全球化与全球风险化形成共振。

二 研究意义

进入新时代全面提升防范和化解社会风险的能力和水平，需要做到精准研判，应对有方，处置有效，这对于构建韧性社会治理，完善市域治理现代化，提升国家治理体系和治理能力现代化有着重要的理论和现实意义。

（一）理论意义

西方社会风险治理理论是基于时代背景和发展阶段总结而成，与我国新时代的经济社会发展现状存在显著差异，直接应用于我国防范和化解社会风险会出现本土适应性的困境。党的十八大以来习近平总书记关于社会风险的重要论述，为各级党委政府及各党政工作部门提供了科学指引，对其进行深刻理解和把握有助于基层党委政府有效应对社会风险。因此本研究在系统梳理西方社会风险的相关理论的基础上，重点探索中国特色的社会风险治理理论以及进一步与实践相结合，对理论的应用性进行检验，促进本土化理论的完善和发展。

（二）实践意义

中国特色社会主义进入新时代同样也是面临利益分化、风险频发、冲突不断、矛盾突出的社会转型重要时期。本研究的实践意义在于以下几点。一是在全球化的时代背景下，社会风险也呈现出全球化趋势，这对我国实现第二个百年奋斗目标提出了严峻挑战。防范和化解社会风险是实现社会长期稳定的重要基石。二是为创新社会治理，加强和完善共建共治共享的社会治理制度提供实践经验，进一步推进国家治理体系和治理能力现代化。三是社会风险涉及的领域关系到人民群众的获得感、幸福感、安全感能否得到保障，对社会风险相关问题进行研究有助于维护人民群众的切身利益。

第二节　国内外相关研究综述

一　国外相关研究

早在20世纪中叶，西方社会关于社会风险的研究始于对环境问题引发的社会风险的探讨。进入21世纪，核危机、禽流感、疯牛病、恐怖主义和新冠肺炎疫情等，考验着人们应对风险的能力和水平，社会风险逐渐成为全球性的热点话题。按照不同时期对防范和化解社会风险的方式进行梳理，西方社会的研究大概可以划分为以下阶段。

20世纪60年代的研究者认为社会风险是客观的存在，其研究对象是可观察到的、具体的、现实的社会风险，因此可以通过风险评估和风险预测对社会风险进行管理。该时期的社会风险研究遵循实证主义的范式，其理论是建立在可以精确地、科学地对社会风险进行测量的基础上，研究重点在于社会风险的识别、风险因素的分析、社会风险的预防和减少风险损失等。[①] 因而在这一理论视角下，防范和化解社会风险是以"专家—技术"为核心，对社会风险进行分阶段管理，具有较高的实践性和可操作性。在社会风险发生之前，要借助科学地分析和技术性手段，结合社会发展规律预测风险发生的概率，提出风险规避预警措施，以降低或消除风险带来损失的可能性；在社会风险发生之后，基于对社会风险的类型、特征、性质、发展现状和预期趋势的研判和分析，提出系统的抵御风险并减少损失的风险管理对策。1966年雷蒙德·鲍尔（Raymond Bauer）在《社会指标》中提出要构建数学模型来监测社会政策的执行及其影响，通过搭建数量指标体系来拟合社会风险，引起了通过科学的数

[①] 刘婧：《现代社会风险解析》，《浙江社会科学》2005年第1期。

学计算来预测预警社会风险的研究焦点。

20世纪80年代西方的研究者更加注重社会因素对风险的影响,由于人类成为风险的主要引发主体,导致风险的特点、风险因素和风险的构成要素都发生了本质的变化,因而学者的研究重点转移到了通过社会的宏观视角来分析风险。在防范和化解社会风险方面,西方学者的研究可以梳理出制度主义和文化主义者两个不同的取向。制度主义的研究路径以乌尔里希·贝克(Ulrich Beck)、安东尼·吉登斯(Anthony Giddens)的风险社会理论为代表,文化主义则以玛丽·道格拉斯(Mary Douglas)、斯科特·拉什(Scott Lash)等人的风险文化理论为代表,二者之间有着完全不同的研究思路和研究范式。

(一)制度主义的风险观与风险治理

制度主义把风险社会和现代制度联系在一起,认为社会风险是现代制度的伴生物和副产品,这是一种宏观的社会结构视角。乌尔里希·贝克是"风险社会"这一概念的提出者,他在《风险社会》《世界风险社会》《风险时代的生态政治》等著作中都体现了制度主义的理论取向。贝克认为西方社会建立起来的政治、经济、法律等制度体系是社会风险的来源,是因为制度形成了一个"有组织的不负责任"大环境。在这样的背景下,由于没有组织、机构或个人为社会风险承担应有的责任,导致政府部门和社会机构虽然认识到了通过设置规范化的制度来防范和化解客观存在的社会风险的必要性,但是依然试图否认风险的发生、遮盖风险来源、模糊事实真相来逃避风险管理责任。[①] 风险与责任是息息相关的,谁来承担风险责任以及风险产生的负面影响是制度主义风险理论的关键和核心。一种新的形式的"风险社会"正在形成,其特征是"从短缺社会的财富分配逻辑向晚期现代性的风险分配逻辑的转变"[②]。风险全球化意味着风险存在于全球各个地区,但每个地区对风险责任的承担却各不相同,地区间存在着风险的责任分配问题。贝克提出反思性现代化,即为了应对风险应该通过民主协商的方式设置新的风险责任分配机制,

---

① [德]乌尔里希·贝克:《风险社会再思考》,郗卫东译,《马克思主义与现实》2002年第4期。

② [德]乌尔里希·贝克:《风险社会》,何博闻译,译林出版社2004年版,第15页。

从制度层面构建防范和化解社会风险的对策,推动制度革新。①

安东尼·吉登斯在其著作《现代性的后果》《失控的世界》《现代性与自我认同》中提出的风险社会理论也强调了制度性风险。吉登斯将风险分为"外部风险"(external risk)和"被制造的风险"(manufactured risk)。外部风险是指存在于外部自然界的传统风险,具有局部性、个体化、自然属性的特征。内部风险是存在于社会中的结构性风险,是科学技术发展的伴生物,具有全球性、人为性、社会属性的特征。吉登斯的风险社会理论之所以体现了制度主义,是因为他对现代性进行多维的制度分析,认为资本主义、工业主义、民族国家对信息的控制和对社会的监督以及对暴力手段的支配和战争本身的工业化,构成了现代社会的四个基本维度②,这四个维度都有带来严重风险的可能性,当风险变得越来越不可控时,现代风险社会就成为一个"失控的世界"(runaway world)。在防范和化解社会风险方面,吉登斯认为"现代性内在就是全球化的,而且这种现象的不确定后果与它的反思特性彼此循环,构成了一种由事件组成的领域,在其中风险和伤害有着独特的品质"。他提倡一种激进的风险治理模式,认为当下的制度体制都应该被摒弃,通过社会运动实现从"解放政治"向"生活政治"、从"区域政治"向"全球政治"的转化,并预言了踏入后现代性的不同维度与过程:在超越匮乏型体系、技术的人道化、多层次的民主参与和非军事化趋势下,达到一种理想的后现代性社会:社会化的经济组织、关注生态的体系、协调性的全球秩序与对战争的超越,以实现防范和化解风险。③

总之,制度主义的风险理论的核心是认为现代制度体系是造成风险社会的根源,因此要从制度层面的变革来应对社会风险,通过制度重构形成合理的风险责任分配体系以防范和化解社会风险,是一种以"政治—制度"为核心的治理模式。

---

① [德]乌尔里希·贝克:《风险社会》,何博闻译,译林出版社2004年版,第5—9页。

② [英]安东尼·吉登斯:《现代性的后果》,田禾译,译林出版社2011年版,第49—56页。

③ 注:吉登斯的著作就是很晦涩,既要保留译著中的表达,又要符合我们想要的意义,有难度。[英]安东尼·吉登斯:《现代性的后果》,田禾译,译林出版社2011年版,第138—143页。

(二) 文化主义的风险观与风险治理

文化主义的风险观认为现代社会风险在客观上并没有明显增加，而人们主观感受到的风险增加是因为人们的风险认知水平提高了、接触到风险信息的途径增多了，是一种主观上的判断。因而当代社会风险频发是一种主观认知和文化现象，而并非制度主义认为的制度性社会失序。玛丽·道格拉斯和威尔德韦斯在《风险与文化》这本书里从文化主义理论角度分析，认为风险是人们对未来的不确定的认知和判断，这种人们主观认为社会风险的增加往往与客观实际是相背离的。① 社会风险虽然具有客观现实性，但同时是社会认知的产物，在社会互动过程中受到人们的主观判断的影响。②

基于文化主义的风险观可以将社会风险分为政治风险、经济风险和自然风险，并把社会结构的变革归因为上述三种风险文化相互影响的结果：把社会政治风险视为最大风险的等级制度主义文化，把经济风险视为最大风险的市场个人主义文化，以及把自然风险视为最大风险的社团群落的边缘文化。而社会风险的出现是由于第三类边缘文化中的社团群落和社会边缘群体，对由制度主义者与市场个人主义者构成的社会主流和中心造成了一定的威胁。拉什的文化主义风险理论主要探讨了人们的文化背景对他们的风险认知的影响。他认为人们对风险的判断是基于他们所在群体的价值观、信念或信仰做出的，而不是基于制度和规定的约束。因而不同的群体对同一个问题的判断和解读是完全不一样的，群体之间对于风险责任的承担和划分会相互推诿和相互指责。因此，在防范和化解社会风险时不能只依靠制度来进行风险管理，还需要通过构建共同的信念和信仰来防治风险。拉什预言，风险社会的时代终将成为过去，我们将要迎来的是风险文化的时代。③

总之，文化主义认为风险的影响程度在本质上是人们在心理层面对

---

① Douglas M., Wildavsky A., *Risk and Culture: An Essay on the Selection of Technological and Environmental Dangers*, Berkeley: University of California Press, 1983, pp. 131–144.

② Thompson M., Wildavsky A., *A Proposal to Create a Cultural Theory of Risk*, New York: Spring-Verlag, 1982, pp. 148–160.

③ [英] 斯科特·拉什:《风险社会与风险文化》，王武龙译，《马克思主义与现实》2002年第4期。

风险的认知和判断，应该依靠社会成员所固有的社会价值和心理因素影响风险的传播，而不是制度化的规定和规范。因此防范和化解社会风险也应该通过文化引导社团运动，提高人们的风险意识，纠正人民的风险认知偏差，来应对社会风险，是以"社团运动"为中心的治理模式。

　　20世纪90年代以来，西方学者在制度主义和文化主义的基础上进行了更深入的探索，对风险的认识更加深刻，提出的理论观点也更加多元。德国社会学家卢曼（Niklas Luhmann）从社会系统理论的视角对风险进行了研究，他认为当代社会具有极大的偶然性、不确定性，甚至存在自相矛盾，导致社会风险的发生是必然的、不可回避的，但是风险什么时候爆发，以何种形式爆发是不确定的。因此风险不是客观实体，也不是事实，而是随着时间动态变化的感觉和认知，同时国家的法律法规、经济政策、社会规范等社会系统的结构形式也发生变革，这都将增加风险发生的可能性。克里斯托弗·胡德（Christopher Hood）、亨利·罗斯坦（Henry Rothstein）以及罗伯特·鲍德温（Robert Baldwin）站在制度主义的视角对风险规制体制（Risk Regulation Regimes）进行了研究，从制度、运作以及价值目标三个层面分析了风险规制体制的动态衍化特征。[①] 风险规制体制认为风险是规制的核心，对风险的规制能否成功取决于规制体制在风险情境和风险社会中运作的协同性和有效性（Hood C., James O., Scott C., 1999）。[②] 托马（Toma）、亚历克萨（Alexa）、萨伯（Sarpe）认为风险全球化的过程中呈现出地区之间风险关联程度逐渐加深，但各个地区的风险治理能力却极为分散，政府应该制定出应对风险的预案以便采取有效的治理措施，并锚定风险治理重点集中在环境风险、政治风险和金融风险三个方面。[③] 还有学者认为防范和化解社会风险并非完全是政府的责任，其他社会主体，比如社会组织、社工组织、企业、个人也都

[①] Hood C., Rothstein H., Baldwin R., "The Government of Risk: Understanding Risk Regulation Regimes", *OUP Catalogue*, Vol. 22, No. 5, 2001, pp. 1007–1008.

[②] Hood C., James O., Scott C., et al., *Regulation inside Government: Waste Watchers, Quality Police, and Sleaze-busters*, Oxford: Oxford University Press, 1999, p. 207.

[③] Toma S. V., Alexa I. V., Arpe D., "The Risks and the Governments", *Procedia -Social and Behavioral Sciences*, Vol. 62, No. 1, 2012, pp. 275–279.

应承担相应的责任,需要把多元的社会主体纳入到风险治理之中。①奥特温·伦内(Ortwin Renn)认为将多元主体的利益、知识和能力整合到风险决策中,能够保证风险治理的有效性、公平性和公正性。②克拉克(Clarke)的研究更强调组织在防范和化解社会风险的重要作用,认为在风险评估、风险研判和风险应对方面应该更多地依靠组织的力量。

纵观上述几种研究视角,在防范和化解社会风险问题上,西方学者基于不同的理论提出了不同的风险治理路径。制度主义认为社会风险是制度的不完善导致的,因此要通过制度改革重构社会结构以应对社会风险。文化主义认为社会风险是一种主观认知,随着人们的风险意识的增强和获取风险信息的渠道的增多,人们感受到的风险增加了,是心理因素强化了社会风险,因此可以通过构建共同的价值理念组织动员社会团体来应对风险挑战。社会系统理论认为多重的诱发因素、多层次的规制体系、多元化的治理主体分别构成了完整的系统,因此防范和化解社会风险应该遵循系统观念。

二 国内相关研究

防范和化解社会风险是社会治理的重要内容,也是实现国家治理体系和治理能力现代化的基石。与国外学者构建的宏观的风险理论相比较,国内学者关于社会风险和防范化解社会风险的研究多基于中国本土化的语境,或将国外的风险理论与中国实际相结合,或创新发展符合中国实情的本土化理论。对国内学者的研究进行梳理,大致可以归纳为以下几个方面。

(一)社会风险的相关研究

习近平总书记在党的二十大报告中提出要"坚决维护国家安全,防范化解重大风险,保持社会大局稳定"。新中国成立70多年来,党和政府立足于我国社会发展实际,形成了不同时期各具特色的社会风险化解

---

① Klinke A., Renn O., "Expertise and Experience: A Deliberative System of a Functional Division of Labor for Post-normal Risk Governance", *Innovation the European Journal of Social Science Research*, Vol. 27, No. 4, 2014, pp. 442–465.

② O. Renn, "Stakeholder and Public Involvement in Risk Governance", *International Journal of Disaster Risk Science*, Vol. 6, No. 1, 2015, pp. 8–20.

思路，为维护社会稳定和推进社会和谐发展提供了坚强保障。胡洪彬对新中国成立以来党和政府积累的社会风险化解经验进行了梳理，为新时代如何防范和化解社会风险提供了可供借鉴的历史经验，比如构建社会风险动态评估机制、社会风险预警监控机制、防范社会风险的责任落实机制和化解社会风险协同参与机制，进一步巩固和提升新时代党和政府执政的社会根基。① 吴忠民认为在现代化进程中，社会风险是无法回避的社会现象，但社会危机和社会动荡是需要通过社会风险管理避免的。他对中国中近期社会安全前景进行了预判，认为由于经济发展基本面呈向好趋势，公众的利益诉求主要集中在民生领域而非政治领域，且党委政府能够有效监督和制约公共权力，因此中国中近期社会风险转为政治风险的可能性较小。② 孔祥涛认为进入新时代，国际国内风险因素日趋复杂，中国面临的各种风险呈现多维度风险交织、多领域风险叠加的特征。社会风险因素极易在经济、金融、科技、国际政治等风险因素作用下放大，并向政治等领域传导，因此要科学推进新时代社会风险治理。③ 随着经济社会的快速发展和变迁，社会风险给我国政府公共管理带来巨大挑战。黄英君基于公共管理视域，从"反思性现代化"的视角对我国现代社会风险管理体系培育进行战略审视，对现代社会风险管理体系内在的逻辑产生、发展、演进及形成的过程进行辨识，为发展和完善我国现代社会风险管理体系奠定基础。④

（二）社会转型期的社会风险研究

针对我国转型期的社会不稳定因素和社会风险，郑杭生、洪大用认为要完善风险管理体系，实施多元化的风险管理策略。⑤ 社会转型期的社会风险可以归纳为城市社会风险、农村社会风险和流动人口带来的社会

---

① 胡洪彬：《化解社会风险：新中国成立 70 年来的历程、经验与启示》，《求实》2019 年第 4 期。
② 吴忠民：《关于社会风险转为政治风险的可能性问题——中国中近期社会安全前景的一种判断》，《山东社会科学》2019 年第 12 期。
③ 孔祥涛：《科学推进新时代社会风险治理》，《中国党政干部论坛》2019 年第 3 期。
④ 黄英君：《公共管理视域下的社会风险管理体系培育：战略、逻辑与分析框架》，《行政论坛》2018 年第 3 期。
⑤ 郑杭生、洪大用：《中国转型期的社会安全隐患与对策》，《中国人民大学学报》2004 年第 2 期。

风险及治理三个方面。

1. 城市发展带来的社会风险及其治理机制

进入新时代，城市社会风险引发现代城市运行的自我更新和结构性变革。宋宪萍认为防范和化解城市社会风险应该遵循多元协同治理范式，通过构建动态自组织网络系统，实现城市风险治理从"我"到"我们"的转变，进而规避社会风险。① 吴晓林研究发现特大城市的风险表现出"叠加效应、溢出效应、放大效应、链式效应"四个特点，因而可以通过建好风险防控的权责体系、防控一体的全周期机制和大数据驱动的智能治理体系，推动韧性城市治理防范和化解城市社会风险。② 市域是防范与化解社会风险、防止风险外溢上行的重要层级。李颖研究认为强化基于市域治理的社会风险整体性防控机制构建，需要构建起风险阻断机制、系统防控机制、衔接协同机制、矛盾消解机制以及社会调适机制，以提高市域社会风险防控效能。③

2. 农村在转型期的社会风险及其治理机制

农业转移人口市民化面临了多个级别的社会风险，张学浪、笪晨构建了社会风险源的"变迁—结构—话语"分析模型，从市民化意愿、社会融入、权益保障等维度，探索防范和化解农业转移人口市民化进出中的社会风险。④ 杨艳文认为我国农业农村现代化转型过程中面临着乡村社会割裂、村集体债务累积、乡村基层组织内卷化等多重社会风险。形塑乡村基层组织新框架，弥合乡村不同群体的利益诉求，创新下乡财政资源的配置机制和加强乡村人才队伍建设能够防范和化解上述社会风险。⑤ 黄金梓通过梳理生态型贫困经由农村社会风险向农村社会危机衍化机理，发现当前以单一生态政策工具为主的规制农村社会风险的政策工具存在诸多局限性。他建议通过建立生态脆弱区扶贫动态监测评估机制、构建

---

① 宋宪萍：《当前我国城市社会风险的多元协同治理》，《甘肃社会科学》2021年第4期。
② 吴晓林：《特大城市社会风险的形势研判与韧性治理》，《人民论坛》2021年第35期。
③ 李颖：《市域治理下的社会风险整体性防控研究》，《山东社会科学》2021年第9期。
④ 张学浪、笪晨：《农业转移人口市民化社会风险源分析及防范策略》，《农村经济》2020年第1期。
⑤ 杨艳文：《乡村振兴视域下农业农村现代化面临的社会风险及化解之道》，《领导科学》2021年第18期。

科学合理生态治理扶贫评价指标体系、拓展"生态+"理念驱动扶贫开发模式创新和建立社会力量充分参与扶贫协调机制等多元机制，克服政策工具局限，化解农村社会风险。①

3. 城乡人口流动带来的社会风险及其治理

在经济社会急剧变迁的背景下，"人口流动"是我国特定阶段的社会现象，伴随着巨大的社会风险。木永跃认为防范并化解流动人口带来的社会风险，需要构建"强国家—强社会"的公共治理与风险防控体系，完善流动人口社会风险的公共治理结构与方式。② 木永跃基于"国家—社会"的范式分野视角，对风险国家行政管理范式变迁进行历时性分析，针对流动人口领域出现的系统性与结构性社会风险，提出对流动人口的社会风险管理应向社会风险治理转型，实现流动人口社会风险的"善治"③。

（三）数字社会面临的社会风险挑战

新时代也面临着新的风险挑战，危红波对我国数字社会风险治理责任分配进行研究发现，数字社会正面临隐私泄露、数字鸿沟、算法黑箱与歧视等诸多新的社会风险，需要建立起政府主导、社会协同、公众参与的数字社会风险治理体制，多元主体各尽其责，通过三治融合，建设安全、稳定、和谐的数字社会。④

1. 高新技术方面的社会风险

高新技术与社会结合后会引发社会问题，甚至导致社会冲突、破坏社会秩序，谢俊贵认为随着高新技术社会风险引发极大的社会关切，防范和化解高新技术社会风险成为研究的热点，他基于对高新技术社会风险基本特征和生发逻辑的分析，提出认知控制、道德控制、经济控制、

---

① 黄金梓：《社会风险视域下生态扶贫政策工具及其适用机制优化》，《求索》2019年第3期。
② 木永跃：《流动人口社会风险治理：理论与路径》，《上海行政学院学报》2021年第2期。
③ 木永跃：《流动人口社会风险治理：理论与路径》，《上海行政学院学报》2021年第2期。
④ 危红波：《我国数字社会风险治理责任分配》，《学术交流》2021第10期。

法律控制、社会控制和技术控制是应对高新技术社会风险的核心。① 谢俊贵、谭敏茵认为万物互联时代的到来会对社会结构产生重大影响，具有比以往的信联时代更大的社会风险，社会分化风险更为明显，网络安全风险更显突出，因此可以从提升对社会风险的认知、加强社会福祉的现实转化，来防范和化解社会风险。② 新时代社会风险呈现出突发、频发的特点。张丽芬对新业态领域中的社会风险进行研究，完善新业态法律法规，提高资产处置效率，完善政府监管体系，健全风险防控机制，打造多元共治格局，将有效治理新业态领域中的社会风险。③ 十九届四中全会明确提出，要实现国家治理体系和治理能力现代化，文洁贤、张建华研究认为大数据技术提供了丰富的社会风险治理资源，为加强新时代国家治理现代化提供了新的治理理念，有助于构建社会风险治理的思维范式，做好社会风险治理的统筹规划，实现风险多元协同治理。④

2. 人工智能方面的社会风险

人工智能在嵌入到人类社会的过程中也带来了社会风险，诸如隐私泄露、劳动竞争、伦理冲突、暴力扩张和种群替代等，何哲认为推动立法，用法律规范人工智能的发展，并在全球达成共识并建立协作机制，将有助于应对人工智能带来的社会风险。⑤ 周利敏、谷玉萍认为人工智能促进了社会风险治理创新，但同时也是一把双刃剑，使用不当反而会成为风险的制造者。人工智能促进了社会风险治理的重大变革，应该完善其社会功能。⑥ 唐钧对人工智能的社会风险应对进行研究，认为当前的风险应对措施难以有效防控和化解人工智能引发的社会风险，因而需要对风险维度进行全面的分析，提高整体的竞争力、承受力、约束力和协同力，建立全流程、无缝隙的风险控制机制，完善共治格局，以应对社会

---

① 谢俊贵：《高新技术社会风险的生发逻辑与控制理路》，《社会科学研究》2019 年第 3 期。
② 谢俊贵、谭敏茵：《万联时代的社会福祉与社会风险》，《新视野》2019 年第 6 期。
③ 张丽芬：《论新业态领域中的社会风险及其治理》，《北京社会科学》2021 年第 6 期。
④ 文洁贤、张建华：《大数据时代社会风险治理的思维范式转换及其路径创新》，《华南师范大学学报》（社会科学版）2021 年第 4 期。
⑤ 何哲：《人工智能技术的社会风险与治理》，《电子政务》2020 年第 9 期。
⑥ 周利敏、谷玉萍：《人工智能时代的社会风险治理创新》，《河海大学学报》（哲学社会科学版）2021 年第 3 期。

风险。[1]

（四）社会风险评估与风险预警研究

早期国内学者对社会风险的研究是基于西方的风险理论，从分析社会风险的构成维度切入，设计风险评估的指标体系，构建风险预警系统。不同的专家学者选取不同的研究方向，构建出的指标体系也不尽相同。

20世纪八九十年代，朱庆芳在《社会指标的应用》一书中从经济、生活水平、社会问题和民意四个维度构建了包含40多个指标的警报指标体系[2]，她认为该警报指标体系能够反映社会发展状态，预测社会发展趋势。[3] 宋林飞基于我国社会现实界定了社会风险指标选择方法，并用这一方法设计了社会风险预警综合指数和社会风险预警核心指数，在此基础上探索社会波动机制与统计规律。[4] 宋林飞提出了"中国社会风险预警系统"，该系统包括18个警源指标、10个警兆指标与12个警情指标，并且为各个指标设置了五级计分法与4个警区，该研究尝试对社会风险进行量化处理，是对先前研究的重大突破。[5]

进入21世纪，研究者对社会风险预警指标的设置更为多元，邓伟志认为社会风险预警指标体系不仅包括社会发展的客观指标，也应将民心、民意反映在其中，他的研究将经济、社会、政治和价值观念四大类指标纳入预警体系之中，并且风险划分等级也更为详细，划分出无警、轻警、中警和重警四个等级代表评估的风险危险度。[6] 李殿伟和赵黎明基于建构主义理论设计了包括生存保障系统、经济支撑系统、社会分配系统、社会控制系统、社会心理系统、外部环境系统及含35个指标在内的社会风险预警指标体系，该研究体现了系统论的观点，探索了社会风险涉及的各个领域之间内在联系。[7] 陈秋玲等从客观预警指标和主观预警指标两个方面提出对社会运行状态进行预警的强警戒性指标，对社会风险的主观

---

[1] 唐钧：《人工智能的社会风险应对研究》，《教学与研究》2019年第4期。
[2] 朱庆芳：《社会指标的应用》，中国统计出版社1993年版，第166—168页。
[3] 朱庆芳：《社会指标课题研究初见成效》，《社会科学战线》1990年第4期。
[4] 宋林飞：《社会风险指标体系与社会波动机制》，《社会学研究》1995年第6期。
[5] 宋林飞：《中国社会风险预警系统的设计与运行》，《东南大学学报》（社会科学版）1999年第1期。
[6] 邓伟志：《关于社会风险预警机制问题的思考》，《社会科学》2003年第7期。
[7] 李殿伟、赵黎明：《社会稳定与风险预警机制研究》，《经济体制改革》2006年第2期。

感受的关注体现了文化主义的观点,也是对社会风险的从客观的量化分析到主观的认知评价的创新性研究。① 对社会风险预警的研究更重要的是用于指导风险管理和实践操作,林凯奇、刘海潮和梁虹的研究认为,一套完整的风险管理机制应当包含基本的风险预警体系、完善的预警过程分析、明确的预警责任监控机构和先进的社会风险预警技术。② 高小平、刘一弘和高可清对社会风险评估制度构建和实践应用中面临的困境进行了反思,认为负激励指标会降低社会风险评估的科学性、准确性和效果,应该将其转化为正激励指标,将防控风险、预防危机纳入评估体系,提高社会风险评估实践效度。③ 新时代防范和化解社会风险日益重要,张友浪、韩志明的研究构建了一个包含社会地位、政治联系和感知回应三个维度在内的分析框架,探索公众选择非正式渠道表达公共服务诉求时的决定因素,为完善社会风险评估机制提供理论基础,将有助于提升社会风险治理水平。④

（五）防范和化解社会风险研究

有效防范和化解社会风险,是政党执政和国家治理的重大议题。中国共产党百年发展史表明,始终坚持党在社会风险治理体系中的领导核心地位,切实增强忧患意识与发扬斗争精神,正确处理改革、发展和稳定的关系,遵循人民至上的价值导向和人民战争的制胜战略,是百年大党防范和化解社会风险的主要经验（唐皇凤、黄小珊,2021）。⑤ 孙萍、翟钰佳对中国知网收录的"社会风险防范"的国内期刊论文作为文献研究样本,并利用CiteSpace软件进行文献计量分析,研究认为基于中国现

---

① 陈秋玲、肖璐、曹庆瑾:《社会预警指标体系设计及预警评判标准界定——基于社会稳定视角》,《公共管理高层论坛》2008年第1期。

② 林奇凯、刘海潮、梁虹:《当前城市社会风险预警管理现状及其机制构建——以宁波市为例》,《宁波大学学报》（人文科学版）2012年第1期。

③ 高小平、刘一弘、高可清:《负激励:对社会风险评估制度的反思》,《治理研究》2021年第6期。

④ 张友浪、韩志明:《社会风险治理视角下的非正式诉求表达》,《中国行政管理》2021年第8期。

⑤ 唐皇凤、黄小珊:《百年大党防范化解社会风险的基本历程与主要经验》,《贵州社会科学》2021年第10期。

实国情探索防范和化解社会风险是未来研究的热点和趋势。①

1. 防范和化解社会风险理念方面

国内学者提出的防范和化解社会风险理念都是从我国的基本国情出发，反映的是我国当下的社会现实。薛澜等认为要充分发挥风险治理在完善与提升国家公共安全管理中的重要作用，强调了防范和化解社会风险要遵循全过程的治理理念，坚持风险管理、应急管理和危机管理并重，构建多元主体协同共治的治理机制。②杨雪冬在风险全球化的环境下，提出了复合治理机制，认为个体是社会风险复合治理最基本的单位，国家、社会和公众应该共同参与到风险应对之中，相互合作，协同治理风险，使风险能够得到及时的解决。③杨典结合城市公共事件，从风险意识、风险预防机制、风险治理机构、风险信息披露系统、多元参与的风险治理体系和风险治理法律保障体系方面提出了提高现代社会风险管理理念的建议。④郭秀云从利益分配与风险分担的角度创新了防范和化解社会风险的理念，认为社会风险管理应该是常态的和动态的，需要把重点放在保障评估主体的延续性和公众的参与性，实现公共利益和风险的分配。⑤

2. 社会组织在防范和化解社会风险的作用

对防范和化解社会风险的主体进一步研究，研究者对社会组织在风险应对中的作用有了新的认识，赵延东提出社会资本是参与风险治理的重要资源。⑥管兵认为社会组织与政府关系的核心是风险控制，社会组织与政府之间如果能基于合作机制建立信任，就能消除潜在的社会风险。⑦董幼鸿的研究认为以政府为核心的单一中心管理模式难以应对相互叠加、

---

① 孙萍、翟钰佳：《国内社会风险防范的研究述评——基于 CiteSpace 的可视化分析》，《石家庄学院学报》2022 年第 1 期。

② 薛澜、周玲、朱琴：《风险治理：完善与提升国家公共安全管理的基石》，《江苏社会科学》2008 年第 6 期。

③ 杨雪冬：《全球化、风险社会与复合治理》，《马克思主义与现实》2004 年第 4 期。

④ 杨典：《特大城市风险治理的国际经验》，《探索与争鸣》2015 年第 3 期。

⑤ 郭秀云：《重大项目：从"社会影响评价"到"社会稳定风险评估"》，《中国社会公共安全研究报告》2015 年第 1 期。

⑥ 赵延东：《社会资本与灾后恢复——一项自然灾害的社会学研究》，《社会学研究》2007 年第 5 期。

⑦ 管兵：《社会组织的去风险机制研究》，《学海》2018 年第 6 期。

复杂严峻和动态变化的社会风险,因而通过优化社会组织参与风险治理的路径,利用社会组织在防范和化解社会风险方面的优势弥补政府管理的短板。① 刘锋认为通过制度建设、文化建设和能力建设完善社会组织协同共治,进而推动社会治理现代化。② 张勤、华炜认为社会转型和经济结构调整期会不可避免地伴随着社会风险,防范和化解社会风险是各级党委政府和社会组织共同的责任,要加强社会组织建设,完善多元治理体系,以提升整体应对社会风险的能力。③ 陈秀锋、陈美冰认为加强政府与社会组织间的合作是社会风险治理模式的重要转变,有助于整合配置社会资源,发挥社会组织在应对风险中的作用,可以作为政府的重要协同力量。④

3. 防范和化解社会风险的对策建议

在新时代风险社会背景下,主要矛盾发生转变、矛盾诉求呈现多层次性。沈一兵基于"风险—矛盾"双轴演变的视角,以风险感知—风险积聚—风险扩散—风险侵入网络为路径,以社会分层为边界,以美好生活的四种需求为治理起点,建构新时代的社会治理体系,是新时代中国特色社会风险治理的理论创新。⑤ 岳少华认为全面建成小康社会的过程中,中国面临的矛盾和风险也在逐步积累,比如民生风险、人口风险、生态风险、社会传播风险,防范和化解社会风险就是要把制度优势转化为治理效能,在完善社会治理体系过程中建立健全重大风险防控体系。⑥ 新时代是发展机遇和风险挑战并存的时代,刘隆、马振清认为加强社会风险教育是提高风险应对能力的基础,应将其纳入思想政治教育的体系,

---

① 董幼鸿:《社会组织参与城市公共安全风险治理的困境与优化路径——以上海联合减灾与应急管理促进中心为例》,《上海师范大学学报》(哲学社会科学版)2018年第4期。

② 刘锋:《社会组织协商"失灵"风险及其规避》,《理论视野》2016年第11期。

③ 张勤、华炜:《社会组织治理社会风险的能力研究——基于江苏社会风险的视角》,《行政论坛》2015年第2期。

④ 陈秀峰、陈美冰:《风险社会中的社会组织参与性公共服务效能探析》,《社团管理研究》2010年第9期。

⑤ 沈一兵:《新时代社会风险与主要矛盾的转变及治理机制的创新——基于"风险—矛盾"双轴演变的视角》,《河南社会科学》2018年第12期。

⑥ 岳少华:《基本现代化进程中的社会风险预警及治理研究》,《现代经济探讨》2020年第9期。

以提高公众的风险识别和管控的能力。① 何珊君在风险社会理论视野下，全面系统地讨论中国社会风险治理的各种困境，她提出应该总结中国特色的风险应对经验，比如，加强道德建设、提高国民素质、增强全民风险意识、创新治理模式与技术、充分发挥统一战线的积极作用等，均有助于防范和化解社会风险。② 毕翔、唐存琛认为突发公共事件的舆情具有的衍生效应会引发社会风险，因此在后舆情时期应对社会风险需要进行组织与管理改良和制度与决策调整，以引导并防范舆情反复引发社会风险。③ 徐文锦、廖晓明研究认为社会风险转化为公共危机需要具备缺一不可的三个要素，分别是风险因子、致灾条件和系统脆弱性，防范和化解重大社会风险需要构建包括风险隔离机制、风险阻断机制和风险防御机制在内的预防系统，包括应急准备机制和应急处置机制在内的控制系统，以及贯穿风险防控全过程的信息沟通反馈系统。④ 赵继强、李建认为社会风险与人们的价值观和对风险的认知联系紧密，防范和化解社会风险需要有危机意识，本着未雨绸缪、见微知著的原则，总结风险管理和危机处置的路径和方法，构建抗击社会风险的命运共同体。⑤ 突发事件引发的社会风险经过社交网络的传播和放大会进一步导致社会冲突甚至危及社会稳定。黄仕靖、陈国华、袁勤俭基于 multi-agent 建模构建了突发事件社会风险放大的动态衍化模型，探索了突发事件的社会风险放大机制，为各级党委政府及时应对突发事件社会风险提供具有针对性的对策建议。⑥ 郝亮、郭红燕、王璇基于动力学视角对环境社会风险化解机制进行研究，认为信息公开和公众参与能够打破封闭的系统，科普宣教和严格遵守承诺能够改变系统的反馈环路，同时恢复系统的多维性和创造或激活潜在

---

① 刘隆、马振清：《将社会风险教育纳入思想政治教育体系刍议》，《人民论坛·学术前沿》2020 年第 10 期。
② 何珊君：《中国社会风险治理的难题及其对策研究》，《社会建设》2019 年第 3 期。
③ 毕翔、唐存琛：《后舆情时期社会风险与政府行为变革模式研究》，《图书馆》2020 年第 2 期。
④ 徐文锦、廖晓明：《重大社会风险致灾机理分析与防控机制建构——基于新冠肺炎疫情风险防控的研究》，《软科学》2020 年第 6 期。
⑤ 赵继强、李建：《抗击社会风险的命运共同体构建》，《人民论坛》2020 年第 18 期。
⑥ 黄仕靖、陈国华、袁勤俭：《突发事件社会风险放大的信息作用机制研究》，《图书与情报》2021 年第 2 期。

的正性吸引子，均有助于化解环境社会风险，实现邻避项目的顺利施工。①

（六）后疫情时代面临的社会风险

在新冠肺炎疫情常态化的背景下，百年变局与世纪疫情相互叠加，彼此交织。张宪丽、高奇琦反思乌尔里希·贝克风险社会理论，认为在后疫情时代，最大的风险并非风险本身，而是人们对风险的认知偏差，因而只有在风险社会中构建风险治理共同体意识，加强社会团结和整体动员能力，才能够减少风险对整个社会带来的损失。②龚维斌认为处于现代化加速发展阶段的中国存在各类社会风险，新冠肺炎疫情的暴发、扩散与防控暴露和引发了一系列社会风险，疫情全方位考验着中国政治经济社会的发展质量，考验着中国国家治理能力和治理水平。③龚维斌以抗击新冠肺炎疫情为例，系统梳理了四类社会风险及其影响社会风险的因素，运用社会风险理论概括出当代中国社会风险的八个特点，对疫情之下防范和化解社会风险提出了符合中国国情的对策建议。④吕庆春认为党的领导是中华民族化解重大社会风险、经受住各种考验的最大政治优势。在新冠肺炎疫情下，全民族抗疫具有强大的政治优势，党的统一领导具有号召力、引领力、执行力，形成应对风险的政治效能是取得抗疫胜利的关键。⑤沈正赋认为新时代的社会风险是在工业化、市场化、城镇化、信息化和全球化交互影响下产生的。新冠肺炎疫情背景下，我国各级政府和主流新闻媒体要重视网络舆情的生成、传播及其信息治理，从而有效地应对社会风险。⑥在重大公共危机背景下，农村地区的疫情防控往往

---

① 郝亮、郭红燕、王璇：《由"破"到"立"：动力学视角下中国环境社会风险化解机制研究——以杭州九峰、湖北仙桃垃圾焚烧发电项目为例》，《生态经济》2020年第4期。

② 张宪丽、高奇琦：《社会风险化还是心理风险化——对贝克风险社会理论的反思》，《探索与争鸣》2021年第8期。

③ 龚维斌：《当代中国社会风险的特点——以新冠肺炎疫情及其抗击为例》，《社会学评论》2020年第2期。

④ 龚维斌：《当代中国社会风险的产生、演变及其特点——以抗击新冠肺炎疫情为例》，《中国特色社会主义研究》2020年第1期。

⑤ 吕庆春：《化解新冠肺炎疫情重大社会风险的民族政治优势》，《理论探讨》2020年第6期。

⑥ 沈正赋：《社会风险视野中网络舆情的生成、传播及其信息治理——基于新冠肺炎疫情网络信息的梳理与阐发》，《安徽师范大学学报》（人文社会科学版）2020年第5期。

是薄弱点，也是重中之重。张茂一、王洪树对农村的新冠肺炎疫情防控形势进行了研究，发现疫情带来的原生风险会诱导产生次生社会风险，因而后疫情时代的农村社会治理，应该整合党建引领的政治资源优势，结合农村特点把治理资源优势真正转化为治理效能。①

三 文献述评

通过对国内外已有的研究进行梳理可以发现，防范和化解社会风险是社会学研究领域的重要内容。国外风险社会及风险治理的研究起步早，研究成果丰富，理论体系成熟，为我国防范和化解社会风险的研究奠定了良好的理论基础。但由于我国的社会发展具有特殊性，并且当前在政治、经济、文化、社会等方面与西方社会存在显著差异，因此不能停留在简单的模仿，更不能完全照搬西方的理论成果和成功经验。在理论研究方面，我国构建了风险理论、社会风险治理理论的概念、理论框架和研究范式，为后续的研究奠定了扎实的理论基础；在应用研究方面，提供了丰富的社会风险研究视角，国内学者通过将西方风险社会理论与我国具体国情相结合进行研究，进行了大量的实践探索，促进了社会风险理论的本土化研究。防范和化解社会风险领域的研究近年发展迅速，取得了较为丰富的研究成果。但是，也存在一些问题和有待进一步研究的地方。大致呈现以下几个特点。

第一，从研究阶段来看，新时代防范和化解社会风险的研究仍处于多个领域同时发展但整合性不足的阶段。研究的内容涉及了很多领域，且方兴未艾，但研究分散，有效衔接明显不足，缺乏系统性。各个研究只是专注于自身的深化，新时代社会风险具有多样性、复杂性，如果忽视对其他学科研究成果的借鉴，将导致研究成果偏离实际，因此应更加关注学科间的融合与交流。比如，不同学科对社会风险、风险治理、应急管理等基本概念在阐述和理解上存在差异，如果不同学科间没有一致权威的用法，就会影响研究成果对实践的指导和应用。

第二，从研究广度来看，社会风险的研究分布于特征概况等一般描

---

① 张茂一、王洪树：《后疫情时代农村次生社会风险的深度治理探索》，《党政研究》2020年第6期。

述性研究、转型期的社会风险研究、新时代社会风险特征研究和防范化解的对策建议研究等几个方面，研究有一定广度，但分布不均衡。

第三，从研究深度来看，长期以来我国社会风险的研究一直是在西方风险社会理论的框架下研究中国的社会风险问题。因而对于社会领域重大风险应深化理论创新和实践创新，进一步发展中国特色社会风险治理理论，是指导社会领域重大风险防范和化解实践，并为世界风险治理提供中国方案的必然要求。

第四，从研究重点来看，大多数研究都将重点放在社会风险显性的特征与应对上，对社会风险可能造成的隐性危机重视不够；研究重视社会风险的预警、应对和化解的阶段性处理，而对于社会风险的全程性研究相对较少；在风险管理的主体上，虽然重视政府、社会和个人等多元主体在防范和化解社会风险中的作用，但忽视了构建社会治理共同体和实现多元主体协同共治的作用。

基于此，本研究通过深入梳理总结近年来的中国社会风险的治理经验，同时结合社会学、政治学、科学社会主义和管理学等相关学科的研究成果共同搭建新时代社会风险的防范和化解机制研究。本研究既是对现有研究成果的补充和发展，又是对该领域研究内容的深度拓展。

第三节　研究思路与研究方法

一　研究思路

本研究以社会风险为起点，将社会治理共同体理论、协同治理理论、韧性治理理论相结合，构建防范和化解社会领域重大风险的理论基础。进而将研究视角聚焦于防范和化解社会风险的新要求与新进展、面临的困境与原因分析。最后积极探索符合中国现实的社会风险对策建议，构建社会领域重大风险的防范和化解机制。

二　研究方法

（一）文献分析法

广泛收集国内外关于风险评估、风险治理、重大社会突发事件、风险管理、公共危机管理、应急管理等领域的文献、资料、案例、数据。

通过进一步整理、筛选、分析文献资料，界定重大社会突发事件、风险评估和风险治理的概念，为构建风险评估指标体系，协调地方政府、评估机构和公众的关系，完善新时代社会风险的防范和化解等核心问题提供理论分析框架。

（二）案例分析法

本课题选取第三方机构介入重大决策社会稳定风险评估的案例，作为社会风险的防范和化解机制在实践中的应用。本研究在案例选择方面遵循的原则是案例本身能够作为社会风险的典型代表。社会风险事件的事件性质、事件类型、社会影响等方面涉及范围非常宽泛，虽然所选案例不能涵盖社会风险的方方面面，但期待能从具有代表性的案例中对社会风险的防范和化解机制窥见一斑。

（三）问卷调查法

问卷调查法通过设计标准化问卷，大样本抽样，进行数据统计分析，能够尽可能地保障收集资料的真实性、数据分析的科学性、风险评估的有效性、评估结果的客观性和评估结论的精准性，是规范介入流程的关键环节。问卷调查过程的科学性和调查结果的真实性是防范和化解社会风险工作系统化、科学化、智能化、社会化和法治化的重要着力点。

（四）专家咨询法

本研究选取的案例均采取专家咨询法对调查问卷的评估指标和问卷题目进行一到两轮的评分、合并和删减，以提高风险指标设计的规范性。实施步骤一般为：在查阅相关资料并咨询同行和专家意见的基础上设计专家调查问卷；根据专业和对调研课题的熟悉程度选择参与咨询的专家，并通过邮件或电话向专家发出邀请函；收到专家回复后，正式确定专家名单，发送专家咨询问卷；回收问卷并进行统计分析，确定问卷的评估指标体系，根据专家意见修正评估指标或问卷题目。依据问卷的复杂程度选择进行1到2轮的咨询活动。在这个过程中，即使只进行了一轮专家咨询，也要在收回专家咨询问卷后与专家深度沟通，反复讨论，不断整理和反馈专家意见，以保证调查问卷设置的科学性、完整性和合理性。

（五）访谈法

重大决策社会稳定风险评估的第三方介入机制涉及第三方机构、地方政府和利益相关群众三大主体。因此本研究的访谈对象一部分是负责重大决策规划与实施的地方政府工作人员，另一部分是决策实施涉及的利益相关群众。本课题采取的访谈法主要包括召开座谈会和现场走访两种具体的方式，通过对访谈资料进行整理分析，进一步补充说明问卷调查得到的结论。

第四节　内容框架与创新之处

一　内容框架

本研究主要内容包括以下七个部分。

第一部分介绍研究的背景意义和国内外的研究现状。

第二部分对新时代防范化解社会风险的基本理论框架进行梳理，分析新时代社会风险及其特征，基于社会治理共同体理论、协同治理理论、韧性治理理论、风险管理理论和公众参与理论构建研究的理论分析框架。

第三部分归纳整理防范和化解社会风险的新进展与新要求。当前风险防范意识、风险防范能力、风险化解水平和风险转化能力逐步提升，因此需要进行多元化、常态化、综合化和动态化的风险防范化解措施。

第四部分重点分析新时代防范化解社会风险面临的困境及原因。当前防范化解社会风险面临着多层次、多中心的网络结构引发孤岛效应、社会治理统筹整合协同机制不健全、社会整体脆弱性较大且抗逆力不足、社会风险管理缺乏有效的社会稳定风险评估以及公众参与机制缺乏完善的制度保障等困境。究其原因，主要是社会治理共同体之间尚未建立起紧密的网络结构，社会协同治理尚未建立起高效有序的治理模式，社会韧性治理尚未建立起整体性的全面韧性社会，社会稳定风险评估尚未健全风险管理机制和公众参与重大决策尚未形成有效路径。

第五部分以第三方介入重大决策社会稳定风险评估作为防范化解社会风险的案例，在实践层面通过调查、评估、监控、预测等方式对社会风险进行有效的管理，积极防范与化解社会风险，将风险水平控制在社会稳定的临界阈限内，以确保社会发展成本不超过社会自身的承受力和控制力。

第六部分探索有效防范化解社会风险的对策建议。本研究提出可以从构建社会治理共同体，完善防范化解社会领域重大风险的网络结构；加强社会协同治理，提升社会领域重大风险的治理效能；构建社会韧性治理，强化抵御社会风险冲击的能力；创新社会风险管理，完善社会稳定风险评估机制以及加强公众参与实效性，消弭重大决策的社会风险五个方面提高防范化解社会风险的有效性。

第七部分总结本研究的主要结论并对未来研究方向提出展望。

二 创新之处

（一）学术思想的创新

在当今防范和化解社会风险的理论研究过程中，日益凸显中国特色社会主义治理理论所蕴含的治理与善治理论的核心地位。本研究综合社会治理共同体理论、协同治理理论、韧性治理理论，构建理论分析框架，为分析社会风险形成、放大、扩散以及恢复的衍化过程提供了新的研究视角。

（二）学术观点的创新

本研究既是创新风险治理的理论研究，又是一个防范和化解社会风险对策方案。当前国内的社会风险表现出触点多、燃点低、易扩散、难处理等特征，将西方的风险治理理论直接移植到中国会出现"水土不服"。本研究认为亟待构建出契合中国国情的防范和化解方略，基于中国之治应对新时代社会风险的时代挑战，将社会风险的防范和化解理论与中国具体治理相结合，避免因治理机制研究流于学术化而缺乏实践效度。

（三）研究方法运用的创新

本研究打破学科和领域界限，综合运用多种研究方法，体现了多学科相互交融、相互借鉴。遵循防范和化解社会风险的动态性和全程性观点，对风险治理机制进行调查研究，弥补了以往仅限于宏观理论分析和经验论证的不足。

第二章

新时代防范和化解社会风险的理论分析

防范和化解社会风险，需要准确把握新时代背景下防范和化解社会风险的内涵与理论基础。本研究通过界定相关概念，并基于社会治理共同体理论、协同治理理论、韧性治理理论、风险管理理论和公众参与理论构建理论分析基础。

第一节 相关概念界定

一 新时代

时代发展是一个量变到质变的过程，是在量变基础上的质变，也是质变基础上的新的量变。"新时代"开启于党的十八大，是党中央通过把握党的十八大以来我国经济社会发展出现的新的时代特征，并在党的十九大报告中做出的科学论断和总结。这一新阶段与改革开放40多年以来的发展是一脉相承的，但又在党和国家事业发展的宏观层面的指导思想、政策方针、体制机制和理念格局上存在本质区别。新时代的社会主要矛盾较前一阶段有了本质的变化，因此与社会主义矛盾相关的社会内部条件、外部环境、发展水平、发展层次都体现出新时代的要求。以习近平同志为核心的党中央准确把握这些新的时代特征和要求，在党的十九大上做出了新时代的科学论断。这就意味着，中国特色社会主义进入新的发展阶段，处在一个新的历史方位，也开启了新的时代。不同时代有属于自己时代的新的主题、任务和特征，构成了其本质内涵。

新时代是中国社会主要矛盾发生转化的时代。党的十九大报告提出，我国社会主要矛盾已经转化为人民日益增长的美好生活需要和不平衡不充分的发展之间的矛盾，这是中国特色社会主义进入新时代的重要标志。而社会主要矛盾转化的依据就是生产力发展的供给侧和公众需要的需求侧之间的运动发展。从供给侧看，已经从之前的"落后的社会生产"转变为当前的"不平衡不充分的发展"。发展的不平衡不充分是引发社会风险的根源之一。不平衡是结构性问题，表现在区域的不平衡、领域的不平衡和群体的不平衡，这就必然导致社会矛盾的堆积、社会冲突的激化、社会风险的频发。不充分则是总量的问题，尤其是民生领域的保障不充分，比如教育、就业、医疗保障、社会保障、基本公共服务、弱势群体的权益等基本民生得不到充分保障，就会给社会埋下了极大的风险隐患。从需求侧看，已经由过去的"物质文化需要"转变为当下的"美好生活需要"。公众的美好生活需要除了对物质文化生活的更高要求以外，还有希望更多地参与社会公共事务，维护社会公平正义，完善共建共治共享的社会治理制度。当公众更高层次的需求得不到满足的时候，也会成为引发社会风险的因素。

二 风险与社会风险

（一）风险

风险一词英译为"Risk"，即未来可能会发生的危害和由此产生的损失。风险最典型的特征是不确定性，而风险是否会真的变为危害，取决于国家、社会和个人能否防患于未然，能否提前采取有效的应对措施。因此，风险既可以被理解为不确定性的危害，也可以是机会和转机的代名词。如果能够对风险进行客观的认知和理性的判断，并采取有效的应对措施以降低风险的危害和发生概率，风险是可控的，并有转危为机的可能性。风险是挑战更是机遇，因此国家、社会和个人应主动面对、积极应对，提高防范和化解风险的能力水平。

（二）社会风险

乌尔里希·贝克在《风险社会：走向新的现代性》一书中首次提出了风险社会的概念，认为社会风险是伴随着现代化出现的不确定性因素。社会风险是人们对一个地区或一个国家（乃至全球范围内）生命安全、价值规范、社会结构、社会关系和社会秩序等受到威胁或破坏的可能性的认知与判断。社会风险是导致社会冲突、激化社会矛盾、妨害社会稳定、影响社会秩序的可能性，当这种可能性变成了现实，社会风险就转变为社会危机。

（三）新时代社会风险

习近平总书记指出，新时代我们面临的重大风险，既包括国内的经济、政治、意识形态、社会风险以及来自自然界的风险，也包括国际经济、政治、军事风险等。社会风险与经济风险、政治风险、意识形态风险、生态风险高度相关。新时代社会风险在广义和狭义两个层面均有界定，广义的社会风险包括政治、经济、文化、生态等领域的风险，狭义的社会风险则是与政治风险、经济风险、文化风险、生态风险在同一层面，相并列的一类风险，包括了"就业、教育、社会保障、医药卫生、食品安全、安全生产、社会治安、住房市场调控等各方面工作"。本研究基于狭义的社会风险将其界定为在社会领域范畴下引发社会危机，导致社会冲突，影响社会稳定，威胁社会安全的因素，包括人为因素和自然因素两大类。进入新时代，社会面临的社会矛盾更加复杂，社会风险类型也更加多样化。社会风险具有较强的紧迫性、现实性，虽然不涉及政治风险、经济风险、文化风险、生态风险，但是当与公众的切身利益相关，与基本民生相联系，就会对政治、经济、文化、生态产生负面影响。

三 防范和化解社会风险

党的二十大报告指出"党中央统筹中华民族伟大复兴战略全局和世界百年未有之大变局……团结带领全党全军全国各族人民有效应对严峻复杂的国际形势和接踵而至的巨大风险挑战"。风险的本质是不确定性，但这并不意味着风险就是完全不能防范和化解的。如果采取科学和合理的措施，就能够预测和规避风险，甚至可以化险为夷、转危为机。乌尔里希·贝克认为，风险这一概念的提出就表明了人们已经创造了一种文明，即使自己能够预见到自我行为所带来的不可预见的后果，从而采取一定的预防措施和应对策略来"控制不可控制的事情……种种（发展带来的）副作用"①。风险并非带来绝对的灾难或危险，风险是可以得到有效防控的"潜在性"因素。其实对于未来风险的防范和化解，或对未来不确定性的思考，是人类之所以为人类的显著特征。进入新时代，习近平总书记在多个重要场合强调"我们必须把防风险摆在突出位置"②，而防范和化解社会风险又是重中之重，要求整个社会不出现重大风险或即使出现重大风险也能够防得住，控得牢。防范和化解社会风险就是基于风险的特质采取应对措施，通过积极有效的应对与把握而消除社会风险危害性。（张治库，2015）③ 在此概念基础上，本研究将防范和化解社会风险界定为在把握社会风险性质、类型和特征的基础上，在党委的领导下充分发挥政府、社会组织、公众等多元主体的能动性，有组织地开展防范措施，将社会风险化解在源头。

第二节　防范和化解社会风险的理论基础

对于进入新时代我国主要矛盾的新变化导致的社会风险的变化，社会治理共同体理论、协同治理理论和韧性治理理论先后成为学界研究、分析、探索新时代社会风险的重要理论，这为新时代防范和化解社会风险提供了重要的理论遵循。

一　社会治理共同体理论

习近平总书记在党的二十大报告中提出，推动构建人类命运共同体，创造人类文明新形态。共同体理论是马克思政治哲学与社会哲学中的重要理论，是马克思对人类历史进行研究的理论范式，是马克思基于对历史中曾经出现的共同体进行反思，对资本主义社会虚幻共同体进行批判提出的。马克思基于人的生存状况和共同体之间的关系，提出了以人的依赖关系为基础的共同体、以物的依赖关系为基础的人的社会关系的共

---

① ［德］乌尔里希·贝克、约翰内斯·威尔姆斯：《自由与资本主义》，路国林译，浙江人民出版社2001年版，第118页。
② 《习近平关于社会主义社会建设论述摘编》，中央文献出版社2017年版，第178页。
③ 张治库：《风险社会与人的发展》，人民出版社2015年版，第230页。

同体和以人的全面发展为基础的自由人联合体（共同体）。马克思认为人类历史就是共同体变革与人的发展相互作用的历史。

全球一体化使社会风险具有了世界的普遍性，这是一种强大且不可控的危机。随着风险全球化的逐步加重，风险跨越了国际边界对各个国家产生了深刻影响，形成了乌尔里希·贝克所定义的"全球风险的客观共同体"。个体为什么要形成共同体？共同体是个体之间、个体与社会之间的关系连接，是人类活动的基本组织形式。每一个个体都有"共同主体性"，当面对风险的时候，个体需要与其他主体联合，需要与社会联合，通过共同体的力量来弥补个体力量的不足。因此，共同体的工具属性在于共同应对风险，凝聚个体应对风险的力量。

当今，世界正向多极化发展，文化呈现出多元化，信息向着网络化发展，这就导致全球性的风险给国际秩序和国家安全带来了严峻挑战。因此，每一个国家、每一个城市、每一个社会甚至每一个人都处在了同一个命运共同体。2017年，习近平总书记在党的十九大报告中提出，坚持和平发展道路，推动构建人类命运共同体。这标志着人类社会是一个相交相融的共同体已达成共识，人类命运共同体是对马克思的共同体理论的全新阐释。共同体意识超越了种族、文化、国家和意识形态的界限，被赋予了人类共同利益和公共价值的内涵，从"虚化的共同体"走向了"真实的共同体"。

党的十九届四中全会《决定》提出"建设人人有责、人人尽责、人人享有的社会治理共同体"，这是继2019年1月习近平总书记在中央政法工作会议上首次提出"社会治理共同体"之后，党中央正式将这一最新理念写入中共中央全会审议通过的最高文件。在党的二十大报告中再次重申和强调"社会治理共同体"是"完善社会治理体系"重要部署的理念。社会治理共同体指多元主体在既有组织网络的基础上，以实现社会治理目标而形成的一种再组织化网络结构，是基层治理现代化的重要载体。其本质上是坚持和发展好新经济社会基础框架中党领导的群众路线的新实践，以建设社会治理共同体为实践依托，构建合作式、融合型的社会治理理论。本研究从"责任共同体""目标共同体""力量共同体"三个方面塑造了社会治理共同体的理论逻辑。

（一）社会治理共同体的"责任分工"之维：责任共同体

社会治理共同体只有以共同体成员的责任分工为基础才能得以稳定和发展。共建共治共享的社会治理制度尤其强调各负其责的责任对于保障共同体有序发展的重要性。社会治理是社会成员合作共治的网络，各个主体要根据各自的角色和功能承担相应的责任，参与到社会治理的各个环节，才能实现良治。在现代社会中，分工已经成为各个成员必须承担的责任，是一种基于社会秩序形成的行为规范，是社会得以发展的基础。

"责任分工"维度下的社会治理共同体强调了"人人有责，人人尽责"的重要意义。首先，社会治理共同体中的责任是"人际责任"，即个体与个体之间相互负责的社会才能运行良好。"人际责任"的缺失会导致整个社会秩序的瓦解。其次，社会治理是多元主体在社会关系网络中的"共同责任"。社会治理的效能取决于各个主体完成自身角色和履行自身功能的程度。角色与功能相衔接、功能与目标相关联，因此，共同责任就是个体功能转化为共同治理目标的效能。

（二）社会治理共同体的"价值目标"之维：目标共同体

社会治理是一个系统工程，该系统从微观、中观、宏观三个层面协同治理要素。社会是连接国家和基层的枢纽。因此，社会治理共同体在价值目标维度上，需要在微观层面坚守底线目标，追求治理精度；在中观层面稳住中线目标，强调治理效度；在宏观层面对标高线目标，加强治理深度。三个层次价值目标的有机融合，有助于完善防范和化解社会风险的治理体系，将制度优势转化为治理效能。

风险全球化引发了风险治理困境，社会治理共同体的提出就是为了应对全球秩序变革中社会风险治理的问题，体现了新时代国家安全体系和能力现代化建设中的世界情怀。这是中国对人类社会发展理念和全球风险治理的重要贡献，中国将作为全球风险治理体系的重要参与者和治理能力的建设者，积极参与全球风险治理，实现和平发展的共同目标。

（三）社会治理共同体的"凝聚力量"之维：力量共同体

当代社会的复杂性、流动性与全球一体化使个体面临着更多的不可控性力量和生存危机。共同体将个体的力量凝聚在一起，共同面对社会风险的不确定性，增加个体应对风险的抵抗力量。在国家安全体系和能力现代化的要求之下，社会风险治理需要遵循党委领导、政府负责、民主协商、社会协同、公众参与、法治保障、科技支撑"七位一体"的社会治理体系。其中党委、政府、社会和公众是社会治理共同体的四个重要力量来源。构建社会治理共同体，需要区分上述四个主体的功能、定位与价值。比如，加强党委在基层党建中的引领作用，完善政府在具体事务中的责任主体地位，激发社会组织的专业化优势，发动群众的广泛参与等。社会治理共同体理论实际上为全球风险治理指明了一条与西方资本主义社会治理逻辑完全不同的创新型治理路径。这与中国当前的社会现实息息相关，与我国的特殊国情密不可分，是构建中华民族共同体与构建人类命运共同体的协调统一。

综上，社会治理是国家治理的重要根基，社会的稳定、有序与和谐是国泰民安的基础。本研究从"责任分工""价值目标""凝聚力量"三个维度构建了社会治理共同体的理论逻辑：一是社会治理共同体是"共建共治共享"的高度概括和理念升华，共同体成员各司其职有赖于制度化的规范和人际之间的情感连接；二是社会治理共同体需要在价值目标上达成共识，个体在积极参与完善社会治理过程中能够实现自我的价值；三是社会治理共同体在社会治理过程中凝聚多元主体的力量，完善治理机制，提升治理效能。社会治理共同体是将个人利益与集体利益、个人发展与社会发展相融合，通过有序的责任分工，凝聚力量实现共同的目标。

二 协同治理理论

协同理论是由哈肯（H. Haken）在20世纪70年代提出的，该理论主要研究的是远离平衡态的开放系统在与外界有物质或能量交换的情况下，如何通过自己内部协同作用，自发地出现时间、空间和功能上的有序结构。简言之，就是在复杂开放系统中，存在着使系统形成有序结构的内驱力，在这种内驱力的作用下子系统之间会自发产生协同作用，使整个系统在某个临界点产生协同效应，从无序逐渐变为有序，从混沌状态构建稳定结构，这是子系统的自组织现象。自组织是指系统在没有外部指令的条件下，其内部子系统之间能够按照某种规则自动形成一定的结构或功能，具有内在性和自生性特点。

协同治理理论是一个新兴的交叉学科的理论，其理论基础是作为自然科学的协同理论和作为社会科学的治理理论。在当前防范和化解社会风险的过程中，社会治理系统中存在多元化主体，包括政府、社会和公众。这三大治理主体之间存在交流、互动和合作等自组织行为。如果想达到有效的风险治理效果，三大主体之间的自组织行为需要遵循一定的规范和规则才能保障治理有序，这个过程就是协同治理。协同治理是在开放的系统中完成有效治理的过程，与我国的良治和善治理念是相契合的。

在防范和化解社会风险领域，基于社会协同理论政府、机构、组织之间构建"协调—整合—互嵌"机制，理顺"政府—社会—公众"的关系，相互强化政策执行措施，达到共同的治理目标。因此，应该从"政府—公众""政府—社会""公众—社会"这三个方面奠定社会协同治理的理论基础。

（一）"政府—公众"关系是构建协同治理的基础

"政府—公众"关系是构建协同治理的基础。防范和化解社会风险离不开公众的广泛参与，需要在政府的引领下凝聚主体活力。社会协同理论强调了理顺政府和公众之间的关系，公众参与效度是影响社会风险治理的关键，同时政府能否积极回应并鼓励支持公众的参与行为，共同决定了国家安全治理的能力和水平。政府承担着实现和提高治理效能的政治责任和行政责任，需要将公众积极参与"共建共治共享"转化为治理效能。

协同政府与公众的关系，首先要树立政府的公信力。公众对政府的信任度越高，就越认同国家意志，公众参与防范和化解社会风险的积极性也就越高。在过去三年的疫情防控中就能看到，在对国家意志强烈认同下，公众才能严格遵守防控要求，积极配合抗疫，并为疫情防控尽到每个人的力量。其次，要强化政府的协同指挥力量。国家最大的制度优势是中国共产党的领导，在党的统一领导下"全国一盘棋"，治理资源的有效分配能够集中力量化解主要矛盾，防范重大风险，提高治理效能。最后，治理目标要彰显公众的意志。政府对公众的意志和意见要有积极的回应，时刻关注民情民意，防范和化解社会风险的最终目标是维护人民群众的获得感、幸福感、安全感。总之，协同政府和公众的关系，就是要加强政治引领，协调多元主体利益，从维护稳定向创造稳定转变，从利益分化向利益协调转化。

(二)"政府—社会"关系是构建协同治理的支撑

"政府—社会"关系是构建协同治理的重要支撑。在防范和化解社会风险中，社会协同治理是一种治理工具，可以使政府和社会组织之间形成力量上的互补，国家政策只有得到最大程度的社会支持，才能落地实施。同时社会协同治理也是政府和社会共同的价值追求，把风险发现在萌芽，化解在始发，降低风险对社会的损伤，把风险损失控制在政府和社会可以承受的范围内。因此，能否有效防范和化解社会风险，取决于政府—社会关系的性质和二者的分工合作。

社会是政府这个大系统里的一个子系统，理顺政府和社会的关系，实现社会风险的有效治理，可以从以下三个方面开展。其一，提高政府责任与社会责任的互补度。在防范和化解社会风险的实践中，政府层面承担着顶层设计、组织协调、过程监管以及综合保障等宏观责任，社会组织承担协助治理、具体落实、深入实施等微观责任。双方责任是互补的，因此社会协同治理就是让这种互补更加契合。其二，提高政府力量和社会力量的凝聚力。这一点强调了二者的双向对等沟通。从"社会管理"到"社会治理"的转变其实就是在加强双方的沟通，当前不再是从上至下的行政管理模式，而是强调社会层面的多元主体自下而上地为社会风险治理建言献策、贡献力量，双方更强调沟通协调与互助合作。其三，调整政府和社会在资源、影响力等方面的格局。社会协同治理强调政府权力作用形式的整体性，体现为统一部署，同时也要重视政府权力在向社会渗透的过程中融合社会自治、民主协商、"三治"融合等多元制度性要素。总之，协同政府和社会的关系，就是要强化统筹协调，整合社会子系统的协同性，从被动防御向主动防范转化，从条块分割向协作耦合转变。

(三)"公众—社会"关系是构建协同治理的核心

"公众—社会"关系是构建协同治理的核心。在防范和化解社会风险中，社会协同治理是一种治理理念。首先，体现了从碎片化到整体化治理。个体是社会最小的组成单位，在缺乏社会协同的情况下，个体呈现出碎片化。因此公众与社会之间的关系协同，就是在构建一种集体意识和整体性认同。其次打破了社会管理视域下从单一向度自上而下的风险管治，转向公众参与、平等互动、合作共治、民主协商的治理模式。

协同公众和社会的关系，其一，要建立社会风险多元化和个人风险多元化的应对治理体系。防范和化解社会风险要重视发挥专业化社会组织和社会化群团组织的作用，而组成这些社会组织和群团组织的细胞就是公众。健全社会协同机制需要在基层社区建立起邻里守望互助、社区协同合作的有效机制。其二，以社会公共利益为目标引导公众自我管理、自我服务、自我监督。防范和化解社会风险事关每一个人，因此要予以正确引导、合理疏导和有效规约。其三，社会从管理思维转化到服务思维，通过平等对话和集体协商凝聚多元化的个体资源参与社会风险治理。发挥人民群众的力量，防范、监督、预警社会风险。总之，协同公众和社会的关系，就是要制定规章制度，互嵌共同规则，从传统管制向民主协商转变，从事后处置向事前排查转变。

综上所述，协同治理理论之所以能在极短的时间内被学界认可，正是因为其所强调的防范和化解社会风险过程中多元主体间的合作与协同，能够最大限度地消除隔阂和冲突，以最低的成本实现社会长期稳定。当前，我国既处于发展的重要战略机遇期又处于社会矛盾凸显期，社会风险如果得不到化解，就会转化为社会冲突和社会矛盾。因此，需要在党委和政府的领导下，通过社会多元主体之间协商与沟通，达成共识，形成合力，才能实现公共利益协同增效。在此背景下，协同治理理论的研究显得更为重要与迫切，对于尚处于研究初始阶段的协同治理理论，需要更多地探讨理论创新和实践应用等问题。协同理论的广泛应用，将为社会风险治理提供理论借鉴，为社会公共福祉的有效增进、为人民谋取公共利益最大化作出贡献。

三　韧性治理理论

韧性概念最早起源于物理学，形容物体在受到外界压力下产生变形但不易折断或破裂的状态。20世纪70年代生态学从整合性角度将韧性的概念界定为一个复杂系统在面对外部干扰或内部变化时吸收干扰并保持系统主体间稳定状态的能力。后来随着社会科学的发展，韧性概念逐渐被运用到社会学、心理学、管理学、组织行为学等领域。虽然各学科领域的概念界定存在差异，但韧性的核心是指个体和组织在受到冲击和影响时恢复到稳定状态的能力。

在世界各国面对社会风险所带来的复杂性、不可控性和不确定性的情境下，韧性治理理念被引入社会风险治理。可以通过构建动态性的社会系统，建立对环境变化的适应性，培育多元化的治理主体，加强社会结构的整合性和促进跨区域的防范和化解措施来建立社会韧性。韧性治理在社会治理中作为一种全新的治理理念，其目的是有效应对风险带来的各种压力和冲击，减少影响社会大局稳定的各种不确定性和脆弱性因素。

新中国成立七十多年以来，我国的国家治理体系经历了重大考验，展现出了强大的制度生命力、抗逆力和适应力。这样的韧性是如何产生的，又是如何起作用的，是当今学界一个重要的研究领域。本研究尝试在韧性理论的基础上构建社会韧性治理理论的分析框架，以期对中国的国家治理体系和治理能力展现的强大韧性进行分析。

进入新时代，随着经济发展进入新常态，社会治理、城市管理、基层治理等都面临了诸多新的风险，如何通过提高整个社会的韧性来防范和化解社会风险，成为学界关注的重要问题。社会韧性认为整个社会面对风险的不确定性时，社会系统应该具有抗压力、抗逆力和恢复力，以维持社会结构的整体稳定。其本质是治理体系对复杂环境的适应过程中形成的体系优化与能力提升。这一理论为防范和化解社会风险提供了新的视角，也为应对中国式风险社会提供了理论基础。

在防范和化解社会风险领域尝试引入韧性治理，运用多元化治理主体和系统性治理思路，能够拓宽社会风险治理路径，以减轻风险社会中的社会脆弱性，增强社会抗逆力。通过韧性治理，将弹性治理附着于社会风险治理表层，从而形成具有系统性、自适性、主动性特征的动态治理形态，通过韧性能力提升以降低风险治理成本，加强社会团结，有效应对具有风险延续性的后疫情时代。因此，可以从"治理空间""治理方式""治理技术"的韧性建设构建保障社会系统的运行与可持续发展的社会韧性治理的理论框架。

（一）治理空间构建韧性治理纵向的"经线"

当前社会风险具有极度的复杂性和不确定性，风险在各个空间自由流动，加剧了社会风险在由空间构成的地域环境中的传播和扩散。社会系统导致风险能够轻易地跨越边界，村社、镇街、县域和市域等人为构建的社会系统空间建构，使社会风险可以在不同空间领域扩散。某一空间发生的风险会触及社会系统空间的其他领域导致风险叠加，这将使以地域为界线精准防控的空间设计被彻底瓦解。因此，应该从下至上在村社、镇街、县域和市域四个层级构建完整的韧性治理纵向的"经线"，以形成防范和化解社会风险的减压区间。

社会风险的发生存在多米诺骨牌效应，即一个社会风险事件的发生会导致一系列的连锁反应，具有复杂性和系统性相叠加的特性。因此防范和化解社会风险需要给韧性治理构造一定的时空，以进行跨地域、跨领域、跨层级的风险治理。风险有其垂直的制度性结构和等级秩序。村社、镇街、县域和市域能够形成层级分明且权力分配合理的韧性治理主体框架，能够保障治理资源及时调度，并形成风险快速反应机制和问责机制。同时，这四个层级可以通过逐级的风险感知、风险预防、风险应对、风险化解和风险恢复的防范化解机制，构建体系完整、衔接有力的风险防控组织体系，形成韧性治理空间，以压缩风险的扩张空间，有效化解社会风险。

（二）治理方式构建韧性治理横向的"纬线"

在理论上社会自身所拥有的保护和修复能力是韧性治理的基础。采取合理的社会治理方式，以有效发挥和运用社会内生的韧性机制，是保障韧性治理水平的重要前提。为了实现社会风险的韧性治理，我国一直以基于理性逻辑的社会风险治理方式进行精准的社会风险防范和化解，用精细化、标准化、统一化和控制化的治理方式来降低风险对社会产生的冲击。

党的十九届四中全会明确提出，要"加强系统治理，依法治理，综合治理，源头治理，把我国制度优势更好转化为国家治理效能"，完善治理方式的韧性建设是构建韧性治理横向的"纬线"。系统治理是精细化的韧性治理，"全国一盘棋"充分调动社会资源进行精细化治理。社会政策与社会治理的紧密互嵌，使防范和化解社会风险能够在技术、资源和工具实现高效分配。依法治理是标准化的韧性治理。法律给防范和化解社会风险提供了严谨的标准，能够在政治、经济、社会各个层面保障韧性治理的精准性。综合治理是统一化的韧性治理，我国防范和化解社会风险之所以能够快速调动资源并开展行之有效的治理，就在于综合治理造就的资源配置和输出的统一性，能够最大限度地避免因资源分散而造成的风险放大。源头治理是控制化的韧性治理，对风险的预警预测预防是对社会风险最有效的控制方式，风险可控可防可治，不超出社会承受阈限，是韧性治理的重要目标。

（三）治理技术构建韧性治理网络的"结点"

韧性治理离不开技术的支持。防范和化解社会风险，提升韧性治理水平，需要借助大数据、云计算、人工智能等新兴数字化技术构建韧性网络的结点，为市域社会治理现代化赋能增效。借助大数据技术来构建整体化、系统化、网络化、智能化的社会风险防范和化解模式。首先，数字化创新所推动的社会风险信息数据为防范和化解社会风险提供更加准确全面的数据支持，提高风险治理的准确性和科学性。其次，自动化的社会风险感知和分析技术有助于分析风险信息数据的变化趋势和动态特征，为防范和化解社会风险提供更精确的社会风险的发展态势，协助提前采取预防性措施，提升风险防控的时效性。最后，通过大数据、云计算等智能分析手段，能够科学呈现风险因素之间的因果关系和作用机制，为进一步找到防范和化解社会风险的突破口，选择更为有效的治理措施，提高风险治理的针对性和准确性。韧性治理最关键的还是要符合社会风险的防范和化解工作需求，提供能够破解风险治理难题的数字化工具，顺利融入风险治理流程，重塑社会风险治理体系。可持续的韧性治理创新，应当将防范和化解社会风险数字化创新与风险信息资源数字化连接起来，将风险防范的决策与流程结合起来，将风险化解的管理与效能统一起来。韧性治理就是要将点状分散的社会风险防范点连接起来形成风险治理场域，将风险治理创新从选择性治理迈向体系化改进。

总之，韧性治理是国家和社会面对风险时通力合作，基于治理空间构建韧性纵向的"经线"，完善治理方式构建韧性横向的"纬线"，利用治理技术构建韧性网络的结点，提高整个社会治理的韧性。在防范和化解社会风险方面，韧性的强弱反映了国家治理系统的稳定性，韧性强则国家和社会相对稳定，遇到风险能够迅速恢复到平衡状态；韧性弱则国家和社会的抗逆力就弱。韧性治理强调了社会治理主体之间的合作与信任，通过共享公共资源，交换风险信息，激发整个社会的凝聚力。防范和化解社会风险方面采取韧性治理将有助于构建多样性的合作方式，提高资源的利用率，更好地适应压力状态，维护治理系统的稳定性等优势。

四 风险管理理论

风险管理理论是研究风险发生规律和风险控制技术的一门新兴管理学理论，其主要内容是指导、控制和组织与风险相关问题的协调和解决。风险管理过程包括风险识别、风险估测、风险评价、风险控制和风险管理效果评价五个环节。政府的风险管理能力体现了其对社会风险的预警能力、应急处理能力和综合决策能力[①]，其主要目的是提高防范和化解社会风险的水平，降低风险对社会产生的负面影响。

在风险管理理论框架下对防范和化解社会风险进行研究，就是对社会风险进行识别、评估和判断，采取措施预测风险并减少损失，以及监控和追踪社会风险进展等全部过程。防范和化解社会风险从本质上是一个完整的体系，本研究计划以风险管理理论为基础，从风险管理的五个环节"风险识别、风险估测、风险评价、风险控制和风险管理效果评价"开展研究，并从社会稳定风险的衍化机理、预防机制、治理模式、矛盾化解、公众心理特征等方面进行深入的探讨。

（一）风险识别

风险识别是在风险事件出现之前，通过系统的文献收集、访谈、问卷调查等方式识别引发风险事件的因素并分析潜在原因，确定决策所面临的风险及其性质，并把握其发展趋势，风险识别是整个风险管理各个环节的基础。

（二）风险估测

风险估测是以风险识别为基础，通过分析风险识别过程中收集的文献、访谈和问卷资料，运用定性和定量的方法，对风险可能发生的概率和风险可能造成的损失进行预测和预估，是在进行风险评价之前的准备环节。

---

① 冯华：《构建完善的政府风险管理体系之我见》，《中国检验检疫》2012年第12期。

（三）风险评价

风险评价是在风险识别和风险估测的基础上，对风险概率、风险影响程度和风险等级做出更为精准的评价，包括可能引发风险事件评判、风险事件参与人数评判、单因素风险程度评判、综合风险指数评判和风险的总体评判，是风险管理的中心环节。

（四）风险控制

风险控制又称风险应对，是指以风险评价的结论作为依据为风险管理者（地方政府）决策提供各种应对措施和方法建议，降低风险事件发生的概率，减少风险事件带来的损失，包括风险回避、损失控制、风险转移和风险保留等方式，风险控制是风险管理的重心。

（五）风险管理效果评价

风险管理效果评价是通过对比风险控制措施实施前和实施后的风险概率、影响程度和风险等级的变化，来分析、评估、检验和修正风险控制措施的有效性，是对风险控制措施进行客观的反馈，为接下来改进风险控制措施，降低风险概率，减少风险损失提供具有针对性的建议。

五　公众参与理论

"公众"一词经常与群众、民众、大众通用，在学术界，公众概念的外延被扩大，不仅包括个体公民，还包括除政府外的企事业单位、社会团体、社区组织和非政府组织等，在本研究中公众是防范和化解社会风险的构成主体之一。参与是指主体通过一定的行为介入到某种事务的过程中。通过对"公众"和"参与"两个词的拆分理解，可以看出防范和化解社会风险的公众参与是指公民个人、企事业单位、社会团体和非政府组织，根据法律赋予的权力和义务，通过一定的程序参与社会治理的行动中。因此，本研究中的公众参与是指在防范和化解社会风险过程中作为重要的主体通过不同的形式、不同程度的公众参与，以体现公众的声音，表达公众的意志。

公众参与在理论上建基于参与式民主或者协商式民主，在防范和化解社会风险过程中通过推进公民参与、转化公民立场来促进社会治理过程向透明、包容、公开、协商等方向发展。① 防范和化解社会风险中的公众参与行为，本质上是社会公众行使公民权利的体现，参与权既是一项重要的政治原则，同时也是公民的法定基本权利，是维护公民自身合法权益、维护公众利益的重要手段，法律程序具有正当性，受到国家制度的保障。公众参与包含信息公开、参与决策、信息反馈三个要素，涉及公共事务的方方面面，政府部门要完善公共参与的制度，创造公众参与的基本条件，才能保障公众参与发挥实效。公众参与是政府和公众在平等互助的前提下，就公共事务展开讨论、协商、行动的一种治理和决策机制，加强公众参与机制，降低或化解政府信任风险，有助于公众与政府之间的委托代理政治关系更加稳定和谐。② 因此，在防范和化解社会风险过程中亟待满足公众参与的诉求和保障公众参与的权利。

利益相关群众构成了防范和化解社会风险中公众参与的最重要的主体。王锋、胡象明构建"利益相关者导向型风险评估"模型以实现风险评估和风险管理，将重大决策社会稳定风险控制在地方政府可承受的范围内。③ 利益相关群众包括居民、非政府组织、社会组织等，这些重要参与主体与政府之间相互独立，参与主体的多元性更利于发挥它们各自的优势，形成互补与监督，在防范和化解社会风险中各自起到相应的作用。公众参与主要形式包括直接参与和间接参与两种。直接参与分为接受问卷调查、结构化访谈、个人直接给相关部门提出诉求、专家建议等。间接参与则是由各级人民代表收集个人意见形成提案，由社会组织或民意代表转达个人诉求，运用听证会及诉讼等手段。政府应充分重视并发挥社会公众的参与作用，使防范和化解社会风险成为一个社会公众特别是利益相关者就意愿、分歧进行有序沟通的过程。④

---

① 朱德米：《开发社会稳定风险评估的民主功能》，《探索》2012年第4期。
② 王强、孙潇：《基于委托—代理理论的政府信任风险因素分析》，《学术交流》2013年第3期。
③ 王锋、胡象明：《重大项目社会稳定风险评估模型研究——利益相关者的视角》，《新视野》2012年第4期。
④ 武胜伟：《基于利益相关者视角的社会稳定风险评估研究》，《河南师范大学学报》（哲学社会科学版）2014年第2期。

第三章

新时代防范和化解社会风险的新要求与新进展

随着经济全球化，社会风险也日益呈现出全球化的趋势，表现出内外交织的复杂性、突如其来的不确定性、相互叠加的聚集性和外溢上传的扩散性。这些新的特征要求防范和化解社会风险需要采取多元化、常态化、综合化和动态化的风险防治方法。我国长期致力于对社会风险的早识别、早管控、早化解，以防止风险扩散到政治、经济、意识形态等领域，造成全局性、系统性的危害。近年来，各级政府部门越来越重视防范和化解社会风险，并在风险防范意识、风险防范能力、风险化解水平和风险转化能力等方面取得了一定的新进展。

第一节 新时代社会风险的主要特征

当下社会风险逐渐由一元化向多元化转变，社会风险的致灾因子更加多种多样，对社会的风险承载力提出了更高的要求，社会风险呈现出复杂性、不确定性、聚集性和扩散性的趋势和特征。

一 内外交织的复杂性

当前国内社会正在剧烈转型，社会结构也在发生深刻变革，利益格局随之重新分化，社会风险呈现出内外交织的复杂性。同时世界正处于百年未有之大变局，国际形势也正在对我国产生全方位的影响，风险由国外向国内传导，在国内进一步发酵，会引发更严重的危机事件。2020

年新冠肺炎疫情在全球蔓延，部分地区出现多轮疫情反复，国际紧张局势愈演愈烈，经济社会发展总体态势前途未卜。社会风险问题在新闻媒体中频频被报道，已经由一个抽象的学术概念变成了公众都能感知到的现实痛点。社会是一个复杂的巨系统，从系统论的角度来分析，一个系统越复杂，维持其相对稳定的因素就越多，一个风险维度导致的失稳，就可能对整个社会系统产生毁灭性的冲击。

二　突如其来的不确定性

首先，社会风险的不确定性是客观存在的。在风险社会中社会风险具有隐蔽性，各种类型的社会风险会在何时何地转化成现实的危机事件是难以预知的，因此社会风险的高度不确定性是无法回避的。其次，社会风险的不确定性还有主观因素。公众对社会风险的认知是逐步深入的，在风险发生的初期，公众会产生风险认知偏差，这种偏差会使公众高估风险的危害和损失，从而引发更深层次对社会风险的忧虑。最后，科学决策受到社会风险的不确定性的挑战。社会风险的高度不确定性，意味着防范和化解风险的决策必须在信息不充分的条件下进行。大数据、云平台等新兴的科学技术在帮助人们进行科学决策的同时也会成为风险的来源。

三　相互叠加的聚集性

进入新时代，我国经济社会发展处于调整转向常态化阶段，经济发展由高速增长转向高质量发展，从工业化中后期转向后工业化时期。[1] 在这个过程中社会风险呈现出聚集性的特点，比如国际冲突和国内矛盾交互作用，社会的结构性问题和周期性问题相互影响，存量矛盾和增量矛盾相互叠加，各种社会风险集中出现。社会风险的聚集性表现在两个方面：其一，在某一领域或某一时间段内不同类型的社会风险集中涌现；其二，在一定时间段内，某一类型的社会风险在不同地区的频繁出现。

---

[1] 国务院发展研究中心"经济转型期的风险防范与应对"课题组，李伟、王一鸣、张承惠、高世楫、陈昌盛、吴振宇、陈道富、许伟、何建武、卓贤、朱鸿鸣、兰宗敏、李承健：《打好防范化解重大风险攻坚战：思路与对策》，《管理世界》2018年第1期。

为了应对社会风险相互叠加的聚集性,防范和化解社会风险任重道远。

四 外溢上传的扩散性

当前随着经济社会的快速发展,不同领域风险之间的关联度和黏合度逐渐增高,社会风险将很快蔓延和扩散到其他相关领域。因而采取及时有效的防控措施,抓住防止社会风险上传和外溢关键的窗口期是非常重要的,否则将会给经济、政治、文化、意识形态等领域带来连锁反应。社会风险的扩散性除了扩大影响范围,还会加重负面效应。社会风险在扩散性的影响下更容易转化为现实性的危机,对整个社会系统产生严重的冲击,甚至转化为经济风险、政治风险、文化风险、意识形态风险等。社会风险的扩散性表现为风险传播渠道的多重化、传播方式的多样化、影响领域的多元化。

第二节 新时代防范和化解社会风险的新要求

当今世界正处于百年未有之大变局,必然带来百年未有之不确定因素,党的十八大以来,习近平总书记就为什么要防范化解重大风险、防范化解哪些重大风险、如何防范化解重大风险作了一系列重要论述,深刻回答了防范化解重大风险的方向性、根本性、战略性问题。[1] 新时代社会风险的特征决定了防范与化解社会风险的机制是复合式的,新时代社会群体和社会阶层越来越多元化,公众的需求越来越多样化,社会利益关系、社会问题、社会矛盾也越来越复杂化,满足社会需要、解决社会问题的方法和手段必然要创新。[2]

一 社会风险的复杂性要求进行多元化的风险防治

互联网和全媒体深深地影响着社会风险的风险源、传播途径和影响力,社会风险日趋复杂多变,多元化主要体现在理念、主体和方式方面。

---

[1] 陈一新:《打好防范化解重大风险战略主动战》,《学习时报》2019年6月19日第1版。
[2] 龚维斌:《新时代中国社会治理新趋势》,《中国特色社会主义研究》2018年第2期。

多元化的风险防治强调风险防治理念的多元化。理念是社会风险决策的基础,习近平总书记强调,"强化战略思维、历史思维、辩证思维、创新思维、法治思维、底线思维,善于从纷繁复杂的风险矛盾中找到规律"。一要强化战略思维,就是从战略的高度充分重视社会风险的起因、类型、特征和影响因素等,并寻求最佳的防范和化解对策。防范和化解社会风险要站在经济社会发展的时代视域,从国家总体发展战略和地方政府发展战略中谋求治理之道。二要强化底线思维,就是凡事要从最坏处着想、从最难处准备,努力争取最好结果。在防范和化解社会风险中,底线就是人民群众的根本利益,因此要把人民的利益作为社会风险防治的重中之重,风险决策的最终目标是尽最大力量减少风险给人民群众造成的损失。三要强化法治思维,加强社会各个领域的立法,完善中国特色社会主义、稳定法律制度体系,依法治理防范和化解社会风险。

多元化的风险防治强调风险防治主体的多元化。我国社会风险治理走向现代化的重要标志就是多元社会主体共同参与。坚持党委领导下的多元参与,激发社会活力,发挥政府、市场和社会这三大治理主体在防范和化解社会风险中协同联治、相辅相成、协调推进的作用,才能形成社会安定有序的社会治理合力,即"加强党委领导,发挥政府主导作用,鼓励和支持社会各方面参与,实现政府治理和社会自我调节、居民自治良性互动"[①]。在各级党委的领导下,各级政府要发挥主导作用,制定切合实际的政策,采取有效的措施,集中整合社会资源,调动公共力量共同防范和化解社会风险。社会风险治理模式创新的核心在于坚持党委领导,把党的领导融入社会风险治理各环节,能够完善社会风险治理的制度优势。同时需要加强政府主导,完善社会风险防范和化解机制,细化风险防控措施,才能把制度优势转化为治理效能。公众是最广泛的群体,也是社会风险最直接影响的群体,因而在社会风险防治中可以充分调动起公众的参与意识,充分发挥最广大人民群众的力量。社会组织具有专业性、公益性和灵活性,在防范和化解社会风险中可以进行风险信息的收集、风险防控宣传、协助政府组织动员群众、协调志愿者服务。社会

[①] 黄学贤:《突发公共卫生事件中的法治社会建设论纲》,《苏州大学学报》(法学版) 2020 年第 3 期。

组织在宏观层面是各级政府的协助者,在中观层面是社会风险防治行动的组织者,在微观层面是深入社会各个角落的政策执行者。多元化的社会主体共同参与社会风险防范和化解有助于减少风险造成的损失,及时恢复社会秩序。

多元化的风险防治强调风险防治方式的多元化。在新时代,要充分利用人工智能、互联网、大数据、云计算等现代信息技术手段,着力构建"智慧型"社会风险治理模式,实现社会风险防治方式多元化。一是"互联网+平台"将新时代信息化与基层社会治理相融合。以互联网为基础构建一个有效的基层社会治理平台,使公众有组织地参与到社会风险防范和化解过程中,实现精细化治理。同时利用互联网能够及时发布准确的社会风险警报和预警信息,使公众共同享有社会风险防治信息的知情权、表达权、参与权和监督权。[①] 二是通过大数据、云计算和全媒体技术对社会风险信息统计和集中管理提供技术支撑。新时代防范和化解社会风险需要全面的风险数据搜集、数据整理、数据处理和数据分析对社会风险进行准确评估、精确预警、事先预防、动态分析。大数据能够充分掌握数据的准确性和时效性,对海量的数据进行筛选和提取,对社会风险信息进行精准分析,并通过可视化技术使复杂的风险信息变得更加直观,更容易让公众所理解。同时通过云计算和全媒体技术加强风险防控信息的发布和治理资源共享,从而进一步提升社会风险防治水平。

二 社会风险的不确定性要求进行常态化的风险防治

社会风险的不确定性要求进行常态化的风险防治。社会风险的不确定性表现在不知道风险会在什么时间以什么样的形式爆发出来,当风险的发生和影响变得更加无法预测,社会就会比之前更容易受到各种潜在的、未知的风险冲击,这就对常态化的风险防治提出了极高的要求。

第一,常态化的风险防治是一种单向管控向多元参与的转变。"单向管控"强调的是以党委政府为中心从上至下对社会风险的管控,而"多

---

① 王甲成、周璇:《新时代社会风险的转变与治理模式创新》,《河北科技大学学报》(社会科学版)2020年第4期。

元参与"强调多元主体通过自下而上的方式参与到风险防控过程中。多元主体的参与有助于常态化风险防治灵活有效地运行,最广泛地搜集风险信息、关注风险动态、评估风险等级都离不开群众的力量。

第二,常态化的风险防治是一种从应急管理向日常管理的转变。日常管理不同于应急管理,短时间、高强度地应对社会风险的应急管理相对容易,而长时间、高密度的日常管理则容易放松警惕,因此,日常管理需要绷紧防范和化解社会风险这根弦,使之形成一种习惯化的工作模式。

第三,常态化的风险防治是一种从即时应对向提前预防的转变。因为风险具有不确定性,以往对社会风险的防范和化解更多的是"兵来将挡,水来土掩"的即时性应对,因而时常陷于被动应对的困境。常态化的风险防治将社会风险防控工作放置于日常工作中,有助于提前发现风险的苗头,进行预警预防预控,化被动为主动将风险化解在源头。

三 社会风险的聚集性要求进行综合化的风险防治

综合化的风险防治强调以"共建共治共享"为制度遵循打造社会风险协同治理格局。党的十九届四中全会《决定》指出:"必须加强和创新社会治理,完善党委领导、政府负责、民主协商、社会协同、公众参与、法治保障、科技支撑的社会治理体系。"[1] 这一社会治理体系构成了打造社会风险协同治理格局的基础。坚持党委领导是加强社会风险防治的基础,在党的领导下才能充分发挥我国的制度优势和牢牢根植于群众的社会优势。因而各级党委在防范和化解社会风险时要不断提高领导能力和政治定力,为社会风险防治提供坚强的政治基础和有力的组织保障。在构建社会风险的多元协同治理机制时,同样要发挥党委领导的作用,社会组织和公众共同建设风险防治体制机制,体现了共建的基础作用;共同参与社会风险防治的具体工作,体现了共治的关键角色;共同享有安全稳定的社会环境,体现了共享的目标要求。

综合化的风险防治强调以"下好先手棋"为导向完善社会风险研判

---

[1] 习近平:《关于〈中共中央关于坚持和完善中国特色社会主义制度 推进国家治理体系和治理能力现代化若干重大问题的决定〉的说明》,《人民日报》2019年11月6日第4版。

与预警机制。"下好先手棋"是忧患意识和底线思维的具体体现，也是防范和化解社会风险的核心战略思维和基本导向。完善社会风险研判与预警机制需要提高风险防控机制的专业化和精细化水平。通过运用大数据、云计算、人工智能、信息技术等技术手段提高社会风险研判的科学化；通过完善社会隐藏风险排查工作，提高风险预警工作的精细化；通过健全重大决策社会稳定风险评估机制，降低决策失误带来的损失，把风险隐患控制在社会可承受的范围内，提高风险预控工作的专业化，均有助于完善社会风险研判与预警机制。

综合化的风险防治强调以"打好组合拳"为指引构建社会风险综合治理体系。"打好组合拳"主要体现在以下三个方面。一是构建协同联动机制以应对社会风险。鉴于当前风险诱因众多，风险因素交织，社会风险频发，因此有必要在党委、政府、公众和社会组织之间建立起统筹协调、协同联动的社会风险应对机制。二是构建社会风险防治的全周期工作机制。当前社会风险的爆发呈现出相互交融、相互叠加的特征，因此需要基于全周期，以系统论的视角关注社会风险发生发展的每一个阶段，最大限度控制风险扩散的范围和降低风险爆发的可能性。三是社会风险防治手段的多样化。防范社会风险需要进行有效的风险研判、风险评估、风险防控、风险阻断，同时化解社会风险需要建立健全诉求表达渠道、矛盾调处机制、矛盾化解路径、社会心理服务体系、权益保障机制等。多样化的风险防治手段才能形成有效的风险阻断。

四 社会风险的扩散性要求进行动态化的风险防治

社会风险的扩散性表现为风险叠加会引发链式传播效应，导致风险持续的时间更长久，传播的空间范围更庞大，涉及的领域更广泛。当社会风险长时间扩散而不能化解便有可能转化为社会危机，因此动态化的风险防治就是要实施实时监控、果断出击、联防联控、处置及时。

动态化的风险防治要强化风险响应意识。应急响应就是政府部门在日常工作中，一旦发现社会风险的萌芽，就要立刻进行系统的风险研判与风险分析，及时采取社会风险防范和化解措施。各级政府需要建立社会风险监测平台，配套社会风险应急预案，做好 24 小时的风险应急响应，对社会风险进行处置。充分利用大数据、云计算等技术采集、挖掘、整理和分析社会风险信息，为科学决策提供数据支撑。社会风险扩散过程中，需要建立风险追踪、引导和信息发布机构，及时通过政府官方渠道发布风险事件信息，并加强主流媒体的正面宣传和引导，保障公众的知情权，以避免谣言的传播。

动态化的风险防治要完善风险排查机制。社会风险在扩散过程中会把本来潜在的风险通过"突变效应"和"蝴蝶效应"进一步显现或放大。对社会风险的发生发展轨迹进行研究会发现，潜伏期是社会风险防治的窗口期，因此要重视对潜在的社会风险的动态化排查。对潜在的风险因素进行精准的挖掘、分析和监测，预测社会风险的发展趋势，做到早发现、早报告和早处置，有效防范风险的扩散。风险排查机制要贯穿防范和化解社会风险的整个过程；在风险起始阶段可以防止风险扩散；在风险爆发阶段可以防范风险扩大；在风险消亡阶段可以避免风险"死灰复燃"。因而，通过风险排查对风险因素进行精准识别，是动态化风险防治的重要组成。

动态化的风险防治要完善风险决策系统。动态化的社会风险决策是指决策与社会风险相适配，既不要在紧急状态下仓皇决策，也不要忽视问题的严重性，错过做出决策的最佳时机。因此，各级党委政府积极应对社会风险的挑战，需要建立完善的社会风险决策系统，在紧迫的时间内，基于有限的信息和不充分的资源条件，做出最佳的决策。这就要求日常环境下，为防范和化解社会风险提前做好应急预案和防控演习，构建完善的风险模型管理系统、风险信息共享系统和风险防控专家系统，当社会风险真的发生时，有足够的资源系统作为支撑。同时还要优化纵向风险决策体系，从中央政府到地方政府建立起动态灵活的社会风险联合决策系统。

第三节　新时代防范和化解社会风险的新进展

一　风险防范意识显著强化

风起于青蘋之末，浪成于微澜之间。社会风险往往会经历一个酝酿生成、发展演变、升级失控的衍化过程，社会风险转化为重大社会风险常常是逐渐积累的过程。当前我国各级政府的风险防范意识有了显著的提升，进一步强化了底线思维，提前研判社会风险的发展趋势，把握风险的发生演变规律。

一是重要的应急预案的出台和应急政策的颁布实施。增强社会风险防范意识、提高社会风险防范能力是检验我国各级政府治理能力和治理水平的一项重要指标。各级党政机关为加强社会风险防范，切实做好风险事件应急预案、预警、预测工作，制定了一系列的应急预案和专项预案。在各项工作中不仅政府及相关部门的风险防控意识有了普遍提升，而且公众也深刻意识到了社会风险的严重性。同时我国政府及相关部门也颁布实施了一些应急措施，为及时防范社会风险起到了促进的作用。

二是更加注重全面提升风险预判力。预判风险是防范风险的前提，见微知著、未雨绸缪，是风险防范意识提升的重要体现。加强风险预判主要聚焦在风险点、盲点较多的领域，聚焦重点、靶向发力，争取把社会风险化解在源头。谋求战略主动的关键是把握风险走向，防止各类社会风险通过传导、叠加、演变、升级为重大风险。我国围绕风险预判能力提升打出了一套"组合拳"能够有效应对社会风险和社会冲突易发、多发带来的挑战。

社会的加速变迁与风险全球化的发展趋势，导致社会风险与社会矛盾的叠加和扩散，给经济社会发展带来了诸多的复杂性与不确定性。这一世界性变革所引发的剧烈变化使得社会风险向着政治、经济、文化等领域不断扩散，使得国际环境带来的新矛盾、新挑战更加错综复杂。面对百年未有之大变局，保持高度的风险意识，对我国社会主要矛盾变化带来的新特征新要求有着深刻的认识。各级党委和政府已经通过不断增强机遇意识和风险意识，在危机中育先机、于变局中开新局，防范可能的风险和危机。

二 风险防范能力逐渐提升

党的十九届四中全会强调，国家治理和社会治理要"提高预测预警预防各类风险能力"。防范社会风险要义在于未雨绸缪、防患于未然。各级党委政府通过早防、严防、智防、联防，尽力避免社会领域发生重大风险，努力使风险不累积、不扩散、不升级、不外溢、不上传，近年来风险防范能力逐渐提升。

一是构建了社会风险治理体系。当前中国在已经建构好了预案和政策的基础上，建立了一套处置突发社会风险的治理体系。该体系基于化繁为简的原则，最大限度减少决策层次和决策链条，使各级行政负责人能够积极致力于防范社会风险的发生和扩大。有效解决了以往多层次、多环节、多链条、多主体的风险治理效能低下的问题。

二是筑牢社会风险防范的"三道防线"。牢固树立底线思维、增强风险意识，汇聚合力夯实社会风险防范底板。第一道防线是完善多维度决策支撑机制，聚焦民生、社会治理等重大领域社会风险的识别和预警，不断提升社会风险防范水平。第二道防线是构建集中统一、全面覆盖、权威高效的风险监测机制，强化社会风险防范的排查和处置，确保行稳致远。第三道防线是建立有效的风险防控机制，将这一机制建设深度融入风险管理体系，全面提升社会风险治理水平。社会风险防范的"三道防线"建设是社会风险治理体系提升的重要组成部分。

三是新兴信息技术在社会风险防范中的应用。随着我国社会风险防范进入大数据时代，科学有效地运用现代先进信息技术，以科技手段开展社会风险防范工作，成为新时代社会风险治理的重要举措。社会风险信息采集和预处理技术在防范社会风险中得到了广泛应用。当前，我国社会风险信息采集包括网络和现实两种途径，其中，网络风险信息采集承担了重要角色。采用了中文分词、命名实体识别和词性标注等数据预处理技术，极大地提升了风险信息采集速度、数量和效率，能够及时监测风险因素的动态变化，防范社会风险的发生和扩散。同时风险分析技术和分析系统也得到了广泛的应用，该系统从社会风险的源头进行信息分析，并将风险信息数据进行可视化处理，辅助政府和相关部门对社会风险及时响应。当前社会风险信息跟踪技术也逐步走向成熟，可以跟踪风险相关信息，快速获取关键信息，推动风险防范工作的顺利进行。

三 风险化解水平逐步提高

近年国家加强风险管理顶层设计，搭建了较为完整全面的风险化解框架。在这一框架下，规范了风险管理制度流程，各级地方政府明确了化解社会风险的治理边界和管理方式，将风险管理自上而下融会贯穿到社会风险化解全过程，全面提高对风险的掌控力，风险化解水平显著提升。

一是对不同类型的社会风险采取针对性措施。对于阶段性的风险打好攻坚战；对于区域性的风险打好歼灭战；对于发展性的风险打好持久战。面对多种不稳定、不确定性因素，既要有防范风险的先手，也要有应对和化解风险挑战的高招儿。坚持系统观念谋划推动全面风险管理，将建立健全风险防控机制作为高质量发展的基础和保障。

二是以科学为先导完善社会风险化解。当前各级党委政府已经认识到科学的理念与方法在化解社会风险和降低风险损失过程中的重要性。当涉及专业领域的风险化解时，政府会征求并尊重专家意见，充分发挥专家在风险评估、风险决策、风险处置等方面专业权威，能够使化解社会风险的决策更精准、更科学。同时，在对公众进行风险化解政策的宣传引导过程中，各级政府也做到了坚持以科学为先导。比如，在新冠肺炎疫情防控中，强化公众对疫情相关知识的了解就借助了专家学者的专业权威，进行科学防控，取得了显著效果。

三是加快推进政务信息公开奠定了社会风险化解的基础。近年来，从中央至各省市人民政府，都陆续实施了公开信息、公开政务、公开办事和公开决策等一系列措施。未知导致公众恐惧，信息封闭导致谣言四起，在风险化解中完善的信息公开制度是公众的定心丸。特别是新冠肺炎疫情暴发以来，一轮一轮的疫情对社会稳定发展造成了严重的危害，由此引发了具有持续性影响的社会风险。应对新冠肺炎疫情使我国各级党委政府积累了丰富的风险化解经验，信息公开就是其中非常重要的一个方面。

四 风险转化能力明显增强

化危为机，趋利避害，近年来我国越来越重视增强风险转化能力。当前我国把关注点放在了对防范和化解社会风险经验的积累上，把风险挑战转化为推动发展的契机，以深化改革来破除应对社会风险中暴露出来的体制性障碍和机制性梗阻，为经济高质量发展创造安全稳定的社会环境，在国家治理体系和治理能力现代化上科学谋划、创新实践。

一是风险转化为治理经验。我国以经济持续快速发展和社会长期稳定的改革发展经验为基础,从分析得失、总结经验、优化措施三个方面不断将社会风险转化为治理经验。通过补齐短板、强化弱项,继续探索经济高质量发展的潜力;通过封堵漏洞,转化风险,持续夯实社会长期稳定的基础。坚持长期以来形成的优良传统,完善防范和化解社会风险的制度建设,建立现代化社会风险治理体系,落实制度建设和治理效能转化融合。党的十八大以来,党中央从我国社会转型的具体实际出发,构建具有中国特色的社会风险治理体系,为世界展示了有效应对社会风险的中国智慧和中国经验。

二是风险转化为发展机遇。对标防范和化解社会风险的高线目标就是化危为机,将一切风险挑战转化为利好的发展机遇。危机中"危"和"机"往往是一体两面,相伴而生的。风险挑战虽然看起来是困境,是阻碍,甚至是危难,但危机中同样蕴藏着转机、机遇和发展的机会。当面临社会风险挑战的时候,我国一直致力于危中寻机、发现转机、抓住机遇,化危为机,努力把风险转化为发展机遇。

三是风险转化为改革动力。社会风险的发生说明在制度上和风险应对方面依然存在一定的不足和短板。因此我国防范和化解社会风险并非仅仅针对风险应对,更重要的是让风险成为改革的催化剂。近些年来持续推动风险管理制度改革创新,全面加强风险管理,构建精细化风险治理体系,完善风险巡查督办工作,提升重大风险预警、防范、研判、管控、处置水平。

四是风险转化为现代化的保障。风险管理是现代国家管理制度和经济社会发展的关键系统和能力。比如,新冠肺炎疫情给中国带来了重大考验,中国也因此面临进一步提升国家管理制度现代化的改革发展新机遇。正如习近平总书记指出的"要统筹推进疫情防控和经济社会发展工作,既要立足当前,科学精准打赢疫情防控阻击战,更要放眼长远,总结经验、吸取教训,针对这次疫情暴露出来的短板和不足,抓紧补短板、堵漏洞、强弱项。从而推动风险管理全面发展和国家管理制度现代化"。因而,风险可以转化为促进国家治理体系和治理能力现代化的保障。

总之,新时代防范和化解社会风险为发展提供了安全的支撑,我国近年来取得的新进展为更好地统筹安全和发展提供了保障。通过坚持底线思维，增强风险意识和机遇意识，下好先手棋、打好主动仗，提高化危为机、转危为安能力，积极化解存量风险，有效地防范增量风险，牢牢把握住了发展主动权。坚持守土有责，将防范和化解社会风险的经验转化为具体行动，为国家筑起可持续发展的基石。

第四章

新时代防范和化解社会风险面临的困境及其原因分析

当前我国社会正处于巨大转型的关键时期,转型期带来了社会的风险性增大、不确定性增强;与此同时社会结构尚未完全定型,伴随着利益结构的调整,社会冲突和社会矛盾也加剧了风险的可能性,因而新时代防范和化解社会风险面临着诸多难题。

第一节 新时代防范和化解社会风险面临的主要困境

新中国成立 70 多年以来,我国取得了举世瞩目的发展成就,但经济社会快速发展过程中也积累了大量的问题和矛盾。特别是许多矛盾和问题集中爆发,导致社会风险因素增多。新时代防范和化解社会风险依然面临以下困境。

一 多层次多中心的网络结构引发孤岛效应

长期以来我国经济发展速度都高于社会发展速度,经济与社会发展不平衡,导致社会领域积累了很多风险隐患,构建社会治理共同体面临的形势更为严峻和复杂。多层次、多中心的社会网络结构,具有利益主体多元化、空间格局差异化、社会问题复杂化等特点,导致社会治理共同体建设面临孤岛效应。"社会治理共同体"的提出是对当前社会治理的体制机制的创新,开辟了学术研究的新视野,是对新时代防范和化解社会风险理论的深化。

（一）责任划分不清晰，责任公共体难以各司其职

党的十九大报告提出打造共建共治共享的社会治理格局。党的十九届四中全会进一步提出坚持和完善共建共治共享的社会治理制度，从"社会治理格局"上升到"社会治理制度"是对社会治理的创新和发展。但是我国在创新社会治理的体制机制方面，尤其是防范和化解社会风险方面依然存在诸多困境。

首先，坚持和完善共建共治共享的社会治理制度亟待更新社会治理理念。防范和化解社会风险经历了从"社会管理"到"社会治理"的转变，但党委政府、社会组织和人民群众仍习惯于传统的从上至下的社会管控来应对风险。在党委政府层面，依然从政府本位用行政管控处置社会风险，按照"尽量不出事，尽量出小事，防止出大事"的理念，以刚性的维稳方式防范和化解社会风险。过分强调维稳，错误认识维权，没有将党委政府以外的其他社会治理主体纳入风险治理的统筹规划之中，甚至将其他主体当作风险治理的对象而不是协同共治的合作者。在社会风险治理中，如果过分强调维稳，忽视人民群众的正当利益诉求，甚至把群众正当的维权视作维稳的对立面，就会与共建共治共享的社会治理理念背道而驰。

其次，坚持和完善共建共治共享的社会治理制度亟待建立党委政府对社会风险进行整合的系统化治理。当前社会风险所涉及的领域是多重的，一旦风险因素被触发其引发的风险具有连续性，因此与之关联的多个部门都具有风险管理责任。而我国的风险管理依然存在职能导向的现象，即将社会风险按照政府职能进行分类管理，这样就会导致部门之间缺乏合作，不能有效建立联防联控机制。同时，不仅是党委政府，还包括企事业单位、社会组织和社会成员，都有权利和义务参与完善共建共治共享的社会治理制度。因此防范和化解社会风险除了建立政府部门联动以外，如何在党委的领导下形成高效的全民联动也是亟待解决的问题之一。

最后，坚持和完善共建共治共享的社会治理制度亟待建立公众参与机制。"共建"是基础，"共治"是关键，因而"共建"和"共治"奠定了"共享"的根基。"共享"是目的，也是"共建"和"共治"的最高

目标和存在意义，三者共同组成了社会治理制度。当前部分公众对"共建共治共享"的权利属性和义务属性的认识失之偏颇。当公众只愿意享有"共享"的权利属性而忽视了"共建"和"共治"的义务属性，就会缺乏参与社会风险防范和化解的积极性，甚至出现"搭便车"的心态。当公众过分强调"共建"和"共治"的权利属性，过度的、不恰当的维权反而会造成社会失稳，成为社会风险的来源。

总之，完善共建共治共享的社会治理制度，是加强和创新社会治理水平，提高社会风险的防范和化解能力的应有之义。然而在社会风险治理中纳入更多的主体，采取更加多元化的治理方式，让人民群众公平地享有治理成果，需要党委政府、社会组织和人民群众付出更多的努力付诸实践探索，才能让社会治理制度更加完善，才能彰显社会风险治理的效能。

（二）共同目标不明确，目标共同体难以达成共识

经济社会发展过程中出现的新问题对防范和化解社会风险提出了新挑战。新冠肺炎疫情的蔓延给我国经济社会发展带来了巨大冲击，同时也暴露出我国在应对风险的时候，需要进一步提高风险研判、危机应对的能力。社会风险具有高度的复杂性和不确定性，因此很多情况下社会风险都是隐蔽的和不可预知的，因此应对风险的决策是在风险发生过程中做出的。如何做出决策以及做出怎样的决策实际是与设定的风险治理的目标是息息相关的。但长期以来对防范和化解社会风险的目标设定有着不同的见解和标准。

首先，底线目标划定的标准过低。习近平总书记在多次讲话中都强调了坚守底线思维的重要性。在设定风险防控目标的时候也应坚守底线思维。基于底线思维划定的底线目标是保护弱势群体的基本权益和社会保障等不受社会风险的侵害。但现实中的底线目标仅仅是从最坏处着眼，寄希望于风险带来的损失在可承受范围内即可，而没有向最好处努力，这是对底线目标最大的误解。

其次，中线目标的设置缺乏规范的标准。稳住中线目标是保障底线不失守的关键，但是对于中线目标究竟应该如何划定，目前没有统一规范的指导。因而很多时候中线目标是动态的，防止风险外溢，杜绝风险上行，落实风险防控，降低风险损失等都可以作为中线目标。因而在现

实中，如何稳住中线目标缺乏可操作性，这是当前面临的困境之一。

最后，高线目标设定导致消极应对。在风险社会中，每一次发生的风险事件几乎都是不同的，因而需要创造性地应对每一个社会风险事件。风险的不确定性不仅是阻碍科学决策的障碍，而且是推动创造性科学决策的动力。但是现实是面对风险事件的异质性，总是会想要因循旧例，从过往的经历中找经验，把防止风险引发过大的损失作为高线目标，而不是尝试创造性地将风险危机转化为发展机遇。

（三）力量整合不到位，力量共同体难以凝聚合力

党的十九届四中全会提出"必须加强和创新社会治理，完善党委领导、政府负责、民主协商、社会协同、公众参与、法治保障、科技支撑的社会治理体系"，在防范和化解社会风险中同样需要党委、政府、社会组织和社会公众形成治理合力，但当前力量共同体视角下各方协作合力有待释放。

首先，党委统一领导的作用需进一步加强。在防范和化解社会风险过程中，政府组建的职能部门根据其职责分工不同分别管理不同类型的社会风险，例如政法、信访、公安、司法、民政、社会保障、应急管理等各自有主要负责的社会风险，职能部门的分工导致了社会风险治理呈现出条块分割的碎片化状态。但当前社会风险复杂多变，如果涉及多部门协调联动，当党委统一领导能力不足的时候，职能部门就会出现各自为政、多头管理、相互推诿等现象。党委的领导力与社会风险治理效能是息息相关的，党委的领导力弱化，就会导致社会风险治理合力逐渐减弱。

其次，政府承担了过多的职责和压力。基层社会治理一直以来都是政府主要承担行政事务，长期都是大政府小社会的情况，政府组织人力、物力的投入，在防范和化解社会风险中除政府以外其他主体的参与主动性不足。且政府的各个职能部门之间的协同合作不足，跨区域、跨部门的社会风险治理面临困境，亟待由条块分割向跨区域、跨部门、跨主体间的协同治理转变。

再次，社会协同力量不足。防范和化解社会风险是一个专业化水平要求比较高的领域。社会协同力量不足主要表现在两个方面：一个是社会组织的专业化水平不够，能力水平达不到参与社会风险治理的要求；

另一个是社会组织与政府之间的协同机制不健全，社会力量缺乏参与社会风险治理的制度化的渠道，且对社会组织的专业化水平没有合理的测评分级制度，缺乏有序化管理。

最后，公众参与动力不足。公众是防范和化解社会风险最重要的组成力量之一，但现实是人民群众缺少参与的积极性、主动性和责任感。分析其原因主要在于：其一，缺乏有广度、有深度的宣传，没有使人民群众树立"人人有责"的意识；其二，缺乏有效的参与路径和平台，没有给人民群众提供"人人尽责"的有效渠道；其三，缺乏完善的社会公共服务体制，无法保障"人人享有"的公平可及性。

总之，在防范和化解社会风险的实践工作中，党委统一领导的功能弱化、政府职能过度分化、社会组织参与能力有待增强和参与渠道不畅通，以及人民群众责任意识缺乏，共同导致党委、政府、社会组织与公众这四个主体尚未形成风险治理的力量共同体。

二 社会治理统筹整合协同机制不健全

进入新时代，我国的现代化、信息化、科技化水平不断提高，同时经济社会结构、公众的思想认知、群体间的利益格局随之发生了深刻的变革。这些新情况、新形势、新变革给我国的社会治理带来了新机遇的同时也带来了风险和挑战。完善社会协同治理的提出契合了新时代我国亟待解决防范和化解社会风险问题的需要。但是新时代我国社会流动速度之快前所未有，我国社会结构变迁之大前所未有，我国社会转型之大前所未有，我国互联网革新之快前所未有。由此带来的因人口聚集产生的社会治安风险和社会公共安全风险，因社会变迁转型产生的社会矛盾冲突和社会结构失稳风险，因技术革命产生的网络舆情风险和互联网违法犯罪风险层出不穷。跨部门、多主体合作缺乏统筹衔接，难以形成协同治理合力。新时代社会协同治理在防范和化解社会风险方面面临了诸多重大的治理问题和困境是亟待解决的。

（一）政治引领不足，难以协调多元利益

当前经济体制、社会体系、利益格局发生的结构性变革，对新时代经济的稳中向好、社会的良性运转和人民的生活安定产生了重大的影响，打破了社会长期相对同质的境况。

社会协同治理在防范和化解社会风险方面存在政治引领不足的短板。

首先，随着经济社会的快速发展变化，以往社会结构中致力于稳定社会大局的根基力量逐渐减弱，社会秩序处于稳定和失稳之间的灰色地带，在长远看来相对稳定的状态中夹杂着很多的不确定因素会引发应激性的社会失稳。整个社会相对的稳定和绝对的不稳定就导致政治引领缺乏有效的着力点。

其次，当前社会处在社会主体多元化、社会要素异质化和社会矛盾多样化的风险社会。同时社会环境更加复杂多变进一步强化了风险的放大效应，导致整个社会充满了系统性风险、结构性风险、传导性风险和跨域性风险。随着风险的聚集和扩散，当前社会协同治理缺乏合理的制度或政策安排，难以实现对社会风险的有效防范和化解。

最后，快速城市化使人口集中趋势加剧，使得原来分散的社会矛盾和风险也在逐渐集中。防范和化解社会风险需要统筹协调不同阶层、民族、种族的群体利益，面临社会群体利益多样、诉求多元，难以统一利益诉求的问题。同时城市规模日益扩大，交通拥挤、资源短缺、环境恶化等"城市病"也考验着当地党委政府的社会治理能力。面对加压加码的社会治理责任，纷繁复杂的社会治理事务和众多横亘在高质量发展上的难点，地方政府亟待探索和创新社会治理方式，以推进社会治理现代化建设。

（二）统筹机制不力，协同治理效能低

党的十九届五中全会提出，要加强和创新市域社会治理，推进市域社会治理现代化。近年来，我国的市域社会治理在主体、结构、机制等方面进行了很多有意义的探索和创新，使得市域社会治理已从单一的社会领域拓展到基本公共服务、社会保障、公共卫生防疫、应急管理联动、科学技术发展、文化旅游创新等多个领域，但是在多领域统筹和社会资源整合方面仍存在不足。

首先，缺乏战略性、系统性、统筹性的市域社会治理政策。由于很多地方尚未形成成熟的市域社会治理的政策性文件，相关政策分散在"社会维稳""平安建设""社会治安综合治理""应急管理"等具体领域导致了市域公共政策执行碎片化。

其次，市域社会治理的责任分散在不同的职能部门，难以发挥整体合力。根据《关于推进市域社会治理现代化的意见》市域社会治理在防范和化解社会风险方面相关的责任是这样划分的：平安建设工作由政法委牵头主抓；基层社会治理工作由民政部门牵头各个社区负责；市场监管、质量监管、应急管理、安全监管工作由政府主导城市各个分管部门负责；社会管理服务职能按照法定程序转由社会群团组织行使。由于各部门权责交叉并且习惯于"向下交责"，且平行部门之间如果缺乏有效的工作协同，导致基层肩负极大的属地责任压力和考核评估压力，难以形成治理合力。

最后，市域协同治理配套制度滞后，社会协同和公众参与机制不完善。党政部门开展市域社会治理工作依然存在包办主义和代理主义问题，对社会组织、社工组织、志愿者组织等缺乏必要的培育、引导和监管。上述社会组织自身也存在发育不健全的现象，表现为数量偏少，专业不精，能力不强，参与治理经验不足等问题，导致政府转移出来的职能接不住也接不好。政府购买服务中普遍存在购买服务评价和监督管理不到位问题，致使"重投入、轻管理，重资金、轻绩效"的现象时有发生。同时公众参与度不高也是一个困境，该困境有两个方面的原因：主观上表现为公众参与意愿不高，参与积极性不强；客观上是因为公众参与渠道不健全，参与制度不完善，导致基层治理出现"社会失灵"的现象。

（三）整合机制不全，社会组织力弱化

社会与公众之间能否建立社会协同治理的关键在于社会组织，社会组织是国家治理和社会治理多元主体的重要成员，是国家治理体系和治理能力现代化不可或缺的重要力量。目前我国有能力实施防范化解社会风险的社会组织很少，社会组织处于"悬浮状态"。且社会组织的公信力、组织化程度、专业能力等是影响该组织能否吸纳公众，胜任防范和化解社会风险的重要因素。但是对于防范和化解社会风险，社会组织在如何有效嵌入方面面临以下困境。

一是社会组织的公信力不足。社会组织的公信力是其能否获得公众支持和捐赠的核心要素，而且决定了该组织能否实现可持续运转和发展。在防范和化解社会风险的过程中，社会组织需要以其公信力为担保募集善款、协调物资、参与社会救助。失去公信力的社会组织将失去生命力，没有公信力的支撑，公众与社会组织之间也难以建立社会协同治理。

二是社会组织缺乏独立性。目前我国对社会组织的管理相对严格，很多群团组织、公募基金和慈善组织都具有官方色彩。这就导致社会组织很多的合作共治需要经过政府的管理审批。而社会风险又具有突发性和紧急性，很多防范和化解措施的时效性非常高，如果经过层层行政审批可能会错过风险处置最佳时机。过于行政化的管理使得公众与社会组织建立社会协同治理缺少一定的自由度。

三是社会组织的志愿失灵。当前我国志愿者组织还处于积极培育阶段，公众参与志愿服务的热情较高。在防范和化解社会风险中，尤其需要公众作为志愿者广泛参与和积极支持风险治理。但是当社会组织出现志愿服务资源不足、政策保障不力、组织运行不科学、管理机制不健全等问题的时候，"志愿失灵"现象就会在各类志愿服务开展过程中出现，公众自然不会与之开展社会协同治理。

总之，跨部门、多主体的合作仍因条块分割、各自为政、效能低下未能建立完善的社会协同治理。但是防范和化解社会风险又亟须构建协同发展机制来带动多元主体的力量壮大和发展，因此，协同治理必然会成为社会风险治理不可替代的选择。

三 社会整体脆弱性较大且抗逆力不足

随着我国经济社会的快速发展，公众的价值取向日益多元化、利益诉求日趋多样化，社会矛盾和社会冲突彼此叠加，社会风险和其他领域的风险相互交织，这为防范和化解社会风险提出了更高要求。当社会风险成为一个无法规避的事件时，提高社会系统的韧性，即对风险的承受力和遇到风险负面影响之后的恢复能力，成为新时代风险治理的重要内容。但是当前社会抵抗风险打击能力较弱，难以有效维持社会结构的总体平稳和持续发展。如何进行韧性社会治理也面临着困难和挑战。

（一）社会风险治理制度不健全，加重社会系统脆弱性

改革开放以来，我国社会发生了剧烈的转型和变革，通过提高社会整体的韧性以防范和化解社会风险势在必行。随着社会风险的扩散和蔓延，党委政府、社会组织和社会成员在重构风险治理理念、制度和组织的过程中面临多重困境。

首先，防范和化解社会风险缺乏科学和全面的理念。随着社会转型

的加速推进，社会风险表现出累积效应，即当风险在积累过程中会表现出相对稳定，但积累到一定程度，一件微不足道的小事就会诱发巨大的风险危害。但是当前各个风险治理的主体均对社会风险缺乏正确的认识，没有建立起源头治理的理念，对敏感时间、敏感事件、敏感地点和重点关注人群不够重视。同时也缺乏全周期的风险治理理念，把社会风险看作独立事件，孤立地看待每一起风险事件，没有建立起全局意识。风险具有放大和扩散效应，受到信息技术的影响，风险会在短时间内迅速扩散，波及更多的人群，渗入到更细微的社会生活中，扩散的过程中会进一步放大风险的负面影响。韧性社会治理是网状的治理模式，而上述不科学的治理理念把风险分散成了条块，甚至是碎片，这是对社会整体韧性的破坏。

其次，防范和化解社会风险缺乏完善的制度保障。当代社会风险表现出叠加效应，不同领域的风险、不同类型的风险、涉及不同群体的风险等会相互叠加，这除了增加风险的治理难度，也增加了多元主体协同治理的难度。当前对于防范和化解社会风险还缺乏完善的制度，因而不能事先形成应对风险的程序，当风险来临时会出现急于封堵风险漏洞，而不能主动应对和有效预见风险趋势。对于社会风险的相互叠加，缺乏严密的战略部署和举措，不能有效控制风险对国家和社会生活的冲击，将无力化解风险挑战的负面影响。

最后，防范和化解社会风险缺乏有效的组织结构。风险具有传递和转移效应，会加深结构性的不平等，诱发更多的社会风险。有效的组织可以让社会风险治理工作有条不紊地按程序进行，但是缺乏组织会无法有效协同多元主体的力量，无法保证有关部门、单位和人员各司其职，无法有效调动各方面的人力、物力，从而导致执行效率下降，进一步加大损失。组织效力还表现在保障党总揽全局、协调各方的领导作用，能够集中力量办大事、解危难，化危为机。但是缺乏组织会导致各地各部门丧失大局意识，党和政府失去公众的信任，面对风险挑战不知所措。

（二）社会风险治理技术不成熟，加大社会安全脆弱性

社会风险与科学技术是一条线上的两个点，科学技术在前，社会发展相对滞后，社会发展要根据科学技术不断地调整，这个时候科技就像双刃剑，既带来了新兴的技术手段加强和创新社会治理，同时也会给社

会带来新的风险因素。因此，如何充分利用科学技术同时规避其风险性，成为重要的课题。

首先，社会治理现代化与新兴技术的对接不精准。社会治理现代化需要以智慧政务平台为基础，以大数据、云计算、人工智能、区块链等为代表的新兴技术的支撑。当前虽然各地都在探索将智能产品和智慧政务平台运用到社会治理的具体实践中，但大多是传统公共服务和政府服务电子化改造，真正意义上的科技支撑创新不足；同时社会治理现代化需要科技应用协助的需求很大，但面临技术落地难以精准对接的困境；并且很多科技产品在实践中会面对治理失灵情况，需要进一步接受实践的检验，并在应用过程中逐步完善功能。

其次，基层社会治理智慧化程度不高，利用新技术的意识不强、能力不足。目前社会治理尤其是基层还没有完全运用现代科技，智慧化的信息处理平台建设仍不完善，没有充分发挥出大数据、云平台、人工智能等高新技术在社会治理中的优势。甚至有些地方政府在推进智慧治理过程中，出现多个平台功能重复、数据兼容不足、多个部门多头考核等问题，反而加重了社会风险治理的负担。

最后，当代社会风险与现代化的科学技术发展相伴而生。正如德国社会学家U. 施曼克（U. Schimank）指出的，经过修正的技术本身仍然是风险的生产者，技术水平的升级不仅不会消除风险，反而会带来风险水平的相应升级。[①] 科学技术的社会风险部分是由于科学技术的不完善引发的，比如伦理道德、法律监管、信息安全、个人隐私保护等方面的诸多问题给社会治理带来新的挑战，因而科学技术发展越快，对社会的影响越深，对科学技术不恰当的使用反而会增大社会风险发生的概率和影响。

（三）社会风险治理体系不完善，加剧社会结构脆弱性

当前社会风险相互关联、相互转化、风险借助便利的通信可以跨区域传播，由地方风险演变成全国性乃至世界性的风险；也可以跨领域关联，由社会风险延伸到政治经济文化领域，甚至是意识形态领域的风险。新时代基层是防范和化解社会风险的前哨，但是在防范和化解社会风险

---

① N. Stehr, R. Ericson (ed.), *The Culture and Power of Knowledge*, Berlin: Walter de Gruyter & Co., 1992, pp. 126–131.

体系中"村社、镇街、县域、市域"组成的过长的行政层级会产生应急响应不及时、政策不具有现实指导性等问题，这是提升社会治理韧性面临的短板之一。

首先，村社的技术水平有限与重痕不重绩的考核机制导致社会风险防治虚设。防范和化解社会风险是对技术能力要求较高的领域，村社一级缺乏专业的技术人员来承担相关责任，完成风险防治任务，村社在承担社会风险防治方面显得无能为力。在基层工作中过于强调"凡事留痕，事事留迹"，让村社基层不堪重负的同时导致防范和化解社会风险中很多务实的具体工作虚设。

其次，镇街基层工作负担过重与有责无权导致社会风险防治困局。在防范和化解社会风险方面，属地管理给镇街带来了极大的负担，有责无权使基层面对上级的风险防控目标和考核显得有心无力。当镇街一级因为缺乏足够的人力、物力而无法按规定完成考核目标的时候，会将任务向下转移给村社。责任转嫁不利于风险防治落实落细。

再次，县域层面对社会风险的认知有偏差与制度层面尚待完善。县域是社会风险的聚集地和风险传导的中转站，但很多时候县域没有足够的社会风险防范意识导致漏判或误判风险，以致无法做到有效地识别风险和防治风险，也不能阻断风险在不同的地域之间、层级之间、领域之间的传导。缺乏完善的防范和化解社会风险的制度也是县域风险防治的短板，制度性风险导致社会风险叠加，引发更为严重的隐患和危害。

最后，市域社会风险防控不力容易引发风险上行外溢。市域在社会风险的监测、管控、源头治理方面还存在一定缺陷，因而不能准确预测预警预防风险的发生，做到防患于未然。市域内的区域之间风险防范和化解能力也不均衡，社会治安防控和社会矛盾纠纷化解存在区域与层级之间的不平衡，导致应对复杂风险的能力不足。同时与社会风险防治相关的大数据还未实现全面的平台共享，导致风险防治技术碎片化，数据支撑社会风险防治的应用能力有待整合。

（四）社会风险治理方式创新不足，降低社会整体抗逆力

当前中国已经进入了风险社会，国际结构的重大变动使国际大环境面临更大的不确定性，国内社会转型、社会结构重构、社会形态变革，公共卫生事件、自然灾害、危机事件高发频发，都加大了社会的脆弱性。

社会风险演变成系统性风险的概率大大增加了，因而加强社会治理韧性成为抵御脆弱性最好的方式。加强和创新社会治理，改进社会治理方式，要坚持系统治理、依法治理、源头治理、综合治理，然而当前在这四个方面依然存在以下问题。

首先，系统治理缺乏必要的协同联动。韧性社会治理强调整个社会风险治理主体之间形成一张网，这张网可以为社会稳定兜底。但在具体实践中会发现，地方政府依然沿用行政管控手段治理风险，对其他社会主体参与缺乏必要的激励和引导。同时政府部门之间依然存在条块分割，对于跨领域、跨部门的社会风险难以形成联防联控，导致风险治理效率低下。

其次，综合治理缺少多元化的治理方式。韧性社会治理注重防范和化解社会风险的方式多元化，鼓励采取道德劝导、舆论引导、心理疏导等柔性的方式，强调政府、社会组织和公众之间应进行民主协商、互联互通、协同参与共同致力于风险治理。但当前依旧存在政府自上而下的行政力量占据绝对主导地位，在化解社会风险、应对突发事件、调解社会矛盾和冲突、保障公众合法权益和倾听公众表达诉求方面还存在短板和不足。

再次，依法治理欠缺有效抓手。构建完善的法律法规体系，依法统筹推进社会风险治理是加强韧性社会治理的基础。但是当前防范和化解社会风险的相关法律还不健全。比如，2013年颁布实施了《突发事件应急预案管理办法》，但很多地方制定的应急预案的针对性和可操作性不强，且存在同质化倾向，不能有效应对实际问题和风险。因而在风险治理过程中无法可依或有法不依的情况严重影响了韧性社会的构建。

最后，源头治理缺少长效机制。韧性社会治理重视风险源的防范，目标是"尽量不出事，尽量出小事，尽量大事变小事"。但是实践中尚未建立起从源头上防范和化解社会风险的长效机制和可操作性的措施，更多的是在社会风险的倒逼下疲于应对。

当前中国的发展日新月异，选择的发展道路和制度模式也没有可以参考的模式，在这样风险频发的时代，要面对的风险挑战是前所未有的。与此同时，国际环境日益复杂，传统风险与现代风险相互交织，区域性风险与全局性风险相互叠加，潜在的风险因素更难以掌控。但是中华民族在中国共产党的领导下具备善于反思的能力，通过分析当前在防范和化解社会风险方面面临的困境，将有助于进一步分析其原因，并提出具有针对性的对策建议。

四 社会风险管理缺乏有效的社会稳定风险评估

新中国成立七十多年以来，我国取得了举世瞩目的发展成就，但经济社会快速发展过程中也积累了大量的问题和矛盾。特别是许多矛盾和问题集中爆发，导致社会稳定风险源增多。因此，需要基于社会稳定风险评估（以下简称"稳评"）以创新社会治理，"为之于未有，治之于未乱"，采取源头治理防范和化解社会风险。但现实情况是，由于社会稳定风险评估机制不健全，导致防范和化解社会风险面临了更大的挑战。虽然我国重大决策社会稳定风险评估经过多年建设取得显著成效，但是仍然存在着诸如领导机制不健全、评估主体单一、评估内容不完整、风险等级确定方法不科学、评估结论不公开，以及缺乏系统性的风险防范措施等问题和困境。[①]

（一）标准化不够，社会稳定风险评估缺乏完善的程序

重大决策社会稳定风险评估作为政府决策实施的创新性机制，关键在于完善评估过程中实施的具体程序。但是在网络时代，信息传播途径日趋复杂，信息所代表的立场和观点日趋多元化，如何保障收集资料的真实性、数据分析的科学性、风险评估的有效性、评估结论的精准性，是"稳评"实施过程中面临的共同困境。

当前重大决策社会稳定风险评估在职能混淆、标准不一的情况下，出现评估与政策相互越界的困境，即"为防止风险而产生新风险"[②] 的困境。有研究认为，当前我国社会稳定风险评估面临的困境在于：第一，主体的独立性和客观性不够，评估的决策者与实施者存在合二为一的现象；第二，程序不规范、不透明，风险沟通与信息公开渠道不畅通，存

---

① 张乐、童星：《重大决策社会稳定风险评估的问题、回应与完善》，《江苏社会科学》2015年第4期。

② 廖秀健、刘白：《重大决策社会稳定风险评估的困境及其规制——以重庆"短命医改"为例》，《中国行政管理》2016年第1期。

在重结果轻程序、走过场现象;第三,标准不统一,随意性较大,权威性不足;第四,基本上是政府的自我评价,公民和社会组织的有效参与不足;第五,责任主体不明确,监督与责任追究机制不健全。① 张玉磊、徐贵权则认为,当前我国社会稳定风险评估面临的主要困境:一是理论研究滞后于实践发展;二是对"稳评"认识不够到位且存在误区;三是多元主体评估模式尚未确立;四是"稳评"对象界定不够明确且多集中于重大决策;五是"稳评"程序不尽合理;六是"稳评"指标体系不完善;七是配套制度尚未跟进等。②

目前,重大决策社会稳定风险评估在理论层面得到广泛的支持与肯定,但是在实践层面仍处于探索阶段,因此需要更多的实践经验才能广泛推广。社会稳定风险评估作为防范和化解社会风险的一项重要社会治理创新,重大决策在颁布实施之前必须进行"稳评"的发展方向毋庸置疑,但在政府实践中,很难改变地方政府主导评估的现状。目前社会稳定风险评估机构在评估能力、水平和制度性保障方面均存在较大的提升空间③,构建成熟的重大决策社会稳定风险评估机制以提升防范和化解社会风险能力依然任重而道远。

(二)客观性不强,第三方介入"稳评"缺乏制度性保障

制度制定和政策支持是重大决策社会稳定风险评估的第三方介入评估机制构建的基础,政府是否主动将其他主体纳入"稳评"决定了第三方介入评估机制的发展动力。当前我国的第三方介入重大决策社会稳定风险评估机制仍然存在巨大的提升空间。

第一,第三方介入评估机制需要法律保障。虽然从中央到地方都在积极倡导构建多元主体参与"稳评",但第三方机构参与"稳评"在法律层面缺乏可操作性的法律法规。表现在:首先现行法律法规不够明确,当前相关法律政策只在政府层面如何进行社会稳定风险评估进行了明确

---

① 张小明:《我国社会稳定风险评估的经验、问题与对策》,《行政管理改革》2014 年第 6 期。
② 张玉磊、徐贵权:《重大决策社会稳定风险评估机制的问题与完善》,《中共天津市委党校学报》2015 年第 4 期。
③ 黄杰、朱正威:《国家治理视野下的社会稳定风险评估:意义、实践和走向》,《中国行政管理》2015 年第 4 期。

界定，但对于政府以外的其他主体在评估资质、参与程序、应承担的责任与义务方面均没有明确规定；其次现行规定缺乏强制性，虽然地方政府规定可以委托社会中的第三方组织进行社会稳定风险评估，且"稳评"工作应充分尊重社会公众和相关领域专家的意见和建议，但这些规定属于规范性文件，大多是地方政府的行政规章和试行办法，不具备法律意义上的强制性，因此在现实实施中困难重重。

第二，第三方介入评估机制需要信息公开保障。在政府信息公开工作中，必要的信息公开能够提高各级行政机关的履职能力和办事效率，能够保障企业、公民和社会组织对政府信息的知情权，有效的监督行政机关行使公权力。全面真实的信息是第三方机构介入重大决策社会稳定风险评估的基础和前提。目前，由于政府信息公开保密机制不健全，信息公开执行不到位，导致"稳评"信息透明度不够，政府以外的其他评估主体难以获得足够的相关信息，非政府方面的评估主体与评估对象之间的信息不对称，从而影响第三方机构参与"稳评"的有效性。最大限度的信息公开可以有效推动社会对政府的监督，可以转变政府与公众之间信息不对称的情况，可以极大地改善社会公众对政府的监督条件，从而大大提升公众的监督能力。因为有了这些有效的监督，从而提升了政府执行各项政策的效果，提升了政府公信力，加强了政府与公众之间的良性合作与互动。

（三）独立性不足，第三方介入"稳评"的主体意识不强

政府的自闭性阻碍了第三方介入重大决策社会稳定风险评估机制的形成和发展。[1] 长期以来我国的社会稳定风险评估机制是一个被动反应的过程。政府的自闭性是指政府本身就是一个相对封闭的系统，有排斥外部力量介入的本能倾向[2]，根据公共选择理论，政府作为独立的"经济人"，自闭性有助于其实现自身利益的最大化。政府的自闭性使其着力于维护自身利益不受侵害（如果政府决策不能顺利通过审核并实施，某种程度上就是对政府利益的损害），因此，社会稳定风险评估是传统的封闭

---

[1] 张玉磊：《多元主体评估模式：重大决策社会稳定风险评估机制的发展方向》，《上海大学学报》（社会科学版）2014年第6期。

[2] 周建国：《政策评估中独立第三方的逻辑、困境与出路》，《江海学刊》2009年第6期。

运行的行政主导权和决策权与现代公众对知情权、参与权和利益表达等诉求相互博弈的中介环节。

首先,第三方参与"稳评"的主体意识不强与政府部门对社会稳定风险评估机制在认识上仍然存有误区有关。有些政府部门对社会稳定风险评估机制持消极抵触情绪,无视"稳评"的积极作用,认为"稳评"就是"挑错误,找不足";有的认为政府部门才是唯一的风险评估主体,而其他主体没有必要也没有能力完成"稳评"工作;有的认为可以进行"选择性风险评估",只对符合民众期许的决策进行"稳评",而可能引发争议的决策应绕过"稳评",尽快落地实施。同时,凡是重大决策均须接受第三方机构的风险评估的意识并没有在社会公众中形成共识,即使政府承认第三方机构介入社会稳定风险评估对于保障评估的全面客观和维护社会稳定具有重要意义,或在外部压力下允许第三方介入评估过程,也会在"稳评"过程中施加影响,甚至设置障碍阻止不利于政策实施的评估结论出现,缺乏有效开展风险评估的良性氛围,构建良性互动的风险评估机制可谓任重道远。

其次,在政府主导发展的模式之下,我国形成了"大政府、小社会"的整体架构,政府以外的其他主体参与评估意识不强,阻碍了社会稳定风险评价机制多元主体评估模式的形成。长期以来,在以往全能型政府自上而下进行社会管理模式的影响下,行政管理体系在实施重大决策时倾向于封闭运行。在社会稳定风险评估中表现为其他评估主体会倾向于认为"稳评"是政府自身的工作职责,对自我的主体意识认识不强,缺乏参与"稳评"的主动性和自觉性。第三方机构参与社会稳定风险评估的意识和态度对其在"稳评"中的作用和地位有重要影响,民众对风险评估机制的内容和程序不甚了解,公众的参与意识和权利意识薄弱,对政府主导风险评估的公信度存有疑虑,这些均不利于建立社会稳定风险评估的多元主体评估模式。

五 公众参与机制缺乏完善的制度保障

社会风险是系统性风险,地方政府在实施重大决策之前把民众置于决策之外,没有全面征求民众意见,一旦民众就某政府决策采取聚集抗议,政府就会迫于维稳压力暂缓实施,公众参与重大决策的机制有待进一步完善。

（一）公众参与制度保障不力，重大决策目标定位偏差

政府在重大决策推行实施过程中忽视经济、社会、环保、安全等风险和群体阻力之间的联动机制，导致地方政府简单地将防范和化解社会风险的目标定位于"维稳"，并有意或无意地将政府维稳与民众维权相对立，使防范和化解社会风险的目标定位出现了严重偏差。政府工作有时会处在两个极端，要么在实施重大决策过程中忽视民意，要么在化解风险时一味地安抚民心、顺从民意，防范和应对社会风险缺乏系统性。对于引发民众抗议的重大决策，政府在做出暂缓实施的同时会采取权宜性的经济补偿以获取民众的理解和支持。但是民众的满意度并非简单靠经济补偿就可以"买"回来的，补偿方式和补偿数额如果没有合理的标准会造成公众的相对剥夺感，反而增加了防范和化解社会风险的难度和不确定性。比如，重大决策社会稳定风险评估机制是为不同利益群体在现实中建立最大社会公约数而提供的制度化设计，其所遵循的最重要的价值理念应是共赢。但实践过程中防范和化解社会风险的操作和设置往往忽视了为利益各方的充分博弈提供平台，背离了"共赢"这一价值理念。

（二）公众参与实效性不足，重大决策成本升高

对严重影响社会稳定的公共安全事件进行反思可以发现，社会冲突的爆发虽然具有偶然性，但其偶然中的必然原因还在于民众对重大决策的知情权、参与权和利益诉求缺乏制度性保障。[1] 防范和化解社会风险的目的是维护和提高民众的社会公共利益，只有公众充分参与下的重大决策，才符合人民的意愿、反映社会的真实需求。但是我国地方政府主导着重大决策的制定实施，而公众参与程度比较低，导致我国的重大决策在制定和实施过程中始终没有摆脱"自说自话走形式"的尴尬。例如，"稳评"的出发点是为了决策顺利通过审批，而忽视公众利益的诉求。特别是当地方政府通过某些变通方式将政府意志输入"稳评"之中，既没有暴露出明显的程序规范问题，又能够通过审批检查，避免责任追究。政府主导的社会稳定风险评估即使结论是公正、客观的，也极易引起公

---

[1] 杨芳勇：《论社会燃烧理论在"重大事项"上的应用——重大事项社会稳定风险评估的理论基础与方法模型》，《中共浙江省委党校学报》2012 年第 4 期。

众对"稳评报告"的质疑，不仅妨碍了民众公共理性的培养，也有可能对民主化进程产生负面影响，进而提高决策成本。

第二节 新时代防范和化解社会风险面临困境的原因分析

一 社会治理共同体之间尚未构建起紧密的网络结构

（一）"碎片化"限制了共同体的行动能力

防范和化解社会风险的力量共同体是在党委的全面领导下，政府作为主导力量，广泛动员社会力量积极参与，促进社会组织、企事业单位和人民群众等多元主体合作共治，对社会风险进行识别、研判、预警、化解，从而实现社会的长期稳定。虽然当前我国整体社会发展平稳，尤其是新冠疫情暴发以来，与世界其他国家相较而言，我国的疫情防控取得了令人瞩目的成效。但是在社会风险治理效能方面仍待完善，其原因可以归纳为防范和化解社会风险的社会力量、组织机构和治理信息存在碎片化现象，限制了力量共同体的行动能力。

社会治理中的碎片化是指由于横向专业分工与纵向权力划分而使治理主体能力弱化、治理理念相互排斥、治理决策不能衔接等现象。[1] 碎片化表现为在防范和化解社会风险过程中治理主体之间的利益取向不一致、行政责权不相同，导致的各自为政、社会风险治理系统条块分割。"碎片化"会导致"政治和行政领导丧失了调控、干预和获取信息的途径"，因此"碎片化"影响合作与协调，从而影响行政效益和效率。

一是社会力量碎片化。防范和化解社会风险在西方学界普遍认可的是多中心治理理论，我国经过多年以来的探索，形成了党委领导、政府负责、民主协商、社会协同、公众参与的多元协同治理模式。其优势在于能够广泛调动起所有社会成员的积极性，为社会风险治理群策群力，形成治理合力。但是在防范和化解社会风险的具体实践中，党委总揽全局、协调各方，重视的是整体的、长远的社会价值；地方政府追求的是

---

[1] 吕浩然：《从碎片化到整体性：超大城市突发公共卫生事件有效治理的实现路径》，《领导科学》2021年第2期。

当下短期的绩效和业绩，社会公众则更重视对个人利益的维护免受社会风险的侵害，力量的碎片化导致各主体在价值取向上存在显著差异，难以达成共识。

二是治理机构的碎片化。防范和化解社会风险的组织机构是风险治理的实体性要素，由于政府职权的划分和政府管辖权与边界不明确，且防范和化解社会风险的具体分工在各个不同的政府部门。比如，平安建设和市域社会治理现代化属于政法委的工作范围；社会风险治理的具体措施的落实属于基层的街道办事处和乡镇政府；群团组织是党和政府联系人民群众的桥梁和纽带；社会组织协同参与综治维稳的具体工作。如果分工详细但协同不足，就会导致治理机构的碎片化。

三是治理信息的碎片化。防范和化解社会风险的治理信息通常包括风险源分析、风险事件进展、风险等级研判、相关者的社情民意、社会舆情引导及政府所采取的措施等多个方面。政府各个部门只掌握本部门职能范围内的信息，因此上述信息需要在政府各个部门之间和各个层级之间传递汇总。社会风险具有传播广、扩散快的特点，科层制下信息层层递送所带来的信息递送过程的迟缓，会导致信息获取不及时，使得社会风险的影响进一步扩大，增大社会风险事件的治理难度。行政化的管理方式会由于信息递送机制的不完善和不及时，导致决策的迟滞或偏差。同时如果不能及时鉴别、提取和引导碎片化的风险信息，就可能会导致社会风险治理陷入失序状态，从而引发更严重的危机。治理信息的碎片化不仅会加重防范和化解社会风险的难度，使各个治理主体陷入信息孤岛的困境，也会加剧社会风险的扩大和恶化。

(二)"原子化"增加了共同体合作的复杂性

防范和化解社会风险需要形成目标共同体，即所有的社会成员都为了维护社会长期稳定这一共同目标作出努力和贡献，才能形成风险治理合力。由于当前我国处于社会转型期，社会成员之间"原子化"趋势非常显著，表现为社会成员之间的人际关系淡漠、个人与社会的关系疏离、个人与国家关系断裂导致道德规范失灵等。社会之所以出现原子化首先是由于社会关系的解体，国家与个体直接对话和沟通，导致产生沟通失效问题。以往社会成员都是单位人，单位作为最重要的社会组织把社会成员之间连接起来，加强了个体与社会、个体与国家之间关系的紧密性。

随着社会转型，单位人逐渐变成社会人，单位外新的社会组织尚未完善，新的社会联结仍未健全，导致个人游离于社会组织和群体之外，出现人际关系疏离、社会纽带松弛、个人与公共脱节的社会原子化的现象。由此可以看出中间组织是社会成员之间最重要的联结机制，中间组织的解体或缺失是社会原子化发生的根本原因。整个社会中间组织的缺失，导致社会成员之间的关系疏离，个人就会产生孤独无力感。当社会和国家需要社会成员团结起来共同应对风险时，缺乏必要的社会组织将原子化的个体整合起来。防范和化解社会风险需要社会成员之间、个体与社会、个体与国家之间构建共同的治理目标，但社会原子化导致个体之间、个体与社会之间、个体与国家之间的联系弱化和关系脱离，增加了社会风险治理共同体合作的复杂性。

（三）"分散化"使共同体的有效性边际递减

防范和化解社会风险需要形成责任共同体，但是责任分散化会使共同体的有效性大打折扣。当个体被要求单独完成某项任务时，会增强他的责任感，使他尽全力保证任务顺利完成。但是当一个群体共同完成同样的任务时，就会发生责任分散效应（Diffusion of Responsibility），责任被分散到群体中的每一个个体身上，这样每个人的责任感就会降低。有些人甚至会出现"搭便车"的心理，认为即使自己什么都不做，群体中也会有其他人完成任务的，这是一种普遍的社会现象。特别是社会对个体的约束力、组织力和动员力降低的情况下，这种责任分散会更严重。责任分散效应会引起社会惰化，人浮于事，每个人都出工不出力，导致防范和化解社会风险责任共同体的有效性边际递减。

这种情况发生的原因是什么呢？一是责任分工不明确。每一个社会成员都不清楚自己在防范和化解社会风险中的具体工作是什么，不知道当任务面临困境时该找哪些人或部门寻求帮助，也没有明确的工作时间节点，在这种情况下，个体与群体之间的关系是有隔阂的，难以形成集体观念和实施合作共赢。二是缺乏有效的激励和反馈。在防范和化解社会风险中个体都不是在为自己而付出，他们需要社会乃至整个国家给予正向的激励，让他们清楚地知道自己的努力最终会为国家乃至全人类实现一个宏伟的目标。虽然很多时候不能切实地给自己带来利益上的收获，但能极大地满足自我成就感。在防范和化解社会风险中要形成责任共同体,就是要使社会成员产生责无旁贷的自我责任感,基于全社会的组织动员,凝聚力量对抗责任分散带来的负面影响。

二 社会协同治理尚未建立起高效有序的治理模式

新时代需要进一步加强和创新社会治理,完善社会治理结构,推进社会治理主体的多元化和利益的协同化。这就督促社会治理由政府一元主体主导向政府与社会组织、公众等多元主体合作共治转变,这种合作本质上而言就是一种社会协同治理。但是,由于体制机制的因素、法律法规不完善、社会组织发育不完善、公众对政府的过度期待和依赖等因素的影响,中国目前社会协同治理的实践情况还不尽如人意。下文将从政府、社会、公众这三大主体之间的关系为切入点,分析社会协同治理机制的整体建设面临困境的原因。

(一)政府的顶层设计不完善,公众的协同治理意识不强

政府在整个社会治理中处于关键地位,但是这并不代表政府是社会治理中的唯一主体。我国在党的十八届三中全会以前采取的是社会管理模式,政府需要包办一切公共事务和负责社会管理的所有事项。但是党的十八届三中全会以后确立的社会治理模式下,政府与公众及其他社会主体共同参与到社会事务的治理之中,这就要求政府与公众之间需要建立社会协同治理。但是在防范和化解社会风险领域政府与公众之间的社会协同治理还面临困境,究其原因主要是以下几个方面。

一是顶层设计未能完善社会协同治理机制。政府是社会公共事务和公共权力的顶层设计者,为了能够让公众更好地参与到社会公共事务中,政府需要制定完善的制度保障。但是社会体制改革是一个复杂的系统工程,涉及政治、经济、文化等多个方面,制定顶层设计难度巨大。

二是公众的参与协同治理的意识与积极性尚待提升。我国的社会治理体制长期以来都依赖政府的行政管理,行政力量遮蔽了民众的社会参与。虽然近些年来公众参与社会协同治理的意识相比之前有了很大的提升,并且自发地形成了主动性,但是仍然没有成长为防范和化解社会风险中主体担当。

三是缺乏防范和化解社会风险的协同治理平台。协同治理平台是公众与政府互动的载体,比如在新冠肺炎疫情防控期间,各个省市都通过

地方政务 APP 发布最新的疫情信息，公众通过这个平台可以获取自己关注的风险信息，这是相较以往最大的提升。但是当前这个平台只是单向的信息传播，缺乏必要的互动。公众需要自发地结成志愿者组织才能为风险治理贡献力量。而真正的协同治理平台，应该是公众可以在平台上找到参与社会风险防范化解的途径，通过平台构建政府和公众之间的桥梁，让有技术专长的公众可以在风险治理中发挥作用。

（二）政府的统筹机制不完整，社会的协同治理效能低

社会协同治理模式的关键在于"政府治理能力"和"社会发育程度"两个要素之间的耦合度和协调度。虽然近些年来社会力量较之前有了很大的提升，但与当前社会协同治理的要求之间仍存在一定落差。可以预见在未来很长的时期内，政府和社会的协同治理模式仍处于发展的初级阶段。究其原因有以下几个方面。

一是社会组织参与防范和化解社会风险缺少法律规范。从国家层面到地方层面，在防范和化解社会风险中需要社会组织的充分参与已经成为共识。但是在现有的相关法律法规中并没有对社会组织参与风险治理的行为有明确的指导意见。并且有些只是强调了基本原则，对相关责任、义务、路径、分工没有做具体规定。在实践层面，大部分省市官方认可的社会组织只包括红十字会、慈善总会等体制内的社会组织，且对其在社会风险治理方面的具体工作职责没有明确定位。总之，政府和社会组织之间的社会协同共治看似有法律保障，但实则没有规章制度可循。

二是防范和化解社会风险中政府的权力边界扩张挤压社会组织的空间。政府将防范和化解社会风险视为政治任务，社会风险具有紧迫性、扩散性和破坏性，如果处置不当，就会导致风险上传或外溢形成更严重的风险，甚至是群体性事件。我国长期处于"大政府、小社会"的社会治理格局，使得整个社会对政府寄托了极大的责任和依靠。因而政府在控制风险的关键时刻，会扩张其权力边界，压缩社会组织的工作空间，将社会组织"挤出"社会风险防范和化解的程序，导致二者的社会协同治理形同虚设。

三是防范和化解社会风险中社会组织依赖政府对其正规身份的认可。由于法律法规没有对社会组织在防范和化解社会风险中的定位、职责、

工作内容、参与路径有明确的规定，且基于我国对社会组织采取严格管理的模式，使得社会组织需要政府对其合法合理合规的身份进行认可，才能实现防范和化解社会风险的制度化参与。这就在某种程度上加深了社会组织对政府的过度依赖，降低了其工作的自主性和灵活性。也使得政府和社会组织之间社会协同治理是建基在位置不对等的基础上，更像是政府对社会组织的指挥而非二者合作。

（三）社会的整合机制不完备，社会组织难以凝聚公众力量

社会与公众之间建立协同机制需要社会组织作为中介建立连接，党的十九大报告为社会组织参与社会治理明确了发展方向，"推动社会治理重心向基层下移，发挥社会组织作用，实现政府治理和社会调节、居民自治良性互动"。但是由于缺乏健全的协同机制，分析社会组织不能有效凝聚公众力量的原因主要表现在以下几个方面。

首先，社会组织的社会性在市场化的影响下逐渐被瓦解。社会组织的市场化运营就会以"盈利"为目标，以市场需求为驱动，而新时代防范和化解社会风险更多的是依靠公众的自发性和公共性。如果社会组织失去社会性，就会失去政府和公众的信任，导致政府不再持续购买社会服务，使社会组织在市场化过程中失去竞争力。

其次，社会组织的公信力在体制化和关系化的影响下逐渐丧失。防范和化解社会风险是以政府的行政意志为导向，社会组织参与社会风险治理必须遵循政府体制化行政主导的逻辑，以满足行政目标为首，难以彰显其公信力。另外，社会组织的发展依赖政缘关系网络，为了获得相对稳定的资金保障必须与政府部门保持良好关系，反而忽略了其服务主体"公众"的需求，这也对其公信力产生负面影响。

最后，社会组织的公共性在悬浮化和精英化的影响下逐步被消减。公众对社会组织的信任是社会组织参与社会风险防范和化解的重要基础，信任的纽带一旦断裂，社会组织便会悬浮化，脱离公众而空转。社会组织要想带动公众积极参与社会风险治理，需要将社区的积极参与者，如楼长、网格长、居民代表和社区志愿者等凝聚起来。但如果上述社区精英不能发挥引领作用，对普通公众进行二次动员，就会导致公众动员越来越倾向于精英化，引发社区公众"虚假参与"的问题。

三　社会韧性治理尚未建立起整体性的全面韧性社会

（一）韧性社会治理缺乏完善的制度建设

社会风险具有复合性、系统性和不确定性，如何有效应对社会风险，提升防范化解社会风险的效能和水平，是新时代社会治理体系和治理能力现代化面对的重要议题。但是当前提升风险治理的韧性面临不可回避的困境，其原因如下。

一是在防范和化解社会风险中，长期以来重视风险管理和风险应对理念，忽视韧性治理理念。风险管理的重心是风险预测、预警和预控，强调通过主动预防风险，降低或消灭社会风险发生的可能性，以达到源头治理的目标。风险应对的重心在于风险处置，目的是阻断风险的发展和扩散，有序地实施风险化解措施，降低风险损失，维护社会秩序。但上述理念都忽视了防范和化解社会风险可以采取更积极的措施，构建社会系统的主动防御能力，提升社会对风险的适应能力，在抵抗风险对社会系统的冲击后能够迅速恢复正常社会功能的韧性理念。韧性治理理念与风险管理和风险应对理念的不同之处在于，该理念认为应该面对社会风险常态化的现实，片面强调防止风险发生或抵抗风险并不可取，而应增强社会面对风险时的韧性，即承受冲击能力和恢复重建能力。这样无论社会风险以何种形式在何时发生，社会都能承受风险的侵扰而不至于陷入失序状态或遭受永久性伤害。同时，韧性理念还强调风险过后的总结、反思和学习能力，使社会经受风险洗礼之后变得更有韧性。

二是在制度层面缺乏基于韧性理念的制度规定和体系设计。对于防范和化解社会风险如果仅限于制度建设层面的"一案三制"的管理体制，会使社会风险治理工作呈现单一向度的缺陷，不能适应动态变化的风险和危机。当前制度体系下，社会风险防范与化解的制度运行、社会参与、新兴技术应用、应急技能转化等方面均呈"碎片化"状态。在制度运行中，政府主导下的抗灾模式面对多部门协调联动不足，多头领导造成信息传递失真等困境。在社会参与方面，政府、社会、社区的三元联动逻辑尚未形成，与专业社会力量的互动协作机制不完善。应急响应在风险源监测、预警、信息传递、分析、整合等方面信息化应用严重滞后。因而，构建韧性治理的制度体制就是要克服上述问题，提高政府在应急决策、协调联动、社会动员等方面的应对能力。

三是在组织层面社会系统中难以将不同的功能属性整合在一起。社会的韧性很大程度上取决于调动整个社会资源的能力，取决于社会资本灵活运用和组织制度的合理安排。韧性治理要求社会系统中具有多功能性，不同功能的社会系统可以支持社会抵御不同类型的风险，这样在面对社会风险冲击的时候整个社会才能维持正常的运转。但是现在社会系统存在同质化严重的问题，这就导致有的功能因为过多而出现冗余，而有的功能又因为缺失而成为风险点。且社会各个系统之间缺乏联系，社会资源难以灵活调配，导致一个系统出现功能失灵，其他系统不能及时补上空缺，就会使整个社会瘫痪。比如，在风险来临的时候，涉及供电、通信、道路疏通、食品供应和医疗等系统均应该有效运作。社会韧性就是当一个系统出现功能失灵的时候，其他系统能够迅速觉察并找到替代性的措施。

（二）韧性社会治理缺乏优化的技术韧性

互联网、云技术和大数据的迅猛发展与社会结构转型、体制转轨的共时性，对于我国当下防范和化解社会风险来说是把双刃剑。从正面的角度看，大数据产业的研发、应用和平台的建设，在社会风险的风险识别、风险研判、风险预警、风险防控等环节和领域发挥了重要作用。信息科学技术与社会风险治理的融合发展，有助于防范社会风险、化解社会冲突、解决社会矛盾、提升社会治理效能，并为防范和化解社会风险提供了技术支持。但是，从负面的角度来看，大数据作为一种新兴技术，在优化防控社会风险的过程中面临诸多困境，难以支撑技术韧性。究其原因，有以下几个方面。

一是新兴技术本身可能引发新的风险，破坏技术韧性建设。在风险防控方面，大数据能够提供新的防控理念和技术支持，但同时也会让社会风险的传播渠道更多元，扩散速度更快，转化成其他风险的概率更大。

二是新兴技术的发展和成熟需要时间，在实际运用过程中也需要与现实情况磨合，还存在不少技术难题亟待破解。比如在社会风险的识别、评估、预警、监测等各个环节中，无论是从数据的信效度、实践效度和分析解释，还是从技术的发展来看都远远不能满足实际的需求，严重影响了技术运用的深度和广度。

三是新兴技术平台被严重割裂。技术韧性在防范和化解社会风险中最重要的应用是建立跨区域、跨部门、多主体的统一的风险信息管理数据平台。但是我国部门纵向分割的体制使数据资料散落在不同层级的政府部门、机构和组织，导致数据资料纵向开放度低、横向流通性差、交互应用能力弱、有效利用率差，严重影响了技术韧性建设。

（三）韧性社会治理缺乏协调的结构韧性

防范和化解社会风险需要在村社、镇街、县域、市域四个区域形成完整的结构韧性，但是基于下面的原因，当前还未构建完善的结构韧性。

一是社会风险具有溢出效应，无论社会风险发生在上述四个区域任何一处，都有可能形成风险外溢。尤其是当前社会人员流动频繁，社会风险会在短时间内扩大传播和影响范围，村社、镇街、县域、市域如果没有形成空间内的韧性，风险就会在它们之间上传下移，给整个防范和化解工作增加难度。

二是防范和化解社会风险需要坚持全程性。社会风险处于"危、急、快、重"的关键阶段，从村社到市域都会提高警惕，认真防控，不会有丝毫的松懈。但是当风险防控形势趋缓的时候，就会出现麻痹大意、形式应对的情况。因此，如果防范和化解社会风险不能做到一以贯之地严防死守，就会在某一个环节形成治理漏洞。"风险刚性"与"处置弹性"之间该如何把握，考验着村社、镇街、县域、市域的风险处置能力。因为任何一个区域出现风险治理漏洞都会影响整个结构韧性。

（四）韧性社会治理缺乏系统的治理方式

党的十九届四中全会强调，"构建系统完备、科学规范、运行有效的制度体系，加强系统治理、依法治理、综合治理、源头治理，把我国制度优势更好转化为国家治理效能"。这四种治理方式的有效配合与效能转化需要构建治理方式的韧性。但在实践中难以实现是由于下列原因。

一是防范和化解社会风险存在防控失衡问题。社会风险的防范和控制是一个系统工程，应该遵循系统治理的方式，防控一体。但在社会风险应对过程中，仍然存在一些"轻预防、重控制""平战转换瓶颈"等问题。有些地方对风险的预测预警缺乏足够的重视，当风险真正发生的时候又会过度防控。比如，在必要的风险点排查、风险应对演练方面走过场，重形式不重实效，没有真正把风险防范做到常态化，而是灾停即止、被动应对，导致风险防控分离，割裂了系统治理的韧性。

二是社会风险防控存在行政权力扩张的现象，应该遵循依法治理。当前针对防范和化解社会风险已经颁布实施了《中华人民共和国突发事件应对法》等法律法规，依法治理是保障防范和化解社会风险顺利开展的基础。在风险发生的紧急状态下，很容易出现行政权力扩张的情况。比如，借由风险防控形势紧迫，就罔顾法治，损害公民权利；或是为了避免被问责，就超出防控成本追求所谓无风险。这看似避免了风险的扩大，但实际上是对社会整体韧性的变相破坏。因此，坚持依法行政、合理行政是对行政权力扩张的制约，是对社会韧性的保护。

三是风险存在链式效应，应该基于综合治理构建整体韧性。社会风险出现后往往会引发次生风险，导致一系列的链式反应，形成风险链。如果再向严重方向发展，风险链之间彼此粘连、交叉，对整个社会系统的韧性产生破坏，形成难以应对的灾害链和风险圈。

四是风险的放大效应，应该遵循源头治理防患于未然。风险的放大体现在两个维度：一个是时间维度，风险影响的时间延长，甚至还会出现不定时的反复；另一个是空间维度，其影响的范围在纵向上从县域扩大到市域甚至省域，在横向上从单个风险点扩散为整片的风险域。如果不能做好源头治理工作，就会在风险放大的过程中击溃社会的整体韧性。

四　社会稳定风险评估尚未健全风险管理机制

中国现行的风险评估制度规定重大决策社会稳定风险评估由"党委领导，政府负责"，即由党委领导下的"稳评"相关管理机构负责评估工作的推行和监督，而地方政府和相应行政部门负责具体实施。重大决策从可行性研究到最终审定获批都属于地方政府职能，导致党委和"稳评"相关管理机构只能进行被动的事后监督管理，因此现行的风险评估制度缺乏与时俱进的风险管理理念。

（一）风险评估制度不健全，缺乏有效的管评结合机制

首先，地方政府作为重大决策提出、运作和实施的责任主体，同时承担着社会稳定风险评估的主体责任，政府既当"运动员"又当"裁判员"，其主导风险评估所产生的政策倾向性是难以回避的，从而影响风险

评估结论的公信力。[①] 虽然"稳评"试点城市已经开始引入具有公共性质的第三方机构负责主持和组织社会稳定风险评估，但是评估工作的相关经费仍由重大决策的提出部门、政策的起草部门、项目申报审批部门、改革牵头部门、工作实施部门承担，而第三方机构在风险评估过程中无权少责，缺乏独立的法定地位。[②]

其次，在现实中，重大决策的经济效益和社会效益永远站在天平的两端，对于责任企业来说，实现经济利益最大化的财务评价是重中之重，但政府必须通过社会稳定风险评估对公众的参与意识和社会需求做出回应，需要平衡经济效益和社会效益从而化解现实利益矛盾。[③] 一直以来GDP都是地方政府经济运行的重要指标，用来考察地方政府财政税收绩效，因此在许多地方政府的发展理念中，经常在GDP的增长与公共利益之间画上等号，重大决策的制定实施往往是以GDP为导向的。[④] 这就导致对那些有较高GDP增长效益的决策放松监管，为了能够通过决策审批，常常忽视那些不能直接带来经济利益的政策公正、司法公正、公民权利和生态环境保护等社会利益诉求，甚至不惜违背广大民众的意愿和需求，导致社会稳定风险评估形式化和程序化。[⑤]

最后，地方政府主导的社会稳定风险评估的过程和结果都属于政府信息保密范畴，民众没有公开的途径查看"稳评"报告，因此对于"稳评"的合理性和科学性缺乏有效的社会监督。[⑥] 决策的风险等级和实施意见最终是由决策部门独断独行的，公众没有基本的知情权，自然会对评估过程和结论提出疑问，使社会稳定风险评估偏离了初衷，政府错失了

[①] 刘伟伟、张博宇:《日本为何难弃核?——基于政策终结理论的分析》,《社会科学》2017年第5期。

[②] 朱正威、石佳、吴佳等:《社会稳定风险第三方评估:实践进展、现实障碍与优化策略》,《江苏行政学院学报》2017年第4期。

[③] 武胜伟:《基于利益相关者视角的社会稳定风险评估研究》,《河南师范大学学报》（哲学社会科学版）2014年第2期。

[④] 唐安杰:《政府决策依据的转变:从GDP到GNH》,《开放导报》2012年第1期。

[⑤] 季燕霞、石亚林:《我国地方重大项目社会风险评估的现实困境与制度改进》,《理论导刊》2014年第4期。

[⑥] 常健、许尧、张春颜:《社会稳定风险评估机制中的问题及完善建议》,《中国行政管理》2013年第4期。

通过社会稳定风险评估开展风险沟通和赢得公众信任的机会。

（二）风险评估标准不严谨，缺乏系统科学的评估方法

社会稳定风险评估有助于促进政府决策的科学化、民主化和法治化[1]，然而，当下仍存在风险评估标准不严谨、缺乏系统性的科学评估方法等问题。例如，在风险评估程序设计上，仅采取专家评估和内部论证，只在部分环节征集特定群体意见或忽视群众意见；在调查对象的样本选择上，采取选择性抽样，随意缩小抽样范围，将可能持反对意见的群众排除在外；在风险评估指标体系设计上，降低群众参评的权重，导致群众以最多的人数占最小的计分权，使群众意见所占比重偏低；在实施风险评估过程上，采取程序不公开、运作不透明、群众不知情的方式。这些不合理的评估制度设置、不科学的评估手段、不完善的评估机制，根本不能发现影响社会稳定的风险因素和风险点，导致"稳评"结果严重失真，过程流于形式。

当前重大决策社会稳定风险评估标准看似简单明确可操作，却不够系统严谨，存在职能混淆、标准不一、法律缺位等问题。[2] 评估指标体系的建构以合法性、合理性、可行性、可控性为基础，具体的每一项的评估由各个地方政府具体掌握，缺乏统一性的操作；风险评估实施办法要求对重大决策社会稳定风险进行概率计算和风险等级划分，但在重大决策实施过程中风险会有所变化，静态的风险等级划分难以实时反映动态的风险变化；在公众意见收集上大多采用公告公示、实地访谈、问卷调查、座谈会、听证会等方式，难以排除与会代表附和政府决策的可能性。

重大决策的风险防范缺少顶层设计，导致社会稳定风险评估系统性割裂，不能融入应急管理体系。对于重大决策的制定实施应该注重全程动态的社会稳定风险评估，但目前我国很多由地方政府主导的"稳评"多关注于风险的短期效应，存在一评了之的现象，忽视了在整个决策过程中，民众的风险认知会随着对决策风险的了解程度而出现动态的变化，本来已经慢慢消减的风险，会因为某个环节处置不当而被再次点燃。风

---

[1] 朱德米：《社会稳定风险评估的社会理论图景》，《南京社会科学》2014年第4期。
[2] 廖秀健、刘白：《重大决策社会稳定风险评估的困境及其规制——以重庆"短命医改"为例》，《中国行政管理》2016年第1期。

险评估缺乏系统性和动态性问题会对社会稳定风险的研判精度产生负面影响。

（三）风险评估机构资质不规范，缺乏权威的资质认定

目前我国参与重大决策社会稳定风险评估的主体，无论是作为主导的地方政府，还是多元评估主体的专家学者、社会组织、公司企业、事业单位和社会公众，其进行"稳评"的资质和专业能力都需要进一步提高。

当前国内外普遍采用的第三方介入社会稳定风险评估的方法是把"稳评"工作以政府购买服务的方式委托给具有独立身份、专业资质、专门人才和专项技能的评估机构进行。目前我国在重大决策社会稳定风险评估领域也采取了类似的做法，各个省市均已成立了专业的评估机构。但这些"稳评"机构是近年来根据"稳评"工作需要建立起来的新事物，有些甚至是从事环境评估和可行性评估的项目咨询公司转型而来，其工作机制尚不规范，并没有规范的机构资质认定标准和法律规范来核实它们的评估资质，其能够开展"稳评"工作仅仅是得到了政府相关部门的授权和委托。

另外，这些专业的"稳评"机构，目前没有在行业内部形成统一的社会稳定风险评估体系，每个机构都各成一派，因此亟待在"稳评"机构行业内部构建可操作的"稳评"程序、标准化的技术方法和统一的指标体系，提高整个行业的专业化水平。而且，专业"稳评"机构大多以政府购买服务的方式接受政府委托开展评估工作，地方政府仍然是其机构运营经费的主要来源，无法与政府之间切断利益关系，会导致"稳评"机构丧失独立性，过度的逐利行为也影响其客观性和公信力。总之，在重大决策社会稳定风险评估工作中，"稳评"机构的专业能力有待进一步提升。

五 公众参与重大决策尚未形成有效路径

面对发展中国家的现实国情和社会经济转型期，我国难以在短时间内完全放弃粗放型的增长方式，也很难完全做到零污染。涉及重大决策的群体性事件作为区域性的维权运动，其发展过程一般遵循这样的模式：政府在某地规划有重大风险的项目—民众集体抗议—通过互联网发酵—

扩大舆论声势—政府迫于舆论和群体压力暂停该项目。环境保护的现实水平与公众对环境风险的重视之间存在断崖式落差，如果核电项目在选址、规划、建设中不能保证足够的信息透明，政府将公众意见排除在决策之外，就容易引发公众的污染猜想和环境恐慌。

（一）公众参与诉求强烈与参与机制不健全之间的矛盾

公众对于自身生存环境的捍卫与保护是重大决策面临接受公众考验的"新常态"。但是在重大项目的建设过程中，地方政府容易陷入专业技术主义误区，往往重视选址的科学性、技术性等"硬条件"，忽略周边区域社情民意和相邻行政区域的公众诉求等"软条件"，而这些"软条件"恰恰是引发邻避型群体性事件的重要因素。当前国家越来越重视保障公众在重大项目中的知情权、参与权和监督权，甚至公众意见已成为重大决策能否顺利实施的关键性因素，但在公众参与机制的完善过程中面临困境的原因主要有以下几个方面。

首先，有参与权的公众范围局限于直接利益群体。根据现行的政策法规，有对重大决策提出意见和建议权利的公众仅限于受到建设项目"直接影响"的利益相关者。但是由于重大项目会引发风险认知的心理台风眼效应，非直接利益群体更容易参与到邻避冲突中，并且很多重大项目的影响范围难以准确界定，因此"公众"范围不宜局限在重大项目所在地的居民。

其次，公众全程动态参与模式尚未形成。当前公众参与主要集中在重大项目的环保评估材料报送审批之前和规划与建设初期阶段，并未形成全程动态参与模式。公众参与过程不完善导致风险信息获取量严重不足，而地方政府和责任企业在项目选址、开工建设等方面权重过大，不利于消除公众对重大项目建设的恐惧心理，也无助于保障公众的信息知情权与决策参与权。

最后，公众参与时间滞后于重大项目发展。以核电设施为例，我国的核电建设已经历时30年的安全运营，但真正意义上的公众参与还处于起步阶段。经过近几年的不断学习和探索，地方政府初步建立了公众参与平台，探索了适合现实国情的参与方式，取得了一些可供借鉴的经验。但社会公众参与力度与重大项目发展要求不匹配，表现在公众对于核安全的认识和了解滞后于重大项目技术更新，公众沟通工作滞后于重大项目建设规划。

(二) 公众科学意识亟待提高与信息传播不完善之间的矛盾

传统的科普教育模式采用专业的学术词汇会引起民众本能的排斥，导致诸多民众对重大决策知之甚少，他们并不清楚重大项目的安全性及风险的可控性，往往对其未经了解就加以抵触。例如，即使中国核电有着几十年的安全发展经验，但公众对核电安全问题依然十分紧张和敏感，甚至存在很大程度的误解和质疑。在日本福岛核安全事故发生之后，国家有关机构对民众的核电安全常识的普及情况展开了抽样调查，结果显示众多的民众都对核电发展持小心谨慎的态度，他们普遍过高地估计了核能的危险性。由此可见，目前重大决策与重大项目相关科普宣传工作还不完善，政府和责任企业应加大科普力度，提高公众的科学意识。

社会不同群体、不同领域间的信息交流和影响随着以互联网为重要载体的信息时代的高速发展而大大加快。互联网本应作为重要的信息传播路径，成为开展重大决策科学普及的主要平台。但是负面的舆论和谣言在互联网上传播，反而加剧了公众的恐惧和不安，埋下了社会风险的隐患。对于政府和责任企业需要直面网络舆情的快速传播所带来的重大挑战，特别是重大项目建设的窗口期，各种宣称官方渠道但难辨真假的消息都在互联网上出现，在这种形势下，政府应切实提高应对网络舆情、引导网络舆论、化解网络集群危机的能力，构建完善的信息传播路径。

(三) 公众风险认知偏差与政府公信力塑造之间的矛盾

重大决策的负外部性引发风险认知偏差，从而引发社会风险。在现有的科学信息模糊不清的情况下，公众和专家对重大决策的风险认知是有差异的，专家对重大决策的风险解读和分析与公众的经验相左、媒体对灾难的发生和后果进行大量的负面报道，都会使民众对灾害发生的概率和后果的严重性产生消极判断。负外部性通过影响公众的风险感知，引发恐惧不安情绪，进而激化公众对重大决策的对抗心理和行为，导致邻避型群体性事件。

政府的公信力是公众对重大决策和重点项目接受度的风向标。当政府有较高的公信力时，公众很少会对重大决策产生怀疑，项目建设就能进入良性模式。但是当政府自身的公信力不足时，特别是重大事故发生后，公众对重大决策的接受度会急剧下降，无论是专家如何从科学的角度澄清事实，政府公信力都难以弥补风险认知偏差带来的负面影响。部分重大项目虽然存在安全风险和环境风险隐患，但是其风险在技术层面是可控的。而现实中如果政府的公信力不足，加上责任企业的风险评估、风险沟通、引导公众参与等工作不健全，导致政府、责任企业和公众三者之间出现信息不对称的情况，项目建设就很可能会遭到公众的强烈反对，进而引发社会风险。

总之，重大决策相关的群体性事件的发生多为公众对于项目的科学性与合理性、安全评估和环保评估等各类行政审批程序的合法性、公众参与的真实有效性、污染物排放是否达标和可接受、项目建设相关信息是否公开透明等持有疑虑，其根源是公众对参与社会公共事务管理的意识逐渐增强。因此，在没有形成充分的社会共识前，重大项目选址、开工和建设信息释放的主体和时机不恰当，没有严格地按法规程序进行信息公示，都极易引发邻避型群体性事件和社会风险。

第五章

以第三方介入重大决策社会稳定风险评估防范和化解社会风险的案例分析

世界面临着百年未有之大变局，统筹发展和安全的重要地位日益提升。我国处于各类矛盾多发频发的时期，各种风险因素显著增多，因此对风险因素进行准确的预测预警预防对党和国家事业发展和科学决策至关重要。在风险环境严峻复杂、矛盾冲突交相呼应的大环境下，重大决策面临着不确定性凸显、科学决策难度提升、决策影响难以预测等困境。完善重大决策社会稳定风险评估机制，是党和国家统筹推进"五位一体"总体布局、协调推进"四个全面"战略布局、实施部署稳中求进工作总基调、实现国家治理体系和治理能力现代化的重要战略举措，有助于防范和化解社会风险，进而实现中华民族伟大复兴。

重大决策社会稳定风险评估机制是新时代防范和化解社会风险的重要举措，该机制的提出与完善经历了以下过程。2012年中共中央办公厅、国务院办公厅印发指导意见，要求各地区、各部门建立健全重大决策社会稳定风险评估机制，对关系人民群众切身利益、容易引发社会稳定问题的重大决策进行社会稳定风险评估。党的十八大报告提出加强和创新社会管理，建立健全重大决策社会稳定风险评估机制。党的十八届三中全会提出创新社会治理体制，健全重大决策社会稳定风险评估机制。党的十八届四中全会提出健全依法决策机制，把公众参与、专家论证、风险评估、合法性审查、集体讨论决定确定为重大行政决策法定程序，确保决策制度科学、程序正当、过程公开、责任明确。党的十八届五中全会提出落实重大决策社会稳定风险评估制度，完善社会矛盾排查预警和调处化解综合机制。党的十九大要求增强驾驭风险本领，健全各方面风险防控机制。党的十九届四中全会将重大决策风险评估提升到改进党的领导方式和执政方式的高度，强调"健全决策机制，加强重大决策的调查研究、科学论证、风险评估，强化决策执行、评估、监督"。党的十九届五中全会提出把安全发展贯穿国家发展各领域和全过程，防范化解重大风险体制机制不断健全，防范和化解影响我国现代化进程的各种风险。党的十九届六中全会再次强调把安全发展贯穿国家发展各领域全过程，注重防范化解影响我国现代化进程的重大风险，坚定维护国家政权安全、制度安全、意识形态安全。党的二十大强调要提高防范化解重大风险能力，严密防范系统性安全风险。新时代十年，党和国家构建了系统完备的社会稳定风险评估与治理体系，对于助力防范和化解社会风险，保障重大战略任务和重大工程项目顺利实施意义重大。

社会稳定风险评估是中国在社会转型期和"维稳"的双重时代背景下力图整体推进的社会治理创新实践和制度化努力，重大决策社会稳定风险评估在社会风险管理中的作用要远远大于其作为行政决策的前置性程序，第三方机构的评估对象是建构性风险而非技术性风险。与科学机制相比较而言"稳评"更重视其民主机制，因此第三方机构介入"稳评"应该主要以参与方法而非分析方法开展评估，主要以风险点的定级、排序及与之配套的风险干预措施来体现评估结果，并且还需建立一个科学的指标体系。本研究以风险管理理论的五个环节为出发点，从风险识别、风险估测、风险评价、风险控制和风险管理效果评价五个方面深入分析了第三方机构在重大决策社会稳定风险评估中的作用，通过案例分析结合实证研究探索了第三方机构介入"稳评"的具体路径，重点分析了第三方介入重大决策社会稳定风险评估在防范和化解社会风险中的重要作用。

第一节 第三方介入重大决策社会稳定风险评估的理论基础

为了防范和化解重大决策引发的社会稳定风险，2012 年 8 月《国家发展改革委重大固定资产投资项目社会稳定风险评估暂行办法》（发改投资〔2012〕2492 号文件）确立了重大工程项目社会稳定风险评估制度，规定重大项目立项之前必须进行社会稳定风险评估。从 2005 年至 2023 年，重大决策社会稳定风险评估制度已经持续开展了 18 年，从中央到地方建立了初步的工作体系。20 多个部委，31 个省、自治区、直辖市和绝大多数地级市制定了基本的重大决策社会稳定风险评估的制度和实施办法，部分国有企业和事业单位建立了评估机制。社会稳定风险评估制度已扎根众多领域、涉及诸多重大决策，第三方评估机构增长迅速，受到社会高度肯定。

"稳评"制度实施以来，预防和化解了部分社会矛盾和社会冲突，有效缓解了群体性事件多发、频发的态势，确实发挥了风险过滤网作用。但是在制度具体实施过程中，也出现了一些与预期相反的现象，例如，鹤山龙湾核燃料项目、昆明 PX 项目，虽然在决策前都做了"稳评"，却未能有效避免群体性事件的发生。由此研究者质疑为什么"稳评"所做的民意调查会漏警？如果严格规范地方政府与第三方机构之间的委托代理关系；如果第三方机构以风险管理理论和风险认知理论为基础构建风险识别体系对目前我国所面临的社会稳定风险因素进行分析和预测，找到风险形成的根源所在，构建社会稳定风险的预警系统；如果第三方机构介入风险评估能够提高公众参与"稳评"的积极性，让利益相关群众充分表达意见，以便更全面、更真实地反映利益相关者合理的、现实的和潜在的诉求，是否就能在风险爆发之前为有效预防破坏性社会风险的发生提供决策依据。因此，本研究从委托代理理论和风险认知理论，进行不同角度的分析，提出理论分析框架，为重大决策社会稳定风险评估中的第三方介入机制奠定理论基础。

一 委托代理理论与第三方介入机制

委托代理理论是制度经济学契约理论的重要内容，其主要研究委托人与代理人之间的契约关系，即委托人指定或雇用代理人为其提供服务，同时授予代理人一定程度的决策权，并根据其提供服务的数量和质量支付相应报酬的关系。委托代理理论强调企业或组织的所有权与经营权的分离，专业化经营将更有利于企业或组织发展。在委托代理理论发展过程中，该理论逐渐从单纯应用于经济管理领域转向应用于社会领域，如地方政府治理、政府投资项目、政府绩效评价和政府采购等。有研究认为地方政府将委托代理理论应用于行政管理领域，设计最优契约激励代理人和分担风险，有助于行政管理体制优化。① 在重大决策社会稳定风险评估的第三方介入机制中，委托代理关系主要存在于地方政府与第三方机构之间，地方政府作为委托人，将社会稳定风险评估的职能委托给第三方机构，第三方机构作为代理人，基于自身的客观性、专业性与中立性，确保更加准确客观地评估重大决策可能引发的社会稳定风险，并且解决类似的理论与现实的契合问题是委托代理理论在公共领域的重要应用。② 受委托代理理论的逆向选择和道德风险两个无法避免困境的影响，为了防止地方政府危机预警失灵，必须建立健全激励和约束机制。③ 因此在实践中地方政府在委托第三方机构进行评估时，应通过信息公开、监控代理人的行为等方式严格监管第三方机构的评估过程与结果。

将委托代理理论应用于第三方介入重大决策社会稳定风险评估中主要包含以下两方面的观点。

第一，委托代理理论的理论假设不能回避信息不对称问题。④ 尽管地方政府与第三方机构建立委托代理关系是基于契约关系之上，但是信息不对称问题是客观存在的。在地方政府委托第三方机构进行社会稳定风险评估的实践中，作为代理人的第三方机构其专业技术和信息获取方面具有绝对优势，而地方政府作为购买服务的委托方，并不能完全掌握风险评估的所有信息。如果第三方机构仅依据合同履行风险评估的责任和义务，而对合同之外的风险评估信息没有进行额外说明，就会在地方政府和第三方机构二者之间形成信息不对称，进而利益相关群众也会面临委托代理产生的问题和困境。

第二，委托代理过程中的道德风险与逆向选择风险并存。如上文所述，代理人与委托人之间存在着信息不对称的问题，信息不对称性可能发生在双方签订契约之前（ex-ante），也可能发生在签订契约之后（ex-post），分别称为事前不对称和事后不对称。事前信息不对称会引发逆向

---

① 赵蜀蓉、陈绍刚、王少卓：《委托代理理论及其在行政管理中的应用研究述评》，《中国行政管理》2014 年第 12 期。
② 刘寿明、陆维巨：《公共领域中的委托代理理论及其拓展》，《求索》2009 年第 4 期。
③ 明燕飞、钟昭华：《委托代理视角下地方政府公共危机预警失灵研究》，《求索》2009 年第 8 期。
④ 刘有贵、蒋年云：《委托代理理论述评》，《学术界》2006 年第 1 期。

选择（adverse selection）困境，事后信息不对称会引发道德风险（moral hazard）困境。逆向选择困境是在委托代理关系中因事前信息不对称导致委托人在不完全明晰相关事实的情况下与代理人签订有损其自身利益的合同，导致工作效率和资源配置效率低下的问题。而代理人为了追求自身利益最大化，可能会无视道德风险困境，利用不对称的信息，与委托人达成损害委托人和委托方利益的契约。[①] 逆向选择和道德风险都会导致委托代理关系破裂[②]，在重大决策社会稳定风险评估的第三方介入机制中，地方政府与第三方机构之间建立了契约性质的委托代理关系，第三方机构作为风险评估工作的责任方，基于其客观、公正、专业的优势为政府决策提供了依据和支撑。因此，地方政府在委托第三方机构过程中应充分重视道德风险与逆向选择风险的负面影响，尽量降低委托人与代理人之间的信息不对称的程度。

二 风险认知理论与第三方介入机制

随着经济的快速发展，社会矛盾和社会冲突也日益凸显，"风险"这一概念从经济学范畴扩展到社会学视域，亚当斯（Adms）认为风险是将来不利事件在数量上增加的可能性。索伯格（Sjoberg）从心理学角度将风险定义为期望的或可能的消极事件。罗萨（Rosa）则认为风险是指人们对一种情形或事件的评价是危险的，并且这种情形或事件的结果是不确定的。从上述定义可以看出，风险认知理论是从主观因素决定的社会建构风险的认识，风险的不确定性是一种重要的心理建构。

风险认知的心理学意义是描述人们对风险的态度和直觉判断，广义上是指人们对风险的一般评估和反应，关于它的研究涉及社会学、决策科学、人类学和心理学等多个领域。索伯格将其定义为对特定事故概率的主观评价，以及我们同这个不利结果有多少关联，认知的风险包括对概率和消极结果的严重性的评估。西特金（Sitkin）和巴勃罗（Pablo）则

---

① 王吉峰：《委托代理理论视角下公共治理的困境及其对策分析》，《长春市委党校学报》2009年第1期。

② 谭术魁、赵毅、刘旭玲：《防范征地冲突中地方政府与村委会的委托代理关系研究》，《华中农业大学学报》（社会科学版）2018年第3期。

从结果的不确定性（outcome Uncertainty）、结果的预期（outcome Expectations）、结果的可能性（outcome Potential）三个维度来定义风险认知。斯洛维奇（Slovic）认为风险认知是人们应用风险评估来估计各种有危险的事物时依赖直觉的风险判断。

在重大决策社会稳定风险评估的研究领域，以往研究大多从管理学、社会学、心理学等相关研究领域将群体性事件中群体风险认知和决策的研究成果应用于风险管理，探索民众的行为特征和行为决策模式，但并未形成完整的理论体系。胡象明、王锋的研究认为从风险认知视角构建社会稳定风险评估分析框架，有助于揭示社会风险产生的内在机理和演进逻辑。因此，基于风险认知理论分析群体性事件中个体与群体的风险认知、风险态度、风险沟通与群体非理性行为的关系，对上述问题进行深入的研究并为政府的风险管理决策构建"风险认知—风险沟通—公共信任"理论分析框架，提升重大决策社会稳定风险评估的理论指导水平。以风险认知为切入点对社会风险的防范机制进行研究属于新兴的研究领域，已有研究显示风险认知偏差会导致群体极化、产生相对剥夺感并最终引起民众的极端行为，对社会风险管理产生消极影响。由此引发的群体性事件所造成的能够定量统计的经济损失并非最严重的影响，其带来的心理恐慌给社会造成的负面效应才是难以估计的。风险认知偏差对风险管理的危害如此严重，因此，重大决策社会稳定风险评估应重视风险认知偏差对风险评估的客观性和真实性的影响。

基于风险认知理论构建第三方介入重大决策社会稳定风险评估的机制，可以从可控性、可见性、可怕性、可能性、严重性五个方面进行风险评估，分别对应个体能够采取怎样的措施使自己和家人免遭风险事件带来的意外和损失（可控性）；个体是否知觉到风险事件可能带来的风险和损失（可见性）；个体是否害怕类似风险事件中的风险和损失发生在自己身上，并因此产生恐惧和焦虑情绪（可怕性）；个体认为风险事件引发的风险和损失发生在自己和家人身上的可能性的大小（可能性）；风险事件发生后给自己带来的影响的严重程度（严重性）。第三方机构作为中立、客观的评估主体，介于地方政府和利益相关民众之间，能够缓和政府和民众之间的冲突，降低民众的风险认知偏差，引导民众采取体制内维权行为。黄杰、朱正威等学者的研究认为将风险认知理论的视角引入健全社会稳定风险评估机制的过程中，有利于切实完善该机制、实现风险的源头治理和创造社会的动态稳定。

三　第三方介入机制的理论分析框架

在重大决策社会稳定风险评估的管理过程中，构建第三方介入机制包含地方政府、第三方机构和利益相关群众这三个重要的参与主体，会涉及委托代理理论、风险管理理论、风险认知理论和公众参与理论。首先，基于委托代理理论，地方政府作为代理人将重大决策社会稳定风险评估委托给第三方机构开展，有助于决策信息沟通全面开放透明，避免了政府决策的封闭性，同时有利于政府厘清自己的职责边界，构建责任政府。其次，第三方机构基于风险管理理论，从风险识别、风险估测、风险评价、风险控制和风险管理效果评价五个环节开展社会稳定风险评估。在风险识别理论的基础上构建风险评估体系能够保证评估结果具有客观性、科学性和专业性，是提升群众满意度，打造共建共治共享的社会治理格局的重要保障。再次，第三方机构在公众参与理论的指导下采取信息公示、问卷调查、实地走访和召开座谈会、听证会等方式进行风险调查，以决策过程开放、决策理性和决策民主为导向[1]，有助于支持利益相关群众的参与及反馈社会稳定风险，推动风险评估从单向听取民意到系统制度建设，对于完善和畅通相关利益群众的参与路径，形成发展合力具有积极意义。最后，基于以上理论分析框架构建第三方介入机制，从长远看能够督促政府部门真正承担和全面履行政府的有限职责，是创新社会治理和建设服务型政府的应有之义。第三方介入"稳评"在实际推行过程中，为了实现其有用性和可信度，逐步嵌入了公众参与、风险沟通等具体装置，显现了被改造为一种民主决策机制的契机。因此，将第三方引入重大决策社会稳定风险评估中，将客观理性的风险因素调查结果运用到政府决策过程中，通过将公众参与、风险沟通等环节引入"稳评"，显现了民主决策机制[2]，能够对决策进行高效的优化调整，推动

---

[1] 许传玺、成协中：《重大决策社会稳定风险评估的制度反思与理论建构》，《北京社会科学》2013年第3期。

[2] 林鸿潮：《社会稳定风险评估的法治批判与转型》，《环球法律评论》2019年第1期。

第五章 以第三方介入重大决策社会稳定风险评估防范和化解社会风险的案例分析

重大决策平稳落地，有助于防范和化解社会风险。

基于委托代理理论、风险管理理论、风险认知理论和公众参与理论作为理论基础，本研究的理论分析框架示意图详见图5—1。

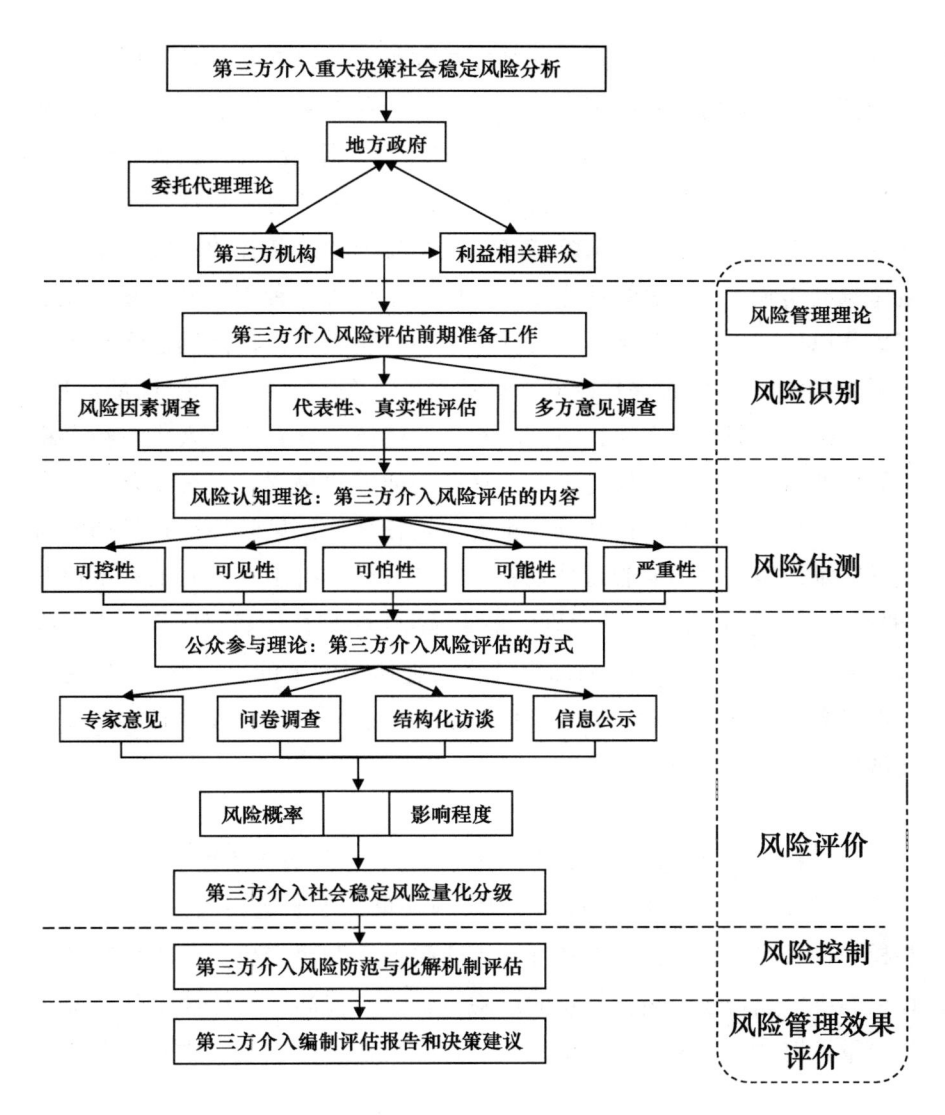

图5—1 第三方介入重大决策社会稳定风险评估的理论分析框架

资料来源：笔者自制。

第二节　第三方介入重大决策社会稳定风险评估的治理价值

重大决策社会稳定风险评估制度是改革开放以来党领导下创立的具有中国特色和独特优势的国家治理制度，是党中央"顶层设计"和"地方探索"有机统一的成功案例。它推动了科学决策，提高了治理效能，维护了群众利益，扩大了基层民主，从决策源头防范和化解了大量社会风险，促进了安全稳定，保障了经济社会发展和改革开放重大决策事项安全顺利实施。重大决策社会稳定风险评估作为一种制度性创新，改变了以往以地方政府利益为主导的单一主体评估模式，转向涵盖利益相关者诉求的第三方介入评估模式，坚持公开、公正、包容、接纳的原则，拓展系统外部资源的合法性空间。积极构建第三方介入重大决策社会稳定风险评估模式契合了制度要求，有利于推进"稳评"的民主化，加大了重大决策的民意和舆论基础。重大决策社会稳定风险评估是党和政府主导的维护群众权益的制度性创新，第三方介入机制在本质上并不违背"党委领导、政府负责"的原则，是从源头上治理社会稳定风险、从"维稳"到"创稳"模式转型和加强社会治理体制创新的重要制度，[1] 有助于促进党和政府决策的科学化、民主化和法治化，[2] 对于预防社会冲突和化解社会风险具有现实意义。

一　第三方介入重大决策社会稳定风险评估具有重要性

在重大决策社会稳定风险评估实施初期，主要是在政府的主导下，高校和科研院所的专家学者和社会人士受邀参与决策研讨，为风险等级评估提供主观经验。随着公众的风险意识水平提高，群体性事件社会动员力量扩大，重大决策社会稳定风险评估急需一个客观、中立、专业的

---

[1] 董幼鸿：《重大事项社会稳定风险评估制度的实践与完善》，《中国行政管理》2011 年第 12 期。

[2] 廖秀健：《"对抗式"重大决策社会稳定风险评估模式构建》，《中国行政管理》2018 年第 1 期。

第三方机构提供更有说服力的决策咨询报告，于是第三方介入机制逐渐成为"稳评"的重要模式。第三方机构最大的特点是隶属政府部门主导之外，从科学性、公正性的角度来看，第三方介入社会稳定风险评估将成为"稳评"工作的主流。

在中国，目前风险评估机制逐渐步入常态化，成为重大决策实施前必须完成的规定动作，因此对于第三方机构的资质和专业性要求也逐渐严格。高校和科研院所作为重要的综合咨询智库平台，成为第三方机构的最佳选择，充分发挥高校和科研院所的公共性、公益性、专业性和综合性，可以把当前的风险评估机制提升到新的高度。另外，具有合法资质的风险评估公司和咨询公司等社会组织也可以成为第三方机构的重要组成部分。作为第三方机构的高校科研院所、专业"稳评"公司和其他特定行业型机构应处于中立地位，与负责重大决策的地方政府没有任何直接的利益联系，且应该拥有绝对专业的技术和人才，才能够担任"稳评"工作的第三方机构。任何一种类型的第三方机构最终提交的评估报告都应该具备高度的客观性、公正性和科学性。

将第三方引入重大决策社会稳定风险评估的系统程序环节，有助于明确区分地方政府与第三方机构的责任，对提高"稳评"工作具有重要意义：第一，树立审慎决策的态度，强化科学决策和民主决策的意识；第二，通过风险评估和预警机制分析决策风险的后果，提高重大决策的质量和科学性；第三，完善政府部门的协调组织功能，推进重大决策社会稳定风险评估的法治化，有助于保持社会稳定风险评估工作的严肃性，提高社会稳定风险评估工作的规范性。总之，第三方机构介入重大决策社会稳定风险评估是一项基层社会治理的制度性创新，为了实现高效、可持续发展，地方政府在与第三方机构的合作过程中，必须主动适应改革发展的新常态和矛盾化解工作的新要求，积极完善包括公众沟通、信息公开、利益共享等在内的公众参与机制，推动相关政策的制定和落实，使相关地方和群众切实感受到发展带来的利益，凝聚社会共识，为进一步防范和化解社会风险，统筹发展和安全创造良好的外部环境。

二 第三方介入重大决策社会稳定风险评估具有必要性

重大决策社会稳定风险评估是运用专业的方法和技术手段，对重大决策可能引发的社会稳定风险的等级进行分析、对其危害程度进行预测和评估，进而为重大决策的实施提供支撑，完善防范和化解社会风险的路径。事实上社会稳定风险评估的复杂性远远超过金融风险评估、环境风险评估、项目实施可行性评估等，主要是因为社会稳定风险具有社会性、全面性、系统性和次生性，不同于技术风险的单一性，它是一种复合型风险。化解技术性风险主要解决单一要素或技术在科学层面的不确定性，而造成社会稳定风险的因素是多方面的，除了风险在科学层面的不确定性之外还包括政策实施结果的难以预测、利益相关者后续反应的不可控、民众对政府的不信任、社会失稳的周期性等。社会稳定风险兼具技术性风险和社会性风险的双重特征。作为技术性风险，社会稳定风险评估需要像自然科学研究一样，通过提出理论假设，采取抽样调查，进行问卷访谈、概率统计、数据处理和结构方程模型模拟等专业技术进行评估。然而，作为一种社会性风险，社会稳定风险评估存在影响因素难以准确聚类和量化，样本难以具有完全的代表性，数据统计难以如自然科学精确等困难。因此，要对重大决策社会稳定风险进行评估并能够得到绝对科学的结论是非常困难的。

在以往的社会稳定风险评估中，政府作为"稳评"的主导者具有很大的局限性，表现在政府缺乏专业的评估部门和专业的评估人员，导致"稳评"工作交给临时抽调的缺乏专业知识和技能的评估人员来进行。第三方介入社会稳定风险评估有助于改善这一局限。首先，第三方机构作为"稳评"的评估主体可以依靠自身的职业能力，充分发挥其在"稳评"中的优势，如专业评估的人员优势，专业团队拥有技术和经验的优势，专家学者具备的理论优势，第三方机构的独立性优势等。其次，多元评估主体中每个主体都可以从各自特定的角度切入，评估指标更加多元，资料更加丰富，结论也更接近实际情况，而且多元评估主体之间可以形成相互监督，从多维度的评估视角更有效地监控"稳评"的各个方面。最后，第三方机构参与社会稳定风险评估将有助于完善评估路径和评估手段，通过社会调查、舆情监控、公开听证和在线评估促进政府信息公开。

社会稳定风险评估的复杂性和政府作为评估主体的局限性决定了多元主体参与"稳评"的必要性，公众参与重大决策不仅是一个公众利益诉求表达的过程，同时也是一个集中民智和集思广益的过程。中国"稳评"主体模式应该由当前政府一元治理逻辑下的政府主导模式，向利益相关者合作逻辑下的多元主体模式转型。[①] 多元主体协调治理机制充分尊重公众意愿，可以提高决策的民主性，尽量避免决策的失误。第三方机构介入重大决策社会稳定风险评估，能够在重大决策论证实施的过程中将公众的意愿及时真实地传达到政府部门，地方政府能较全面地掌握信息，避免盲目决策或对政策倡导者的偏信。民主的本质就是参与决策，多元主体协调治理能够发挥非政府组织的优势，在政策执行过程中发挥监督作用，修正执行过程中的偏颇，可以补充既有民主形式，彰显决策的民主性。第三方介入机制在民众与地方政府之间形成了沟通渠道，民众是权力的所有者，民众把权力委托给地方政府，地方政府作为被委托人，要时刻关注民众需求，维护民众利益，民众通过参与公共权力的运行来表达意见和行使权力，弥补了传统的单一主体管理的不足和缺陷。

总之，第三方介入社会稳定风险评估推动了多元主体发挥各自的知识经验、专业优势、利益角度参与"稳评"，使评估更加公开公正，弥补了单一主体的片面性，降低了"稳评"的误差，提高了评估结论的科学性。

三 第三方介入重大决策社会稳定风险评估具有迫切性

社会风险日益严峻，传统的维稳模式已不再适应当前风险频发的社会现实，通过有效的制度建设和社会治理创新变"维稳"为"创稳"，体现了社会管理向社会治理转变的迫切性。建立健全社会稳定风险评估机制是完成转型的关键，因为社会稳定风险评估的潜在功能是通过"稳评"推进我国公共决策的民主化进程，从"维稳"到"参与"的理念革新，第三方评估主体能力的提升和相关制度规范的制度建设，能够培育"稳评"利益相关者，建立"稳评"多元主体模式，[②] 从而在政府维稳和民众维权之间找到动态的平衡点。

随着社会风险在基层的扩散，在各地频繁遭遇风险困局的背景下，地

[①] 张玉磊、贾振芬：《基于利益相关者理论的重大决策社会稳定风险评估多元主体模式研究》，《北京交通大学学报》（社会科学版）2017年第3期。

[②] 张玉磊、贾振芬：《基于利益相关者理论的重大决策社会稳定风险评估多元主体模式研究》，《北京交通大学学报》（社会科学版）2017年第3期。

方政府有必要学会更妥当地处理类似事件，避免形成"一闹就停"的发展定势，这意味着如何应对与化解社会风险应当成为地方政府的必修课，[①] 迫切需要地方政府在实践中探索出一条中国特色的社会治理之路。第三方机构介入重大决策社会稳定风险评估有助于完善基层社会治理创新。首先，第三方机构可以协助地方政府采取更成熟的方式处理社会风险，更为理性地看待民意，更关心公众反对重大决策设施的原因，群众的诉求和动机、意见和建议是否合理合法，而不是简单地将反对意见等同于全体民意。其次，第三方机构可以提醒地方政府更加注重在决策过程中把握科学性与民主性之间的平衡，同时强调进一步细化风险沟通和群众工作，在源头上化解公众的环境风险认知焦虑和不安全感。最后，第三方机构可以强化地方政府的风险意识，着力防范与化解重大决策社会引发的稳定风险，在主体层面，地方政府应有较高公信力和政治的柔性；在风险管理层面，地方政府应重视事先预防而非事后挽救；在冲突应对层面，地方政府应对经济、社会、环境三重效益进行分析并建立损失补偿预案。

在重大决策社会稳定风险评估中引入第三方，可以使第三方机构站在专业的、独立的和中立的位置进行评估，提出科学、公正、客观的评估结论。从而使评估结论更具有说服力，为党委和政府决策提供客观依据，也更能为民众所信服。专业的社会稳定风险评估需要尽可能详细收集所有信息，以大量的访谈和调查为基础提出风险临界水平及防范和化解社会风险的措施，最终形成专业、科学、合理的风险评估报告，以供决策参考。如果能在各级政府的决策过程中有效地契合社会稳定风险评估机制，营造第三方机构参与"稳评"的社会氛围，同时第三方机构加强自身建设提高"稳评"能力，[②] 将有助于实现社会稳定风险的主动防范，社会矛盾的源头治理，积极创造社会稳定的态势，对我国政府决策模式和维稳模式的转型产生革命性的影响。

通过重大决策社会稳定风险评估与治理，有效防范化解了来自各领

---

① 王华：《2016年中国邻避问题与解决路向》，《社会体制蓝皮书：中国社会体制改革报告 No. 5（2017）》，社会科学文献出版社2017年版，第292—304页。

② 张玉磊：《重大事项社会稳定风险评估中的第三方参与：意义、困境与对策》，《内蒙古社会科学》（汉文版）2014年第1期。

域以及国际和自然界的大量风险。党的十八大以来的5年间，1500多项改革举措平稳落地。党的十九大作出的一系列重大决策顺利实施，"十三五"规划重大战略任务和165项重大工程项目全面落地见效。2013年至2017年，各地评估重大决策事项376329件。属于低风险、化解风险后顺利实施的占96.68%，属于高风险而停止决策的占0.75%，群体性冲突事件大幅下降。社会稳定风险评估与治理"以最小的代价获得了最大的安全稳定收益"，为中国"两个奇迹"作出了贡献，构成"中国之治"的重要内容。我国有效应对了外部经济风险冲击，守住了不发生系统性金融风险的底线。国有经济布局优化和结构调整顺利推进，重要产业、基础设施、战略资源、重大科技等关键领域安全可控。防范化解重大风险、精准脱贫、污染防治攻坚战取得重大成就。新冠疫情防控取得重大战略成果，我国经济社会恢复走在全球前列。海外利益保护和风险预警防范水平显著提高，"一带一路"建设稳步推进。通过进行有关"稳评"工作的研究和梳理，完善"稳评"的理论和方法，将有助于第三方介入社会稳定风险评估走向规范化和有序化，以适应发展新常态、政府新要求、社会新期待，为促进重大决策社会稳定风险评估作出新贡献。

第三节 重大决策社会稳定风险评估中第三方介入机制的要素、运行框架与原则

伴随着我国社会经济的发展，第三方机构介入重大决策社会稳定风险评估成为社会治理创新的必然选择，然而该领域的理论研究还处于起步阶段，具体表现为：风险评估制度不健全，缺乏与时俱进的风险管理理念；风险评估标准不严谨，缺乏系统性的科学评估方法；公众参与机制不完善，缺乏持续性的评管结合机制。第三方机构介入重大决策社会稳定风险评估有助于预防和减少社会稳定风险事件的发生，控制、减轻和消除矛盾冲突引起的严重社会危害，[①]为各级政府部门对重大决策社会稳定风险进行应急管理提供科学依据，为有效预防治理社会风险事件提

[①] 曹峰、王巧：《重大政策社会稳定风险评估：问题与对策》，《中国党政干部论坛》2017年第10期。

供决策参考。机制是各要素之间的结构关系和运行框架，本研究从重大决策社会稳定风险评估中第三方介入机制的要素着手，再进而分析各要素之间的结构关系、运行框架和遵循的原则。

一 重大决策社会稳定风险评估中第三方介入机制的要素

重大决策社会稳定风险评估从本质上是一个完整的体系，本研究以风险管理理论为基础，从风险管理的五个环节"风险识别、风险估测、风险评价、风险控制和风险管理效果评价"分析界定第三方介入机制的要素，并从社会稳定风险的衍化机理、预防机制、治理模式、矛盾化解、公众心理特征等方面进行深入的探讨，旨在调整优化风险管理机制过程中推进第三方介入重大决策社会稳定风险评估机制，科学处理经济发展、社会稳定、社会治理三者的关系，将社会风险转化为发展机遇。

（一）风险识别机制

1. 风险识别与风险链

风险识别是在风险事件出现之前，第三方机构通过系统的文献收集、访谈、问卷调查等方式识别引发风险事件的因素并分析潜在原因，风险识别是整个风险管理各个环节的基础。随着社会风险日趋多元化、复杂化，单因素的社会稳定风险是非常少的，社会风险的复杂性要求对重大决策可能引发的各种风险进行结构化识别。基于风险认知理论识别风险要素指标时应注意以下几点：首先要保障风险指标的全面性，单一化的指标会导致风险评估结论不可避免地具有局限性；其次，要确保风险指标的可操作性，即风险识别数据应便于收集和处理，在保证数据代表性的前提下应具备符合统计学标准的信度和效度；最后，风险指标在保持客观性的同时不能忽视利益相关群众的主观风险认知对风险影响的社会放大效应。因此，风险指标识别时应遵循完整性、多元性、相关性、系统性和可操作性这五个原则。

自然科学用"灾害链"阐释自然灾害发生时各种影响因素交互作用的链式衍化机制[1][2]，本研究在灾害链的基础上构建"风险链"，以分析

---

[1] 肖盛燮：《灾变链式理论及应用》，科学出版社 2006 年版，第 42—47 页。
[2] 史培军：《三论灾害研究的理论与实践》，《自然灾害学报》2002 年第 3 期。

重大决策引发的各类风险之间相互关联和交互作用机制,探索与决策规划、实施、运行等直接相关的社会稳定风险因素之间的谱系关系。以结构化风险识别与风险链识别相结合的方式完善社会稳定风险的辨识机制,[①] 风险因素、风险环境和风险主体构成了完整的风险链。

风险因素识别是风险识别的主要内容,风险因素之间的链接方式包括单因素逐步递进式的"串发风险链"和多因素同时推进的"并发风险链"两种形式。风险因素的存在并非必然导致社会稳定风险发生,其是否会最终引发社会失稳取决于风险环境的影响和风险主体的承受力。

风险环境识别是风险识别的关键,决定了风险因素的类型,是影响风险链的成灾机制。风险环境具有易变性,导致在决策过程中不同阶段的风险会表现出不同的形式并产生不同的危害;风险环境具有关联性,多个风险环境之间相互叠加会导致整体风险的累积。在重大决策制定、规划、审批、实施过程中,如果仅由政府部门内部或体制内专家论证决策的可行性,公众参与机制缺乏则会招致公众的反对;另外,资金准备不足可能会引发经济风险或补偿风险,环境措施不到位可能会引发环境风险,安全防护等级低可能会引发安全风险,决策体现政府的政绩诉求而缺乏民意基础可能会引发信任风险等,这些风险最终都可能导致社会稳定风险。

风险主体识别是风险识别的重点,风险主体是风险因素在风险环境的影响下转变成现实危机后直接或间接的利益受损者,影响风险链的成灾机制。风险主体具有多元性,其作为风险承担者可以是单一的个体、组织和社会,也可以是三者的结合。在重大决策的风险链模型中,风险主体并非单纯的风险承担者,也有转化为风险因素的可能性。风险主体具有社会脆弱性,即风险主体对于政府的风险防范与化解机制是否接纳决定了风险环境能否引发风险因素的聚集和爆发,决定了复合风险是否具备成灾的基础,这就是影响风险链的成灾机制。

2. 第三方介入风险识别的体系架构

第三方介入社会稳定风险评估的体系架构概括来讲包含"合法性、合理性、可行性和可控性"四个方面,但具体到风险管理五个环节中的

[①] 张乐、童星:《重大决策社会稳定风险评估的问题、回应与完善》,《江苏社会科学》2015 年第 4 期。

风险识别环节应该依据实际情况具有其独特性。风险识别的体系架构包括确定风险的类型、明确具体的风险因素及特征和确定各类风险的发生阶段三个方面，这三个方面的最终评估结果能够反映出合法性、合理性、可行性和可控性。

(1) 确定风险类型

确定风险的类型主要是围绕重大决策规划、审批、建设和运行过程中的主线罗列相关风险，可以采用项目类比法和对照表法找出主要风险，然后根据风险对社会稳定造成的影响来进行类型划分，详见图5—2。

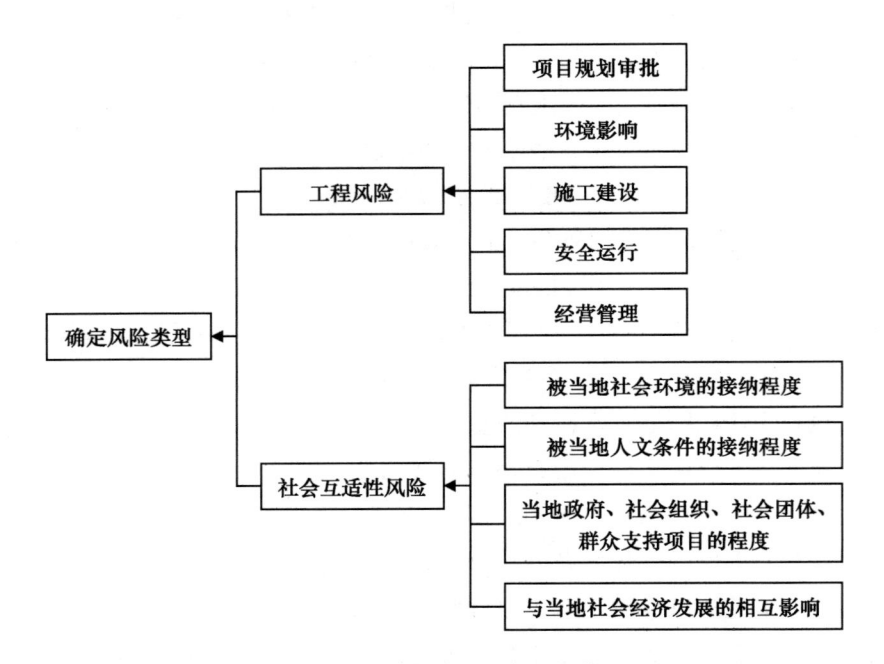

图5—2 风险类型的体系架构

资料来源：根据文献资料整理绘制。

(2) 确定风险因素与风险特征

重大决策蕴含的风险因素具有多元性，应以风险识别的实际需要为基础，从这些因素的影响状况确定各种风险因素的特征，如该风险因素的影响是长期的还是短期的？是持久性的还是间断性的？等等。如图5—3所示。

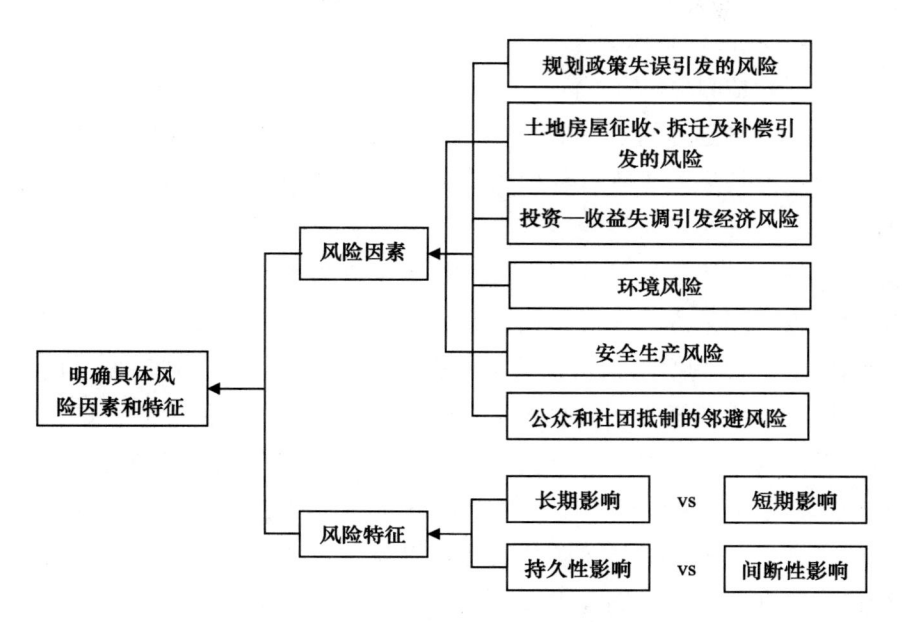

第五章 以第三方介入重大决策社会稳定风险评估防范和化解社会风险的案例分析

```
                    ┌── 规划政策失误引发的风险
                    │
                    ├── 土地房屋征收、拆迁及补偿引发的风险
                    │
           ┌─风险因素┼── 投资—收益失调引发经济风险
           │        │
           │        ├── 环境风险
明确具体风   │        │
险因素和特征─┤        ├── 安全生产风险
           │        │
           │        └── 公众和社团抵制的邻避风险
           │
           │        ┌── 长期影响 vs 短期影响
           └─风险特征┤
                    └── 持久性影响 vs 间断性影响
```

图 5—3　风险因素与风险特征的体系架构

资料来源：根据文献资料整理绘制。

（3）确定风险发生阶段

重大决策的制定、实施、执行过程中，确定各类风险的发生阶段详见图 5—4。

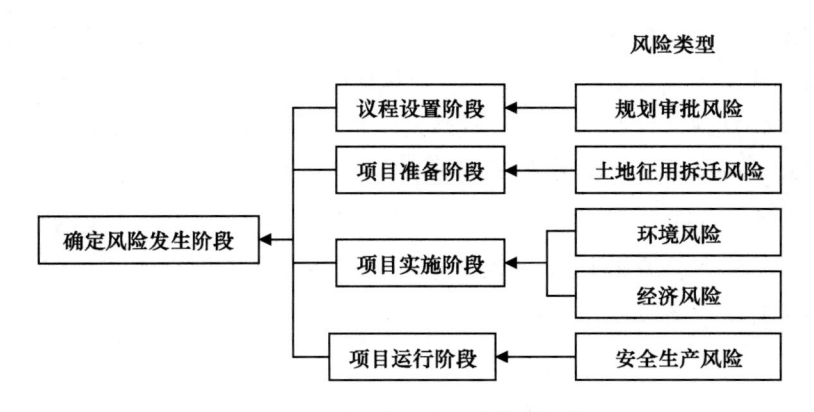

```
                                         风险类型
                        ┌── 议程设置阶段 ←── 规划审批风险
                        │
                        ├── 项目准备阶段 ←── 土地征用拆迁风险
确定风险发生阶段 ────────┤                   ┌── 环境风险
                        ├── 项目实施阶段 ←──┤
                        │                   └── 经济风险
                        │
                        └── 项目运行阶段 ←── 安全生产风险
```

图 5—4　风险发生阶段的体系架构

资料来源：根据文献资料整理绘制。

· 103 ·

(二) 风险估测机制

1. 风险估测与预警

风险估测是在进行风险评价之前的准备环节，以风险识别为基础，通过分析风险识别过程中收集的文献、访谈和问卷资料，运用定性和定量的方法，对风险可能发生的概率和风险可能造成的损失进行预测和预估。第三方机构介入风险估测需要遵循系统性、谨慎性、相对性原则，即估测内容既全面涵盖所有风险因素又突出重点风险问题（系统性）；估测时应保持谨慎的标准，不能低估或高估风险发生的概率和风险造成的损失（谨慎性）；且应秉承严格的评估准则，属于评估体系内的风险因素不能遗漏，评估体系外的风险因素不能纳入（相对性）。风险估测是对风险事件发生概率和风险后果的严重性的主观判断，第三方机构进行风险估测是对风险发生的可能性和损失程度进行初步的划分，以协助地方政府优先处理发生概率高、损失程度大的风险事件，暂缓处理负面影响小的风险。地方政府进行风险管理的难点在于风险的不确定性和易变性，第三方机构介入风险估测有助于进一步更准确地对风险进行评价，尽力减少风险的不确定性，尽量将风险的损失降到最低。

在风险估测过程中经常会出现专家学者经过科学的分析和验证评定风险等级较小的事件却会在社会中引起轩然大波，公众广泛关注此事并产生强烈的抵制和排斥情绪。斯洛维奇（Slovic）研究发现专家对风险的判断一般基于客观性统计数据，而公众则根据主观特征和经验判断，[1] 并且由于公众缺乏专业的知识，当遇到涉及专业领域的风险问题时就可能会过高估计风险事件的危险，出现过度反应或其他非理性行为。[2] 风险的社会放大（SARF）认为风险事件在与心理、社会、制度和文化的互动过程中，会强化公众对风险或风险事件的反应，可以用以解释上述现象。风险的社会放大是指在个体化反应、社会集群行为、信息传递和组织结

---

[1] Slovic, P., "Perceived Risk, Trust, and Democracy", *Risk Analysis*, Vol. 13, 1993, pp. 675–682.

[2] Slovic, P., "Trust, Emotion, Sex, Politics, and Science: Surveying the Risk-Assessment Battlefield", *Risk Analysis*, Vol. 19, No. 4, 1999, pp. 689–701.

构共同作用下产生的社会心态对风险事件产生了放大效应,其将风险评估与社会影响因素共同构建了一个系统性的风险分析框架。

风险的社会放大通常出现在风险信息的传递过程和社会机制的响应过程,导致风险放大的因素包括:公众的风险认知偏差,公众对未知风险的恐惧,媒体的报道和宣传,进行风险评估和风险沟通的专家学者的意见、意见领袖对舆论的引导等,被放大的风险会导致公众由消极态度转化为抵制行为,反过来会导致次生风险的产生。但当下的风险评估机制往往忽略上述风险"社会放大器",倾向于重视专家的意见而忽视公众的呼声。公众经历过类似风险事件的经验会增加他们对危险的敏感性,导致其产生较高的风险认知偏差。但同时曾经的直接体验也可以作为控制风险、降低损失、调节心理状态的资本,增强了人们对风险的免疫力,因此,风险的社会放大从另一个角度可以在某种程度上弱化风险。如果能够合理利用风险社会放大器的信息传播功能,并有效疏导公众的消极情绪,那么风险事件在与社会、心理、文化相互影响的过程中,反而可以削弱风险带来的负面影响,削弱风险的社会放大产生的次级社会效应。从积极的角度看风险放大的运行机制,社会放大可以提供一个风险纠正的契机,通过对风险的社会放大效应进行研究,可以使社会稳定风险评估更充分反映社会风险的真实性和完整性;可以为风险社会提供综合性更强的风险分析框架;可以为现代化的风险管理提供重要的理论基础。风险的社会放大构建了新的风险估测和预警体系,通过进一步用实证研究应用、验证和发展这一体系,希冀在未来可以在更广的范围促进社会风险事件的解决。

现代社会风险的复杂性越来越高,社会风险预警也愈加受到学界和政府的关注,逐渐成为科学研究的热点。风险预警的重点就是根据小范围,低危害的风险事件,预测风险的发展方向,防止风险的负面影响进一步扩大,成功的预警可以将风险的危害消除在萌芽状态。风险估测与风险预警是相契合的,将风险估测这个相对独立的过程置入风险预警框架中展开新的探索,可以多层次、多角度地研究社会风险的发生发展规律。社会事件的产生发展过程和最终是否会引发大规模的矛盾冲突并非不可预测的,随着科学技术的发展,研究者在尝试探索社会风险发生发展的风险链,进一步完善风险预警,以更准确地预测、预警和处置社会风险。

目前社会风险预警得到了国际社会的广泛关注，以风险预警为基础探索社会风险萌芽、产生和发展过程中的各种征兆，有助于提高风险估测的科学性和准确性。风险预警可以提供警兆和警情，风险估测通过分析警兆和警情来探寻引发风险的警源，进而针对风险的警源开展进一步的风险估测、风险评价和风险控制，以应对和化解警情，这是一个识错、防错、纠错、治错的完整风险闭环管理系统。因此风险估测不是风险预警的终点，而是新的起点，完善的风险预警体系不仅能够预测可能发生的风险事件，而且要为可能发生的风险做好应对准备，制订应对计划，有效地化解风险事件。

2. 第三方介入风险估测的体系架构

风险认知理论认为，公众通常会根据自己的经验或直觉感知风险，缺乏科学的风险评估技术来分析和评价风险的影响，因此大多数民众存在风险认知偏差。对重大决策和重大项目的排斥暴露出我国社会的安全教育和危机教育的缺失，民众无意识的反对心理说明人民缺少的是理性和安全感，因此及时纠正民众的风险认知偏差对于社会风险管理极为重要。风险估测从三个维度构建公众对重大决策和重大项目的风险认知体系架构，维度之一"风险回避"包括规划重大项目的位置距离被访者的远近、被访者对重大项目的接受程度和如果所居住社区附近规划了重大项目被访者是否愿意搬迁；维度之二"风险感知"包括重大项目的潜在风险、致命性、优缺点、影响范围以及其对健康和后代影响等的评价；维度之三"风险补偿"包括如果被访者所居住的社区周围拟建设重大项目，其是否愿意接受补偿。详细体系架构见图5—5。

（三）风险评价机制

1. 风险评价与分析

风险评价（Risk Assessment）是指在风险事件发生之前对该事件给民众的生活、生命、财产等各个方面造成的影响和损失的可能性进行量化评估工作，其本质就是量化测评某一重大决策带来的影响或损失的可能性。风险评价是风险管理的中心环节，在风险识别和风险估测的基础上，对风险概率、风险影响程度和风险等级作出更为精准的评价。第三方机

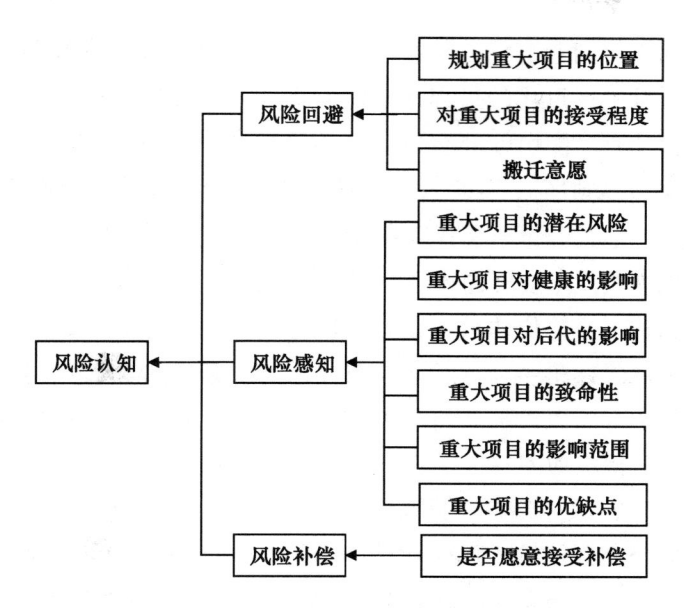

第五章 以第三方介入重大决策社会稳定风险评估防范和化解社会风险的案例分析

```
                    ┌─ 规划重大项目的位置
        ┌─ 风险回避 ─┼─ 对重大项目的接受程度
        │           └─ 搬迁意愿
        │
        │           ┌─ 重大项目的潜在风险
        │           ├─ 重大项目对健康的影响
风险认知 ─┼─ 风险感知 ─┼─ 重大项目对后代的影响
        │           ├─ 重大项目的致命性
        │           ├─ 重大项目的影响范围
        │           └─ 重大项目的优缺点
        │
        └─ 风险补偿 ── 是否愿意接受补偿
```

图 5—5　第三方介入风险估测的体系架构

资料来源：笔者自制。

构介入风险评价是为接下来的风险控制环节提供决策参考，即以风险评价的结论为依据来决定是否采取风险控制措施，采取何种风险控制措施以及风险控制应达到的程度和目标。

第三方介入风险评价的机制就是以风险社会理论为基础，从微观视角量化分析生态、经济、政治等社会各个领域中的不确定性因素对社会整体良性运行和协调发展造成的负面影响，这是一种为了预防风险造成的损失和破坏，进行风险预防和风险规避机制。风险社会理论不仅为第三方介入社会稳定风险评价提供契合点，为完善风险评估机制提供了指导，而且为研究社会矛盾调处机制建设，提升政府风险管理能力，促进平安中国建设构建提供了依据和支撑。

社会风险事件的发生是由于负面因素累积到一定程度后，对社会稳定系统带来冲击导致的，其本质是社会系统中的矛盾冲突没有得到有效的处置和化解。对社会稳定风险进行预警预控，必须首先建立较为完善的社会稳定风险评估体系，然后在该体系的基础上进行风险评价和风险管理。"建立较为完善的社会稳定风险评估体系"就是层次分析中的"复杂的多目标决策问题"的目标层,而利用风险评价研究风险事件发生发展趋势并对其进行量化的过程是层次分析法的具体应用。一般程序是将具有代表性的有可能引发社会风险事件的典型因素纳入评价范围作为中间的指标层(准则层),将风险因素进一步细化为可评估的细则作为最下层的方案层。通过分析研究其风险水平,推断该类风险事件发生的规模、频率,并预测其发生发展趋势,以实现预警预控的目标。

除了构建风险评价体系可以与层次分析法相契合之外,还可以将其同样应用于风险评价主体的筛选与确定。有关研究和实践已经证实,以往政府及相关部门以严控防范等方式应对社会稳定风险忽视了公众的主动性,是一种消极应对,因为在社会环境中"堵"和"控"根本无法阻止公众的意见表达,反而会起到反作用。[1] 因此,政府应充分重视民意,把最广泛的公众群体纳入风险评估的主体,使公众意见成为风险评价的重要组成部分,以提高政府风险应对策略的接受性和实施措施的有效性。在进行评价主体的筛选方面,可以将"如何确定与风险事件相关的利益群体"作为需要解决的"决策问题"放在目标层,充分认识和重视不同角色、利益、知识背景的公众之间在对待风险事件问题上的认知差异,按照层次分析法从不同地域、不同阶层、不同背景、不同利益关系的群体按照一定权重筛选出来,纳入多元化的评估主体。

2. 第三方介入风险评价的体系架构

风险评价采用风险估计的单因素风险指数法进行评估。单因素风险指数法是社会稳定分析和评估中常用的风险程度判断方法:通过对各个风险因素的概率、影响程度的判定,计算出其风险程度,并以此作为项目风险等级判断依据的方法。

(1) 风险概率评价

风险发生概率是指因某个风险因素而导致产生群体性事件的概率(P),按照风险因素发生的可能性将风险概算划分为五个档次:很高(概率在81%—100%)、较高(61%—80%)、中等(41%—60%)、较低(21%—40%)、很低(0—20%),可依据经验或预测进行确定。详细标

---

[1] Morgan, M. G., "Risk Analysis and Management", *Scientific American*, Vol. 269, No. 1, 1993, pp. 32–41.

准见表 5—1。

表 5—1　　　　　　社会稳定风险概率评判标准

等级	定性描述（风险概率）	量化值
很高	几乎确定发生，发生概率很高	81%—100%
较高	很有可能发生，发生概率较高	61%—80%
中等	有可能发生，发生概率中等	41%—60%
较低	发生的可能性很小，发生概率较低	21%—40%
很低	几乎不可能发生，发生概率很低	0—20%

资料来源：社会稳定风险评估报告。

（2）风险影响程度评价

风险影响程度（Q）是指：一旦因某因素产生了群体性事件，对项目所产生影响的大小，划分为五个影响等级，严重（定量判断标准81%—100%）、较大（61%—80%）、中等（41%—60%）、较小（21%—40%）、可忽略（0—20%）。详细标准见表5—2。

表 5—2　　　　　　社会稳定风险影响程度评判标准

等级	定性描述（影响程度）	量化值
严重	在全县或更大范围内造成负面影响，需要通过长时间的努力才能消除，付出巨大代价，影响程度严重	81%—100%
较大	在全县范围内造成一定负面影响，需要通过长时间的努力才能消除，付出较大代价，影响程度较大	61%—80%
中等	在当地局部范围内造成一定影响，需通过一定时间才能消除，影响程度中等	41%—60%
较小	在当地局部范围内造成一定影响，但可在短期内消除，影响程度较小	21%—40%
可忽略	在当地造成很小影响，可自行消除，影响程度可忽略	0—20%

资料来源：社会稳定风险评估报告。

（3）风险等级评价

风险程度等级是评价风险大小的指标。单因素风险程度由单因素风险发生的概率和风险影响程度确定。可分为：重大（定量判断标准为 $R = P \times Q > 64\%$）、较大（$R = P \times Q > 36\%$）、小（$R = P \times Q > 16\%$）、较小（$R = P \times Q > 4\%$）、微小（定量判断标准为：$R = P \times Q \geq 0$）五个等级。风险等级评判标准详见表 5—3。

表 5—3　　　　　　　　社会稳定风险等级评判标准

等级	定性描述（影响程度）	量化值
重大	在全县或更大范围内造成负面影响，需要通过长时间的努力才能消除，付出巨大代价，影响程度严重	$P \times Q > 64\%$
较大	在全县范围内造成一定负面影响，需要通过长时间的努力才能消除，付出较大代价，影响程度较大	$64\% \geq P \times Q > 36\%$
小	在当地局部范围内造成一定影响，需通过一定时间才能消除，影响程度中等	$36\% \geq P \times Q > 16\%$
较小	在当地局部范围内造成一定影响，但可在短期内消除，影响程度较小	$16\% \geq P \times Q > 4\%$
微小	在当地造成很小影响，可自行消除，影响程度可忽略	$4\% \geq P \times Q \geq 0$

资料来源：社会稳定风险评估报告。

（四）风险控制机制

1. 风险控制与管理

风险控制是指风险管理者以风险评价的结论为决策依据采取各种措施和方法，降低风险事件发生的概率，减少风险事件带来的损失，风险控制是风险管理的重心。在当前风险社会中风险是无所不在的，第三方机构介入风险控制并非完全排除风险的发生，而是尽量减少风险发生的可能性，并将风险带来的损失控制在可以接受的范围内，避免破坏性超出地方政府和利益相关群众承受范围的巨大风险事件发生。由于科学技术的高速发展和全球化的扩展，人类社会已经开始进入"风险社会"时代，集中表现为群体性事件大规模、多频次地爆发。在重大决策社会稳定风险控制中引入第三方机构与应急管理相契合，正是提高我国社会治理专业化水平的重要举措。

应急管理是推进国家治理体系和治理能力现代化的重要环节，政府部门是突发事件应急管理的主体，其主要责任是维持社会稳定和维护公共安全，其风险管理水平反映了政府的行政效能和执政能力。党的二十大报告提出，坚持安全第一、预防为主，建立大安全大应急框架，完善公共安全体系，推动公共安全治理模式向事前预防转型。党的十九大报告对公共安全与应急管理工作做了重要部署，要求必须以提升社会治理水平为重点，完善多元主体参与的社会治理体制。第三方机构的有效参与是应对突发事件的辅助力量，起到了不可或缺的作用。在突发状态下，信息封锁会导致处于信息弱势地位的民众产生严重的相对剥夺感，从而质疑政府的决策制定，导致谣言和虚假信息传播，这将严重损害政府及相关部门的公信力，而第三方机构能够平衡政府和民众信息地位，防止突发事件进一步发展为大规模群体性事件，因此应高度重视第三方在突发事件风险控制中的作用。

当前，应急管理进入注重提升质量和水平的新时代，加强应急管理以应对社会风险和矛盾的挑战，其关键是坚持以预防为主，预防与应急相结合的原则，及时把社会风险和矛盾化解在萌芽状态，加快形成源头治理、常态治理、应急处置有机衔接的全过程防治机制。党的二十大报告提出"健全共建共治共享的社会治理制度"，党的十九大报告提出"提高社会治理社会化、法治化、智能化、专业化水平"，而第三方机构正是提高社会治理社会化和专业化水平的重要抓手，有助于辅助政府建立健全社会风险预测、识别、评估和管控机制，以及社会矛盾滚动排查、预警和化解机制。

政府为风险应急管理提供制度保障，因此应完善风险控制的体制机制，鼓励利益相关群众积极参与风险控制，以增加风险控制的公共属性；通过引入第三方监督风险控制措施的执行，推动风险控制的重构，能够长期稳定地促进风险管理主体的自省，适应新的风险环境，降低社会脆弱性。风险控制作为风险管理的重要环节，有助于健全政府风险管理体系。首先需重视提高基层部门的风险控制能力，将风险管理重心下移。其次，搭建完善的风险控制平台。在横向层面，风险管理部门需要提高风险管理意识，协调政府部门和第三方机构之间风险控制的从属关系；在纵向层面政府部门通过正式渠道及时发布和传播风险信息，进行有效的风险沟通，矫正公众的风险认知偏差，有助于争取到社会各个阶层的理解、合作与支持。最后，应重视风险控制的科学性，第三方机构通过介入行政机构对可能造成公共危害的风险进行评估和监测，并通过制定规则、监督执行等法律手段来消除或者减轻风险，是对风险控制的创新。

2. 第三方介入风险控制的体系架构

第三方机构介入风险控制的体系架构主要包括：设定风险控制的目标、量化分析风险因素和控制风险因素的措施三个重要步骤，在实践过程中三个步骤的具体架构内容详见图5—6。

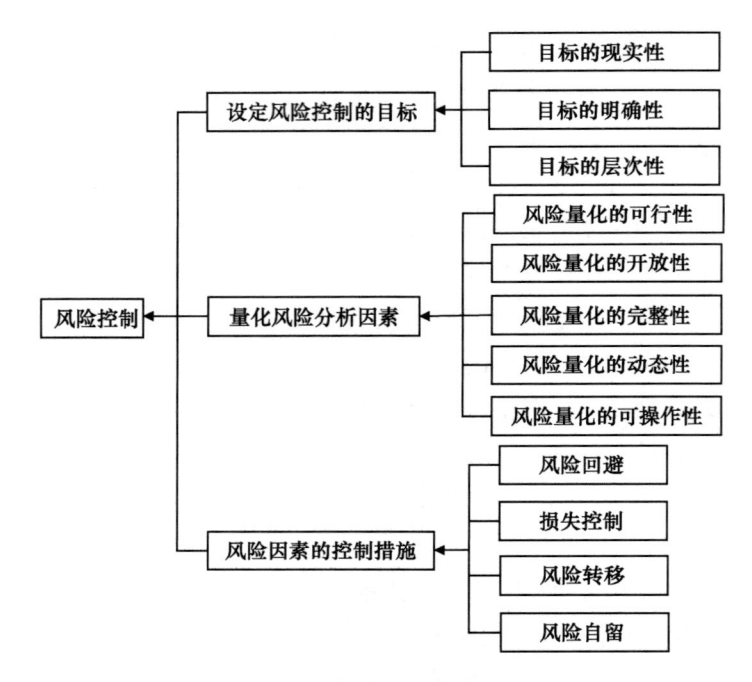

图5—6 风险控制的体系架构

资料来源：笔者自制。

（五）风险管理效果评价机制

1. 风险管理效果评价与治理

风险管理效果评价是通过对比风险控制措施实施前和实施后的风险概率、影响程度和风险等级的变化，来分析、评估、检验和修正风险控制措施的有效性。第三方机构介入风险管理效果评价是对风险控制措施进行客观的反馈,为接下来改进风险控制措施,降低风险概率,减少风险损失提供具有针对性的建议。风险管理效果评价通过总结风险管理每一个环节的经验和教训,可以为风险管理中存在的问题和不足提出建设性意见,以预防类似风险事件的再次出现。

国外将国家治理和社会治理相结合开展了大量成熟的研究,艾瓦尔德的"风险治理性"认为通过政府公权的合理应用,政府通过这些工具可以进行风险预测、风险评估、风险沟通,进而对风险进行有效的处置,以降低或化解风险带来的损失,该研究拓展了社会风险治理研究的视野。国内学者对国家治理和社会风险的早期研究是将二者作为两个独立的问题分别进行探讨,将二者相结合对国家如何应对社会风险和风险治理研究尚处于起步阶段。第三方介入重大决策社会稳定风险评估在本质上是国家治理现代化与其面临的社会风险之间不断契合的过程。

第三方机构介入风险管理效果评价,是依据实施风险管理措施以后风险事故发生的状况对风险管理决策的信息进行反馈,与以科学、理性、精准为基本特征的社会治理精细化是相契合的。社会治理精细化是在绩效目标引导下,通过科学设置机构部门、优化管理流程,推动社会治理思维和方式转变,实现社会治理的标准化、具体化、人性化,而风险管理效果评价主要是对风险管理措施是否降低了风险事故发生的频率,是否降低了风险事故造成的损失进行评估,即风险管理绩效评估,二者殊途同归。本研究对第三方机构介入风险评价进行研究,是对在国家治理现代化的视域下社会风险治理进行深入研究。

本研究对风险管理效果进行评估,有助于推进社会治理精细化,转变了以往粗放式、经验式的风险管理思维。在评估过程中充分考虑不同地区和各个社会群体的特点和差异,根据实际采取个性化、精细化的风险评估模式。委托第三方机构作为评估主体对风险管理效果等进行综合测评,针对社会治理不同领域和环节建立科学的考核评价机制。评估的整个过程中,将群众满意度作为主要评价标准,以改善政府和公众的关系为导向,切实发挥绩效评估的纠偏功能,促进社会治理在高效化、实效化中实现精细化。

2. 第三方介入风险管理效果评价的体系架构

第三方介入风险管理效果评价的体系架构主要包括:制订风险管理

效果评价计划；收集与整理有关资料；编制风险管理效果评价报告三个重要步骤，具体架构详见图5—7。

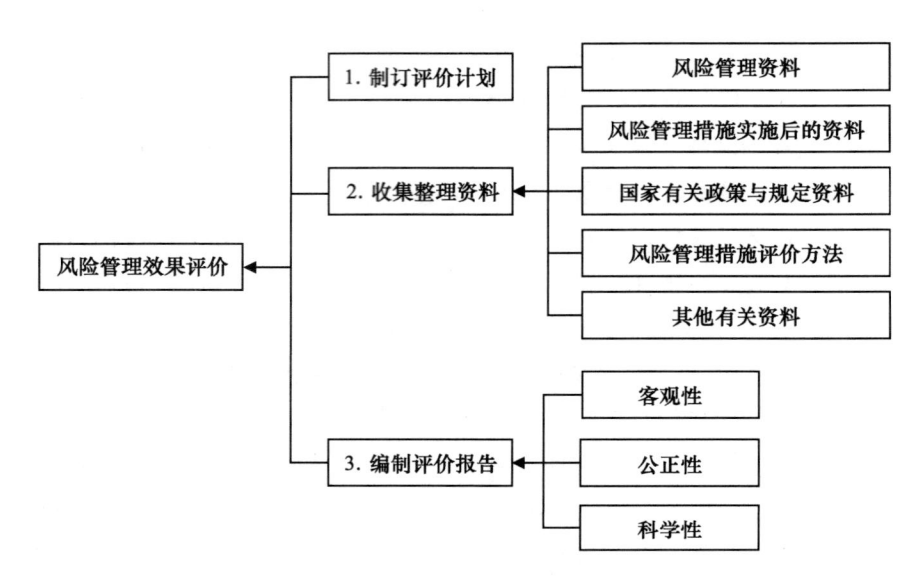

图 5—7　风险管理效果评价的体系架构

资料来源：笔者自制。

第三方机构从三个方面制定风险管理效果评价的评估框架，调查范围包括工程涉及区域、工程可能的影响区域、利益相关方；调查内容包括工程规划设计情况、社会发展及自然环境、社会敏感因素、利益相关者诉求和社会舆情分析五个相关维度；调查方法包括文献调查以及分别针对单位和公众的访谈调查与问卷调查。详细评估框架见图5—8。

在风险管理效果评价中第三方机构坚持成本效益原则，采用指标对比法对风险管理效果进行评价，即通过风险管理措施实施后的实际数据或实际情况重新预测，将风险管理措施实施以前的实际数据或者实际情况进行比较的方法。例如，将风险管理措施实施后发生风险事故的实际损失同以往发生风险事故的实际损失进行对比，可以发现风险管理的效果，也可以为未来的风险管理决策提供依据。

第五章 以第三方介入重大决策社会稳定风险评估防范和化解社会风险的案例分析

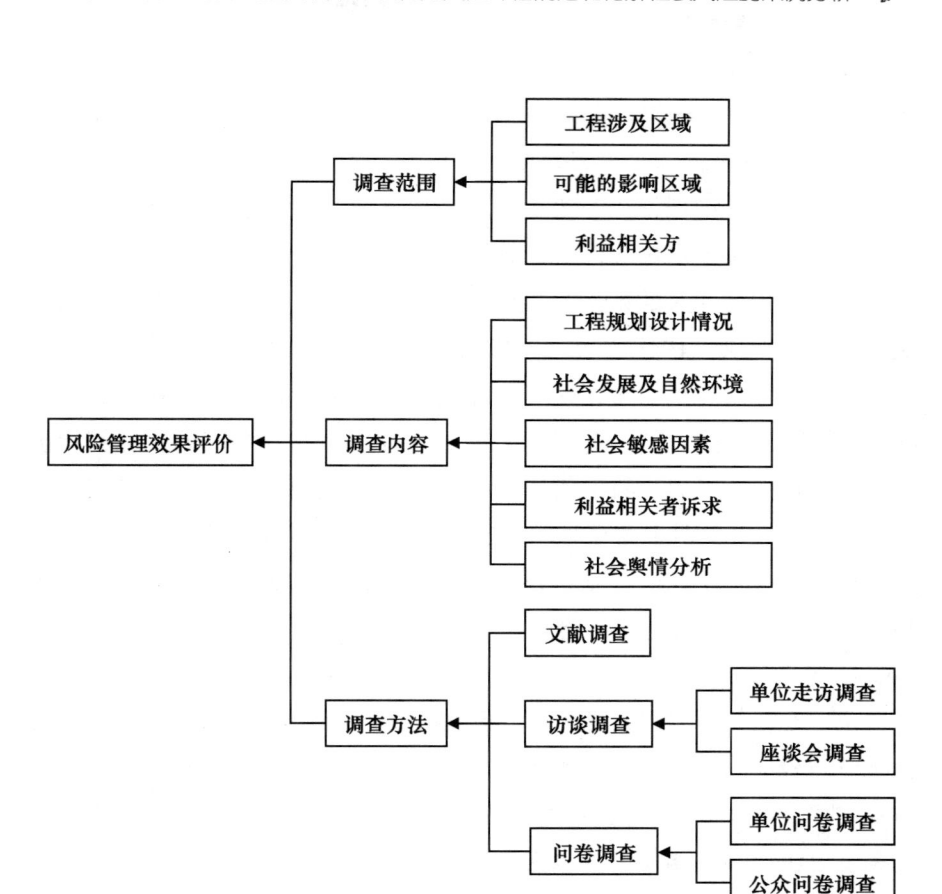

图5—8 第三方介入风险管理效果评价的体系架构

资料来源：笔者自制。

二 重大决策社会稳定风险评估中第三方介入机制的运行框架

机制包括组成机制的要素和要素之间的运行框架两部分，上文对重大决策社会稳定风险评估中第三方介入机制的要素进行了分析，本研究接下来将重点讨论第三方介入机制的运行框架。汪大海、张玉磊研究认为重大决策社会稳定风险评估制度初步形成了由评估主体、评估对象、评估指标、评估程序、评估方法、问责机制等内容构成的运行框架。① 本研究在此研究的基础上梳理出第三方介入的方式、内容、程序和原则作为重大决策社会稳定风险评估中第三方介入机制的运行框架。

(一) 重大决策社会稳定风险评估中第三方介入的方式

基于委托代理理论第三方介入重大决策社会稳定风险评估的方式，是指地方政府作为委托人将"稳评"工作以定向委托和公开招标两种方式委托给作为代理人的第三方机构。正如上文所述目前有能力开展重大决策社会稳定风险评估的第三方机构包括高校科研院所、专业"稳评"公司和特定行业三种类型，这三种类型的第三方机构都有其独特的自身优势和不可避免的缺陷。有研究建议通过对"稳评"制度的目标细化确定第三方机构，根据决策的类型和分类确定第三方机构来源，能够提高政策科学性、协同性和规范性。② 因此，地方政府在引入第三方机构介入重大决策社会稳定风险评估的过程中应根据决策种类、项目类型、现实情况和评估目标的变化，综合考虑多方面因素后，选择适合的介入方式。

1. 定向委托

定向委托是指第三方机构介入重大决策社会稳定风险评估的过程中，由地方政府部门直接指定某类评估机构承担评估任务。定向委托的介入方式在早期的"稳评"过程中是较为常用的方式，这一方式对地方政府和第三方机构都有相应的要求。首先，地方政府应该基于专业水平和评估能力选择最合适的第三方机构，而不能存在利益输送"任人唯亲"。其次，与地方政府建立委托代理关系第三方机构应该独立于政府部门，承担相应的主体责任，而不能对政府有不恰当的依赖。最后，在定向委托这种方式下，虽然委托评估主体的主动权在地方政府一方，但第三方机构应该掌握风险评估的主动权，严格按照介入流程，客观评估社会稳定风险。定向委托的优势在于地方政府对委托的第三方机构比较了解或在建立委托代理关系以前对第三方机构进行了详细考察，因此一般情况下第三方机构都有完成评估任务的资质、能力和专业水平，不会出现"所

---

① 汪大海、张玉磊：《重大事项社会稳定风险评估制度的运行框架与政策建议》，《中国行政管理》2012年第12期。

② 王阳：《重大决策社会稳定风险评估制度的效果分析——以"评估主体"的规定为重点》，《中国行政管理》2016年第3期。

托非人"的情况。但是这种方式也存在一定缺陷，由于定向委托缺少公开竞标的环节，其他专业水准更高、评估能力更强的第三方评估机构可能会被忽视。

由于定向委托存在政府自封闭环节，因此在第三方机构介入"稳评"过程中地方政府有必要专门成立监督工作小组，秉持客观、公正、独立的原则对整个重大决策社会稳定风险评估项目、评估任务和第三方机构的资质进行详细考核，最后才能与符合标准的第三方机构签订委托代理协议。为了打破政府的自封闭性，对于第三方机构的选择过程和结果应该通过多种方式和平台向外界公布，接受社会和利益相关群众的监督。

2. 公开招标

公开招标是指地方政府通过公共平台对外发布重大决策社会稳定风险评估项目招标信息，由若干个第三方机构进行投标和竞标，地方政府则按照规定流程和规范标准选择最佳的第三方机构的方式。与定向委托的方式相比，公开招标具有以下优势。首先，相对公开透明的投标竞标方式打破了政府的自封闭性。其次，多个第三方机构之间彼此竞争，地方政府择优选取有助于最大限度地发挥第三方机构的专业水平。再次，公开招标是地方政府和第三方机构之间建立契约性的合作方式，契约关系明确规定了第三方机构和地方政府之间的责任与权利，二者相互独立，地位平等，几乎不存在彼此附庸和依赖。最后，公开招标也有助于促进第三方机构在竞标过程中不断提高专业水平和评估能力，进而推动整个行业的健康发展。公开招标给第三方机构创造了公平竞争的环境，但是为了避免机构之间的恶性竞争，构建公平有序的竞争环境，政府也要制定相关的制度规范以规范第三方机构的行为，同时公开招标的过程和结果也应向社会和利益相关群众公开。

(二) 重大决策社会稳定风险评估中第三方介入的体系架构

立足我国当前经济社会发展现实，社会稳定风险评估的体系架构必须符合"合法性、合理性、可行性和可控性"四个方面的要求。本研究基于风险管理理论将"稳评"划分为"风险识别、风险估测、风险评价、风险控制和风险管理效果评价"五个环节，每个环节基于实际情况构建评估体系的架构，其内容不完全类同上述四个方面，但是其最终的评估结果能够反映出这四个方面。本研究尝试构建"四位一体"的良性统一，并以此为基础创新适合中国现实国情的评估指标体系作为第三方介入重大决策社会稳定风险评估的体系架构。

1. 合法性架构

合法性架构是指重大决策的制定、颁布和实施应该符合国家的大政方针政策，严格按照法定程序进行审查审批，符合法律规定的议事规则和决策程序。第三方机构介入合法性架构的评估重点考察重大决策是否有充足的法律政策支持依据；地方政府是否具有法定性权力；决策内容是否与法律、法规、政策相抵触；决策所涉及的利益分配和利益调节范围是否符合法律的界定。在依法治国的政治理念下，任何与法律相违背的重大决策都会损害政府公信力且不可持续。

2. 合理性架构

合理性架构是指重大决策的制定和出台应该以公共价值为基础，坚持以人为本，符合人民群众的根本利益；充分体现和遵从社会公意，得到绝大多数群众的理解和支持；以公共利益为依归，平衡现实利益与长远利益，整体利益与局部利益关系。第三方机构介入合理性架构的评估重点考察重大决策是否反映了绝大多数民众的意愿；是否兼顾了多元主体的利益，符合人民群众的现实利益和长远利益；是否符合经济社会发展科学规律，坚持把改革力度、发展速度和社会可承受程度有机统一。改革开放的实践表明，合法但合理性不足的重大决策会难以得到民众理解和支持，如果强行实施会触发民众的不满情绪，将不可避免地引发社会矛盾冲突与社会失稳。

3. 可行性架构

可行性架构是指重大决策的贯彻、落实、推行、实施的过程应该充分考察时间、空间、人力、物力、财力等客观因素的制约，采取科学方法进行严谨的可行性论证，以符合经济社会发展现状和趋势，且不超出社会承受力。第三方机构介入可行性架构的评估应考察重大决策是否符合广大人民群众的根本利益，是否征求了公众意见；是否会给经济社会发展带来负面影响；有无引发个体或群体上访、群体性事件、重大社会治安问题的可能性；是否能够体现政策的连续性和严密性。社会稳定风险的可行性评估应高度重视利益相关者的风险认知差异，把构建有效的风险沟通机制、有序的公众参与机制和完善的矛盾化解机制作为社会稳定风险评估的重要内容。

4. 可控性架构

可控性架构是指在重大决策的实施过程中应基于地区客观实际情况综合分析危害社会稳定的风险因素并识别社会稳定防范薄弱环节，查找安全隐患，积极构建预警监控机制、应急处置预案、恢复重建方案和危机化解措施。第三方机构介入可控性架构的评估应考察重大决策的实施前期宣传解释和舆论引导工作是否充分；在可预见的风险视域内，重大决策引发的社会稳定风险是否可控，是否存在影响社会稳定的其他因素；如果引发社会失稳，是否有配套的预警方案和应急处置预案，使社会风险得到有效防范和化解。总之，可控性架构的评估重点考察的是决策主体是否具备驾驭全局、掌控局势和化解矛盾的综合能力。

（三）重大决策社会稳定风险评估中第三方介入的程序

重大决策社会稳定风险评估中第三方介入的程序指整个评估工作，或风险识别、风险估测、风险评价、风险控制和风险管理效果其中一个环节的风险评估的步骤。一般包括以下三个步骤。

1. 制订评估计划

制订评估计划，就是对关于风险评估任务的预先设计和规划，属于评估程序的前期准备工作。评估计划强调"预"的重要性和必要性，因此评估计划首先要考虑的是评估目的和目标在未来的风险评估工作中能否得以实现，即"可行性"是对评估计划的基本要求。评估计划的基本结构包括风险评估任务的内容和达到评估目的的方式、方法、路径与手段。因此，第三方机构制定整个评估工作或某一环节的评估计划应该在明确开展评估任务的目的、评估的对象和范围以及评估的时间和评估的成果要求的基础上，确定评估的实施方案，并对参与评估任务的工作人员进行评估前的指导和培训。

2. 实施评估计划

实施评估计划是在前期工作准备充分的前提下，按照制订的评估计划开始进行正式的评估工作。第三方机构按照评估方案既定的评估手段和方法对评估对象展开评估，进行相关信息获取采取的主要方法包括查阅文献资料、实地走访、深度访谈、问卷调查等。第三方机构在实施评估计划过程中需要注意以下几点：1. 工作人员之间有明确的分工，确保风险评估工作能够有条不紊地进行；2. 按照评估计划展开调研是最基本的要求，工作人员中途不能违反设计方案，不能随意改变既定的评估计划，争取做到"一把尺子量到底"；3. 针对评估工作进行过程中发现的问题，应该及时处理并修正，同时做好弥补工作失误的备案，确保评估工作前后阶段保持一致。最后第三方机构需要对获取的评估信息进行分类、整理、统计、分析，为评估报告撰写提供信息和数据支撑。

3. 完成评估成果

第三方机构在风险评估的具体工作结束后，要撰写评估报告，形成评估结果，并按照约定日期向地方政府提交评估报告书，并接受地方政府的信息反馈，重新修改和完善风险评估报告书，并最终提交正式风险评估报告书。地方政府作为委托方应及时向社会公开评估结果，接受社会监督。并且第三方机构在整个评估工作结束后，要及时建立风险评估档案，进行项目备案以便日后查阅。

三 重大决策社会稳定风险评估中第三方介入的原则

当前社会风险突破了传统的地域和时间的限制，拓展了人类的信息交往空间，但同时也加重了社会规则的脆弱性，带来了巨大的挑战。当前社会政治经济飞速发展的同时伴随着突发事件的频繁爆发，预示着我国社会风险治理面临着危机和挑战。这就要求我们深刻把握创新社会治理方式在构建维护社会稳定工作机制，尤其是预防和化解社会风险方面的重要性。因此在第三方机构构建社会稳定风险评估体系时应遵循以下原则。

（一）全面性与重要性的相结合

全面性原则主要体现在对社会信息系统的风险源进行划分与归类时，保证不能遗漏重要的风险源因素。重要性则要求风险源的选择要具有代表性，指标值的变化能反映社会信息系统的实际风险变化。全面性和重要性的相结合表现在使评估体系全面反映各有关要素和各有关环节的关联。

（二）结构稳定性与内容动态性相结合

构建社会稳定风险评估体系，要坚持结构的稳定性，以保证评估结论的连续性、可比性，要求合理组合评估指标的诸要素，其指标内容和评估标准——对应形成框架结构，具有稳定性。社会稳定风险评估是在特定背景、特定评估技术下发生的，受评估理论、技术发展程度诸因素的影响。因此，内容的动态性要求评估指标随着时间、条件与具体环境的变化而调整，甚至放弃不再适用的指标，以提高该评估体系的适应性。

（三）定性与定量指标相结合

定性指标能够直观分辨发生风险事件的可能性，定量指标则可以明确表示风险水平等级，定性与定量指标相结合能够提高评估体系的代表性和可比性。完整的风险评估需要定性指标评估风险的方向，结合定量指标评估风险程度；完善的风险分析需要定量指标明确风险等级，结合定性指标补充分析依据。

（四）评估体系的可操作性

可操作性是最重要的一项原则，评估体系的设计应严格符合概念明确、定义清晰，方便数据采集等要求。该体系既要保证全面性和重要性，又要保证可行性，避免事无巨细和庞杂冗长，其设计过程中应考虑到现实的可能性，包括评估的方式、时间和成本的限制，以及被调查对象对指标的理解、接受程度和判断能力。

随着科学技术的高速发展和全球化的扩展，人类社会已经开始进入"风险社会"时代，集中表现为群体性事件大规模、多频次的爆发。从风险视角审视人类社会的变迁并深刻反思了现代性，揭示了"后工业社会"面临的问题、风险和危机，并用大量事实证实当今世界已进入高风险社会。第三方机构介入重大决策社会稳定风险评估从社会结构、社会制度、社会秩序等方面分析社会风险，将社会风险进行更为科学详尽的分类，不仅为人们理解现代社会自然灾害以及食品安全、生产安全等引发的风险提供了重要的研究视角，也为评估当代中国社会发展中潜在的风险提供了分析工具。

重大决策社会稳定风险评估是民众对重大决策带来的不确定性的主观评价，是一种重要的心理建构，体现了以人为核心的社会治理体制新思路。在网络时代，公众的话语权达到了空前的普及，在传统的风险管理过程中，政府忽视了民众广泛参与的力量，由于缺乏民众的认可，往往错失了风险应对的最佳时机，风险管理和风险应对成本大大提高。因此，第三方机构介入风险评估要将这种传统的"自上而下"风险应对和风险决策方式，转换为"上下兼顾"广泛征求各个阶层民意的风险管理方式。总之，第三方机构对我国目前面临的社会稳定风险开展评估，为重大风险量化分级与有序管理，为避免风险的升级和扩大提供技术支撑。研究成果可用于进一步完善社会稳定风险的应对机制，为政府制定有效的预测性措施和政策提供理论依据，并应用于社会治理、社会风险管理和社会冲突管理等领域，能够促进社会治理创新与和谐社会构建。

第四节 案例选取与案例分析

本研究选择核电设施的社会稳定风险评估作为第三方介入重大决策社会稳定风险评估的案例，主要基于以下考虑：首先，是否有必要建设核电站，在哪里规划建设核电站，核电设施的选址、规划与建设属于地方政府的重大决策；其次，针对核电项目的选址保护以及核电设施建设规划的社会稳定风险评估是"稳评"的典型代表；最后，在国家治理现代化视域下，将第三方引入重大决策社会稳定风险评估中，有助于把握社会风险治理的前瞻性，能够为化解社会风险提供理论依据，拓展国家治理现代化研究的深度和现实针对性。

一 第三方介入重大决策社会稳定风险评估的机制

（一）第三方介入风险评估的方式

本案例采取定向委托的方式确定第三方机构，机构对河南省的南阳、信阳、洛阳、平顶山、郑州和陕西省西安市六个地方进行实地调研，调研结果作为本研究的风险评估的案例。

（二）第三方介入风险评估的工具

问卷是第三方介入风险评估的有效工具，问卷调查贯穿了风险评估的全过程。经过专家咨询问卷的调查筛选指标和构建指标体系，综合专家意见编制《核电项目的风险估测调查问卷》、《核电项目社会稳定风险评价调查问卷》（单位）和《核电项目社会稳定风险评价调查问卷》（公众），问卷调查详见附录2、附录4、附录5。在进行正式调查前，研究者先进行了预试，河南省的南阳、信阳、洛阳、平顶山、郑州和陕西省西安市六个城市分别发放30份问卷，同时对被访者进行简单访谈，根据被访者的反馈调整了个别问题的表达方式。预调查的结果显示，问卷的问题设置比较合理，没有使被访者产生歧义的问题，且问卷施测时间长度合适，可以为正式调查所用，满足可行性和可控性架构。

（三）第三方介入风险评估的程序

1. 制订评估计划

邻避设施的风险源调研。第三方机构基于对列入《河南省"十三五"能源发展规划》开展内陆核电项目前期论证工作的南阳、信阳、洛阳、平顶山四个城市和省内城市郑州、省外城市西安分别实施调研，分析核电项目的风险源和未来发展趋势，其目标是将风险水平控制在社会稳定与安全的临界阈限之内。

邻避风险的原因分析。第三方机构从邻避风险的成因、治理模式、公民参与、矛盾化解等方面进行深入的探索，并且就邻避设施的选址投建等问题开展大量的调研，结合河南省地理特征和区域发展战略，确保核电项目发展的成本与代价不超出社会承受能力。

邻避风险的化解机制研究。第三方机构基于上述理论分析和实践调研收集的数据文献资料，构建邻避风险治理机制，推动核电项目有序良性发展，讨论中国在进入风险社会后国家治理现代化的问题，为政府制定有效的措施和政策提供理论支撑，形成发展合力。

2. 实施评估计划

本次调查在河南省的南阳、信阳、洛阳、平顶山、郑州和陕西省西安市六个地方进行抽样调查。南阳、信阳、洛阳、平顶山都是作为《河南省"十三五"能源发展规划》中的核电项目选址地点，郑州和西安分别作为省内和省外的非核电项目选址地点，与上述四个城市做比较研究。

第三方机构调查选取这六个城市的城乡居民为被访者，在南阳、信阳、洛阳和平顶山四个城市采用多阶段抽样法，先抽取在规划项目所在市的居民，然后抽取规划项目所在县的居民；对于郑州和西安两市采取直接抽样法，仅在市区抽取部分民众，分别作为规划项目之外的市和规划项目之外的省的样本。一共抽取了600名居民作为调查对象，回收有效问卷571份，有效问卷回收率为95.2%。同时还对部分被访者进行单独的结构化访谈，主要用于更深入挖掘问卷调查所无法触及的公众"疑核""恐核""反核"的内在心理活动，是对问卷调查的有益补充。参与访谈者在所有被访者中的比例为 10%。被访者的基本情况如表 5—4 所示。

表 5—4　　　　　　　被访者基本情况统计（$n=571$）

变量	分类	人数	百分比（%）
性别	男	243	42.6
	女	328	57.4
年龄	30 岁以下	247	43.3
	30—60 岁	241	42.2
	60 岁以上	83	14.5
文化程度	初中及以下	72	12.6
	高中	83	14.5
	大专或高职	201	35.2
	本科	161	28.2
	硕士研究生及以上	54	9.5
居住地与核电项目距离	规划项目所在县	212	37.2
	规划项目所在市	196	34.3
	规划项目之外的市	91	15.9
	规划项目之外的省	72	12.6

数据来源：根据河南省核电项目引发邻避型群体性事件的预防治理机制研究报告整理绘制。

3. 完成评估成果

风险评估环节最终的成果是河南省委党校课题组作为第三方机构向河南省发展研究中心提交了一份题为《河南省核电项目引发邻避型群体性事件的预防治理机制研究》的研究报告，在该研究报告中从风险回避、风险感知和风险补偿三个维度详细阐述了利益相关群众对核电设施可能引发的风险的评估，为地方政府预防和治理由核电项目引发的社会稳定风险，实现从项目规划到利益表达再到建设决策各环节无缝衔接。

二　第三方介入重大决策社会稳定风险评估的结果

（一）风险识别

1. 风险因素识别指标体系构建

本案例研究的初始在于 2017 年 2 月，一篇题为"重磅！河南四地要建核电站，快看有没有你家乡！"的帖子宣称河南省将在四个城市建设核电站，引起了社会各界和媒体的广泛关注。基于这个热点舆论，课题组受到河南省发展研究中心的委托，对核电项目引发邻避型群体性事件的社会风险防范和化解机制进行研究。有针对性的风险防范措施是建立在准确的风险级别判定的基础上，而确定风险级别又依赖于公众对核电项目的态度和意见，公众对核电项目所持有的态度和意见又受到他们对该项目的风险认知水平的影响。[1] 由此可见，对核电项目进行风险评估的主要依据是"公众的反对程度"。因此在查阅大量的有关核电设施、核电安全、核电建设、邻避风险治理、风险评估等方面的文献资料的基础上，基于风险认知理论，从风险回避、风险感知和风险补偿三个维度初步设置了3个一级指标和15个二级指标。指标体系的完成符合合法性和合理性架构。

2. 风险因素识别指标筛选

运用专家咨询法把初步设立的18个评价指标放入专家咨询问卷进行指标筛选，在问卷的开端附有详细的填表说明，要求专家对指标的重要性进行打分和就是否保留候选指标做出判断，设置开放性问题让专家对指标的调整和完善提出意见。

本案例所选的20位专家来自高校和社科院的社会学、管理学、政治学等相关专业，是邻避风险治理、核电风险管理和风险评估研究方面的专家。其中男性专家占60%，女性专家占40%，50岁以上的专家占到了55%。60%以上的专家具有高级职称，55%以上的专家具有博士学位，50%的专家工作年限在20年以上。本次专家咨询问卷的调查都得到了全部专家的反馈，问卷的回收率100%，说明专家的积极系数很高。

专家咨询问卷（附录1）的统计结果显示，风险回避、风险感知和风险补偿3个一级指标得到了专家的一致认可，均建议保留。专家的意见分歧主要体现在二级指标，其中"4. 请问您通过何种方式了解核电项目及其优缺点的？"，"5. 请问您对核电项目潜在的危险是否有了解？"和"13. 你是否曾经主动了解过核电项目及其影响程度？"这3个指标参考专

---

[1] 张乐、童星：《重大"邻避"设施决策社会稳定风险评估的现实困境与政策建议——来自S省的调研与分析》，《四川大学学报》（哲学社会科学版）2016年第3期。

家意见将其合并为一个指标。"10. 如果没有任何补偿的情况下，你是否考虑搬离？"，"14. 如果您居住的地区周围要建设核电项目了，您是否会选择搬迁以远离核电项目？"和"15. 如果您的家人居住的地区周围要建设核电项目了，您是否会劝他搬迁以远离核电项目？"这3个指标参考专家意见将其合并为一个指标。在与专家反复确认后，最终确立了包括3个一级指标和11个二级指标的调查指标体系，指标体系筛选的结果科学合理、有所侧重，满足合理性和可行性架构。

3. 风险因素识别调查

本案例以评估框架为基础，从三个维度共计十个方面展开公众对核电项目风险认知的调查，十个变量的问卷调查结果见表5—5。

表5—5　　　　　　　　被访者风险认知调查（$n=571$）

变量	分类	人数	百分比（%）
1. 规划核电项目的位置	1 = 修建在本社区附近	5	0.9
	2 = 修建在本县市	13	2.3
	3 = 修建在本省外县市	115	20.1
	4 = 修建在外省市	438	76.7
2. 对待核电项目的接受程度	1 = 完全不接受	400	70.1
	2 = 需要进行了解再决定	167	29.2
	3 = 完全接受	4	0.7
3. 核电项目的潜在风险	1 = 一无所知	54	9.5
	2 = 听说过，但不完全了解	369	64.6
	3 = 完全知晓	148	25.9
4. 核电项目对健康的影响	1 = 危害很大	357	62.5
	2 = 有一定危害	195	34.2
	3 = 没有危害	19	3.3
5. 核电项目对后代的影响	1 = 危害很大	376	65.8
	2 = 有一定危害	181	31.7
	3 = 没有危害	14	2.5

续表

变量	分类	人数	百分比（%）
6. 核电项目的致命性	1 = 致命	118	20.7
	2 = 可能会致命	201	35.2
	3 = 不致命	252	44.1
7. 是否愿意接受补偿	1 = 不愿意	66	11.5
	2 = 需要考虑决定	275	48.2
	3 = 愿意	230	40.3
8. 核电项目的影响范围	1 = 全球性的	105	18.4
	2 = 全国性的	119	20.8
	3 = 省市范围	137	24.0
	4 = 县区范围	124	21.7
	5 = 乡镇范围	86	15.1
9. 核电项目的优缺点	1 = 没有优点	134	23.5
	2 = 缺点多于优点	218	38.2
	3 = 优点多于缺点	127	22.2
	4 = 优点很多	92	16.1
10. 搬迁意愿	1 = 搬迁	113	19.8
	2 = 需要考虑决定	179	31.3
	3 = 不搬迁	279	48.9

数据来源：根据河南省核电项目引发邻避型群体性事件的预防治理机制研究报告整理绘制。

对被访者的人口学因素进行分析发现，性别对个体的核电邻避情结影响不显著。年龄是影响搬迁意愿的重要变量，年龄越大搬迁意愿越低，30 岁以下的被访者选择搬迁的比例远远高于其他年龄段的人，60 岁以上的中老年人很少选择搬迁远离核电项目。由此可见，政府和责任企业在政策宣传和动员时应对不同年龄段的人群采取不同的方式，同样是反对核电项目建设，年轻人可能很快就妥协了，他们会存有"实在不行就搬离"的心理，而中老年人会因为没有搬迁的可能性选择坚决而持久的抗议。

文化程度是影响民众对核电项目接受程度的重要变量。调研之前的假设是本科和研究生以上学历的高知阶层的理性思维和对科学的信任远高于其他群体，因此他们应该是核电建设的支持者和拥护政府决策的中坚力量。但问卷调查的结果却显示出相反的结果，结合结构化访谈发现，高知阶层之所以反对修建核电项目，是政府针对普通民众的核电安全宣传与他们掌握的知识不对等，他们认为政府的宣传过于片面，夸大了核电的优势，回避了实质的潜在风险。他们对核电建设的反对并非由于核电的安全性、致命性和经济补偿不到位，而是在科学体系内对风险的解释权和话语权的争夺，更多的是一种情绪性表达。[①]

居住地与核电项目的距离也是影响民众对核电项目接受程度的重要变量。在四个核电项目选址城市，居住地距离核电项目越远的民众，他们"疑核、恐核、反核"情绪越强烈，验证了风险认知的心理台风眼效应。这是因为远离核电项目的居民关于核电的风险与危害的信息都来自间接经验，由于缺乏直接体验，他们的判断是基于想象的风险，会把核电项目的风险和危害无意识地放大，产生很多假想式的误解。并且距离核电项目越远，得到的经济补偿越少，甚至没有，由此产生认知失调会加大邻避情结的影响。但是在核电项目规划之外的城市和省份，就不存在风险认知的心理台风眼效应。

（二）风险估测

1. 风险回避估测

根据表5—5的问卷调查结果，结合结构化访谈的内容可以发现以下情况。

在风险回避方面，当被访者被问及"你能接受核电项目修建在哪里？"，大多数被访者（无论是在四个核电项目选址城市还是省内或省外的非选址城市）都毫不犹豫地认为应在外省市，其比例为76.7%，少数

[①] 张乐、童星：《公众的"核邻避情结"及其影响因素分析》，《社会科学研究》2014年第1期。

第五章　以第三方介入重大决策社会稳定风险评估防范和化解社会风险的案例分析

认为可以在本省外县市修建（比例约为20.1%），更少数接受在本县市修建（比例约为2.3%），只有极个别被访者考虑接受核电项目修建在本社区周边（比例约为0.9%）。由此看出民众对于核电项目的"邻避情结"是比较严重的，绝大多数的被访者认为核电项目建设离自己的居住地越远越好，且距离是以省界范围为参考系。风险回避维度的第二个问题是："根据国家的能源需求与规划，如果必须将核电项目修建在你居住的社区附近，您是否能够接受？"问卷调查数据显示，高达70.1%被访者表示完全不接受，坚决反对在自己家附近修核电项目，不到29.2%的被访者选择"需要进行了解再决定"，只有0.7%的人选择完全接受。当设置了为保障国家的能源需求这样的情景压力，虽然大多数被访者仍然坚决地不接受在居住地附近建设核电项目，但也有近三分之一的民众表示愿意进一步了解情况后再做决定。这说明政府不能强力推进既定的核电项目发展政策，在规划建设过程中应积极构建公众参与机制，努力争取社会最大公约数，让三分之一愿意考虑后再决定的民众成为政策坚实的拥护者，进而扩大项目支持者的范围。风险回避维度的第三个问题是："如果已经确定要在你居住的社区附近修建核电项目，你是否考虑搬离？"结果显示，只有19.8%的被访者坚决搬迁以远离核电项目，31.3%的被访者需要考虑一下才能决定，48.9%的被访者表示不会搬家。说明虽然民众对在自己的居住地附近建设核电站，于情感上感到本能的恐惧和抗议，但是基于对家乡的留恋以及搬迁的巨额成本的考虑，还是会回归理性思维来权衡利弊。

2. 风险感知估测

在风险感知方面，被访者对问卷中"你对核电项目的潜在风险了解有多少？"这一问题的回答，一半以上的被访者选择"听说过，但不完全了解"（比例约为64.6%），而选择"一无所知"和"完全知晓"的分别为9.5%和25.9%，这表明我国近年来对核电的科普宣传起到了一定作用，有90%左右人群已经了解或部分了解核电项目的潜在风险。在核电项目对健康和后代产生影响及其优缺点方面，大多数民众过高地估计了核电项目的危害（选择"对健康危害很大"、"对后代危害很大"及"没有优点和缺点多于优点"的比例分别是62.5%、65.8%和61.7%），这说明从个体角度来看核电项目对健康和后代产生长期性危害是引发邻避型群体性事件的主要因素。但是在核电项目的影响范围和致命性方面，每一个选项所占比例差异并不明显，可能是中国民众并没有直接经历重大的核电事故，对其影响范围和致命性的认知比较正面。日本福岛核事故之后，国内媒体的新闻报道在短时间内放大了核电项目的风险性，但是政府采取了有效的防控措施和及时正确的科普宣传与谣言澄清，加强了公众对国内核电建设的信心，从长远来看增强了公众的安全感和信任感。

3. 风险补偿估测

在风险补偿方面，问卷中的问题是："基于国家能源战略的需要，如果确定在你居住的社区附近建设核电项目，你是否接受补偿？"问卷调查结果显示，仅有11.5%的民众明确表示不愿意接受补偿，48.2%的民众需要考虑一下才能决定，40.3%的民众愿意接受补偿。这说明当民众明确了解国家将继续稳定推进核能发展的战略方向不动摇后，在国家能源政策不会发生改变的情况下，那么在未来的不确定的风险损失和当下现实经济利益平衡之间进行理性的选择就尤为重要了。对此，政府和相关责任单位要清楚地认识到，与公众的风险沟通工作必须要做实做细，约90%的民众都有可能在损失和补偿之间做出适当的让步和妥协，这是核电规划顺利实施和推进的切入点和现实抓手。

因此，政府和责任企业在核电项目规划开发时必须把直接和非直接利益相关群体的诉求均纳入项目决策中，让公众拥有更充分的话语权、知情权和参与权，对各个阶层采取不同的宣传科普方式，避免单纯的说教式解释。责任企业应设立开放日活动，让更大范围的公众直接体验核电设施运转的安全性，从而减少邻避情结的消极影响。

（三）风险评价

1. 风险因素评价

第三方机构根据初步识别的风险因素进行成因、影响表现、风险分布、影响程度、发生可能性等分类梳理与归纳。确定本核电项目引发社会稳定风险影响主要因素有下述2类9项。详见表5—6。

表 5—6　　　　　　　核电项目引发主要社会风险因素

序号	风险类别	发生阶段	风险因素
1	征地拆迁	准备、实施	土地征收征用补偿标准
2	征地拆迁	准备、实施	土地征收补偿程序和方案
3	征地拆迁	准备、实施	土地复垦问题
4	征地拆迁	准备、实施	对当地的其他补偿
5	生态环境影响	实施	大气污染物排放
6	生态环境影响	实施	水体污染物排放
7	生态环境影响	实施	噪声和振动影响
8	生态环境影响	实施	固体废弃物及其二次污染
9	生态环境影响	实施	重大生产安全事故

资料来源：社会稳定风险评估报告。

2. 风险等级评价

第三方机构根据筛选和归纳出的主要风险，结合项目区内同类工程的实施情况，在综合分析和研究的基础上，得出初始风险评估成果。

风险评价采用定性分析与定量分析相结合的方法，逐一对风险因素进行多维度分析，估计其发生的概率和影响程度。单因素风险估计按照风险因素发生的可能性，将风险发生概率分为五档。按照风险发生后对项目的影响大小，将影响程度也分为五档。根据风险发生概率和风险发生后对项目的影响程度计算风险等级，风险等级同样划分为五个等级。对于风险概率、影响程度和风险等级采用风险概率—影响矩阵（也称风险评价矩阵）进行定量的分析评判。

风险概率（P）按照风险因素发生的可能性，划分为很高（81%—100%）、较高（61%—80%）、中等（41%—60%）、较低（21%—40%）、很低（0—20%）五档。

影响程度（Q）风险发生后对项目的影响大小，划分为严重（81%—100%）、较大（61%—80%）、中等（41%—60%）、较小（21%—40%）、可忽略（0—20%）五档。

风险等级（R）可由 $R = P \times Q$ 得出结果，具体可分为重大（0.65—1）、较大（0.37—0.64）、一般（0.17—0.36）、较小（0.05—0.16）和

微小（0—0.04）五个等级。详见表5—7。

表5—7　　　　　　　　主要风险因素风险等级表

序号	风险因素	风险概率（P）等级	风险概率（P）分值	影响程度（Q）等级	影响程度（Q）分值	风险等级 等级	风险等级 分值
1	土地征收征用补偿标准	较低	0.40	中等	0.60	一般	0.24
2	土地征收补偿程序和方案	中等	0.60	中等	0.60	一般	0.36
3	土地复垦问题	较低	0.40	较小	0.40	较小	0.16
4	对当地的其他补偿	较低	0.40	较小	0.40	较小	0.16
5	大气污染物排放	中等	0.60	中等	0.60	一般	0.36
6	水体污染物排放	很低	0.20	较小	0.40	较小	0.08
7	噪声和振动影响	中等	0.60	中等	0.60	一般	0.36
8	固体废弃物及其二次污染	较低	0.30	中等	0.60	一般	0.18
9	重大生产安全事故	较低	0.30	中等	0.70	一般	0.21

数据来源：根据河南省核电项目引发邻避型群体性事件的预防治理机制研究报告整理绘制。

在风险概率评判方面，由于本核电项目需要严格按照相关法律、法规制定征地补偿、房屋拆迁、移民安置方案及标准，作为征地补偿和安置工作的实施方和责任方的各地方政府和部门亦会进行政策宣传。因此，第三方机构把"土地房屋征收补偿标准"、"重大生产安全事故"和噪声与大气污染问题之外的环境因素出现概率定为"较低"。根据其他核电项目的经验，且施工过程中出现的生态环境影响及对群众正常生产生活的影响时有发生，第三方机构将相关的"土地征收补偿程序和方案"和噪声与大气污染问题风险因素概率判断为"中等"。

在风险影响程度方面，根据其他地方和核电项目的经验，凡涉及被征地民众利益受损的事件的影响面都是比较广的，所以第三方机构把"土地房屋征收补偿标准"，"土地房屋征收范围"，"对周边土地、房屋规划利用的影响"等的影响程度定为"中等"。除此之外的其他3个风险因素的影响程度为"较小"。

根据前述风险等级评判体系，第三方机构计算出各主要风险因素的风险等级,各主要风险因素的风险等级均为"一般"及"较小"。

3. 风险指数评价

第三方机构采取定量方法确定各单因素风险在拟建项目整体风险中的权重,采用综合分析指数法、层次分析法等风险分析方法,计算项目的整体风险指数,详见表5—8。

表5—8　　　　　　　　项目综合风险指数评价

风险类别	风险因素(W)	风险权重(I)	风险概率(R) 微小	较小	一般	较大	重大	T=I*R
征地拆迁及补偿	土地征收征用补偿标准	0.15			0.36			0.0540
	土地征收补偿程序和方案	0.15			0.36			0.0540
	土地复垦问题	0.15		0.16				0.0240
	对当地的其他补偿	0.12		0.16				0.0192
生态环境影响	大气污染物排放	0.09			0.18			0.0162
	水体污染物排放	0.08	0.08					0.0064
	噪声和振动影响	0.09			0.18			0.0162
	固体废弃物及其二次污染	0.08			0.18			0.0144
	重大生产安全事故	0.09			0.21			0.0189
综合风险								0.2233

数据来源:根据河南省核电项目引发邻避型群体性事件的预防治理机制研究报告整理绘制。

根据综合风险指数判断,从项目总体风险等级来看,所有主要风险因素的风险等级个别为"中等",大多数为"小"和"较小"。

4. 风险等级判断

对于项目初始风险等级的判断,第三方机构按照《国家发展改革委重大固定资产投资项目社会稳定风险评估暂行办法》的要求,对项目可能引发的风险事件及可能参与的人数、单因素风险程度和综合风险指数等方面进行综合评判,判断项目的初始风险等级。项目社会稳定风险等级参照表5—9进行评判。

表 5—9　　　　　　　拟建项目风险等级评判参考标准（参考）

风险等级	A（高） （重大负面影响）	B（中） （较大负面影响）	C（低） （一般负面影响）
总体评判标准	大部分群众对项目建设实施有意见、反应特别强烈，可能引发大规模群众性事件	部分群众对项目建设有意见、反应强烈，可能引发矛盾冲突	多数群众理解、支持，但少数部分群众对项目建设实施有意见
可能引发风险事件评判标准	冲击、围攻党政机关、要害部门，重点地区、部位、场所，发生打、砸、抢、烧等集体械斗、群众冒失、人员伤亡事件，集会、示威、游行、罢工、罢市、罢课等	如集体上访、请愿，发生极端个人事件，围堵施工现场，堵塞、阻断交通，媒体（网络）出现负面舆情等	如个人非正常上访，静坐、拉横幅、喊口号、散发宣传品，散布有害信息等
风险事件参与人数评判标准	200 人以上	10—200 人	10 人以下
单因素风险程度评判标准	2 个及以上重大或 5 个及以上较大单因素风险	1 个重大或 2 到 4 个较大单因素风险	1 个较大或 1 到 4 个一般单因素风险
综合风险指数评判标准	>0.64	0.36—0.64	<0.36

资料来源：社会稳定风险评估报告。

　　第三方机构根据总体评判标准、预测可能引发的风险事件及可能参与的人数、单因素风险程度和综合风险指数等方面综合评判项目的初始风险等级。项目整体的风险等级依据"就高不就低"和"叠加累积"的原则进行判断。因此，从收集的问卷调查表以及现场走访的访谈结果中，分析出本项目的社会稳定风险等级为"低"，本核电项目在未采取防范和化解措施的情况下属于低风险项目。

　　第三方机构通过多种调查方式、方法和手段，收集了与本项目相关的前置性审批文件、各利益相关者的意见和建议、统计资料及相关设计文件，并以此为基础对本项目开展风险识别及分析，分析风险发生的可能性及影响程度，提出防范和化解风险的方案措施，提出采取相关措施后的社会稳定风险等级建议。

第三方机构认为本核电项目涉及的主要社会稳定风险因素包括被政策规划和审批核准程序（规划选址、立项过程中公众参与）、征地民众安置（土地房屋征收补偿标准、土地房屋征收范围）、项目管理（施工方案）、生态环境影响（噪声和振动影响、对地下水的影响、大气污染物排放）、经济社会影响（对当地群众正常生产生活的影响，对周边土地、房屋规划利用的影响，流动人口管理）、安全生产（施工与运行期间安全卫生与职业健康、重大生产安全事故、地质灾害）2大类9项内容。

为了防范和化解上述潜在的风险，第三方机构结合现场调查及收集的意见，拟定相关的措施。对于会造成持久性影响的被征地民众安置的风险，主要采取依法依据落实移民安置政策、政府扶持、社会保障的措施进行预防；对于主要出现在核电项目实施核电项目中的生态环境和安全生产风险，采用核电项目措施和预防、监测相结合的方式消弭其负面影响；对于因核电项目建设和运行引发的经济社会影响，采取提前规划、加强宣传和沟通的方式进行协调。

第三方机构认为本核电项目存在的2大类9项主要社会稳定风险因素贯穿核电项目的准备期、施工期及运行期，部分因素的影响持续时间较长、影响面较广。经过社会稳定分析小组运用相应的工具进行统计和分析，在落实一系列防范和化解措施后，这些因素是可控的，其发生概率和影响程度都会得到降低，本核电项目的风险等级为"低"。

在合法性方面，本核电项目也已列入经济社会发展规划和核电项目规划，符合立项审批程序、产业政策和发展规划，规划选址基本符合地方各类规划，征地移民安置规划、环境影响评价等专项设计依规有序开展，核电主体项目设计参数合理，立项过程中的公众参与充分。

在合理性方面，项目的实施与运行基本不对周边居民的文化生活习惯、宗教习俗、就业、收入、公共配套设施、商业经营、流动人口管理、生活成本、历史遗留问题等方面带来不良影响。征地补偿和移民安置方案根据国家和地方相关法律、法规制定，尽最大可能维护群众的合法权益。尽管核电项目施工期间不可避免地会对周边交通造成一定的压力，但通过合理的管制和疏导方案是可以减缓对群众出行的影响的。

在可行性方面，本项目按照法律、法规制定的征地补偿和移民安置方案基本获得群众的理解和支持。

在可控性方面，在地方政府、业主单位及各专业政府部门的协调和配合下，核电项目各阶段可能引发的风险可以通过拟定的各种防范和化解措施减缓或消弭。

综合分析，虽本核电项目社会稳定风险程度低，但仍有发生个体矛盾冲突的可能。因此，本报告建议政府成立或指定专门的部门全程负责本核电项目的维稳工作，建立和完善业主单位和地方政府的联席会议制度，相关部门制定和落实涉及群众利益的政策，降低潜在社会稳定风险发生的概率和影响程度，为本核电项目的建设和运行提供有效保障。建议在下一阶段做好与各级地方人民政府的衔接工作，对各类风险情况设立相关处理机构，编制相关应急预案，开展社会稳定风险评估工作。

（四）风险控制

面对发展中国家的现实国情和社会经济转型期，我国难以在短期内完全放弃粗放型的增长方式，也很难完全做到零污染。邻避型群体性事件作为区域性的维权运动，其发展过程一般遵循这样的模式：政府在某地规划有重大风险的项目—民众集体抗议—通过互联网发酵—扩大舆论声势—政府迫于舆论和群体压力暂停该项目。环境保护的现实水平与公众对环境风险的重视之间存在断崖式落差，如果核电项目在选址、规划、建设中不能保证足够的信息透明，政府将公众意见排除在决策之外，就容易引发公众的污染猜想和环境恐慌。因此，在风险评估这一环节引入第三方机构是有效化解社会冲突，防范群体性事件发生，促进社会主义和谐社会建设的有效路径。

1. 化解公众参与诉求强烈与参与机制不健全之间的矛盾

公众对于自身生存环境的捍卫与保护是核电发展面临接受公众考验的"新常态"。但是在核电项目的建设过程中，地方政府容易陷入专业技术主义误区，往往重视选址的科学性、技术性等"硬条件"，而忽略周边区域社情民意和相邻行政区域的公众诉求等"软条件"，而这些"软条件"恰恰是引发邻避风险的重要因素。当前国家越来越重视保障公众在重大项目中的知情权、参与权和监督权，甚至公众意见已成为核电项目能否顺利实施的关键性因素，但在公众参与机制的完善过程中仍存在以下问题。

有参与权的公众范围局限于直接利益群体。根据现行的政策法规，对核电项目决策拥有提出意见和建议权利的公众仅限于受到建设项目"直接影响"的利益相关者。但是由于核电项目会引发风险认知的心理台风眼效应,非直接利益群体更容易参与到邻避冲突中,并且核电项目的影响范围难以准确界定,因此"公众"范围不宜局限在核电项目所在地的居民。

公众全程动态参与模式尚未形成。当前公众参与主要集中在核电项目的环保评估材料报送审批之前和规划与建设初期阶段,并未形成全程动态参与模式。公众参与过程不完善导致环境信息获取量严重不足,而地方政府和责任企业在项目选址、开工建设等方面权重过大,不利于消除公众对核电的恐惧心理,也无助于保障公众的信息知情权与决策参与权。

公众参与时间滞后于核电发展。我国的核电建设已历时30年的安全运营,但真正意义上的公众参与还处于起步阶段。经过近几年的不断学习和探索,地方政府初步建立了公众参与平台,探索了适合现实国情的参与方式,取得了一些可供借鉴的经验。但社会公众参与力度与核电发展要求不匹配,表现在公众对于核安全的认识和了解滞后于核电技术更新,公众沟通工作滞后于核电建设规划。

2. 化解公众科学意识亟待提高与信息传播路径不完善之间的矛盾

即使中国核电有着几十年的安全发展经验,但公众对核电安全问题依然十分紧张和敏感,甚至存在很大程度的误解和质疑。传统的科普教育模式采用专业的学术词汇会引起民众本能的排斥,导致诸多民众对核电知之甚少,他们并不清楚核电项目的安全性及风险的可控性,往往对其未经了解就加以抵触。在日本福岛核安全事故发生之后,国家有关机构对民众的核电安全常识的普及情况展开了抽样调查,结果显示众多的民众都对核电发展持小心谨慎的态度,他们普遍过高地估计了核能的危险性。由此可见,目前核电项目与能源安全相关科普宣传工作还不完善,政府和责任企业应加大科普力度,提高公众的科学意识。

社会不同群体、不同领域间的信息交流和影响,随着以互联网为重要载体的信息时代的高速发展而大大加快。互联网本应作为重要的信息传播路径,成为开展核电知识科学普及的主要平台,但是负面的舆论和谣言在互联网上传播,反而加剧了公众的恐惧和不安,埋下了邻避冲突的隐患。对于政府和责任企业需要直面网络舆情的快速传播所带来的重大挑战。特别是核电项目建设的窗口期，各种宣称官方渠道但难辨真假的消息都在互联网上出现，在这种形势下，政府应切实提高应对网络舆情、引导网络舆论、化解网络集群危机的能力，构建完善的信息传播路径。

3. 化解公众风险认知偏差与政府公信力不足之间的矛盾

国家治理现代化是党领导人民进行的正义性事业，以促进社会公平正义为国家治理的出发点，因此政府的公信力必须契合经济社会的发展水平。邻避风险映射出人民群众对政府事关公众利益的重大决策有了新期待、新要求，从另一个方面说明我国国家治理现代化进入了更新阶段，公众对地方党委政府转变发展观念、创新治理理念已成倒逼之势。在现有的科学信息模糊不清的情况下，公众和专家对核电项目的风险认知是有差异的，当专家对核电风险的解读和分析与公众的经验相左时，都会引发公众恐惧不安的情绪，进而激化公众对核电项目的对抗心理和行为导致邻避风险。

政府的公信力是公众对核电项目接受度的风向标。当政府有较高的公信力时，公众很少会对核电政策和核电规划质疑，核电发展就能进入良性模式。但是当政府自身的公信力不足时，特别是重大核事故发生后，公众对核电的接受度会急剧下降，无论专家如何从科学的角度澄清事实，政府公信力都难以弥补风险认知偏差带来的负面影响。核电项目虽然存在安全风险和环境风险隐患，但是其风险在技术层面是可控的。而现实中如果政府的公信力不足，加上责任企业的风险评估、风险沟通、引导公众参与等工作不健全，导致政府、责任企业和公众三者之间出现信息不对称的情况，导致核电项目遭到公众的强烈反对。

（五）风险管理效果评价

风险管理决策是否科学，需要风险管理的实践效果来检验，实践是检验风险管理措施执行情况的试金石，风险管理措施执行中的任何偏差，都有可能导致风险管理的失败，因此第三方机构介入风险管理效果评价有助于提高风险管理的科学性。因为风险具有相对滞后性，重大决策涉及的利益相关方其风险管理工作需要持续相当长的一段时间，矛盾凸显期过后，政府部门不但不应停止化解社会风险的各项措施，反而应该对先前的风险管理决策进行评估。否则本来已经得到有效管理的社会风险会以变形的形式再次爆发，且涉及面会更广，参与的公众人数更多，产生的负效应也会更强。由于信息传播会将负面影响进一步放大，导致群体性事件的后继影响扩大到更大的范围。但是，因为后继影响发挥作用的时间相对较长、速度相对较慢，对其可以采取有效的预防、控制、干预措施。

1. 落实风险防范和化解措施后的风险概率

（1）单位的风险概率变化趋势

本项目落实风险防范和化解措施后的风险概率，采用与初始风险概率相同的评判体系和方法进行分析。落实风险防范和化解措施前后单位评估的风险概率变化情况详见表5—10。

表5—10　落实风险防范和化解措施前后的风险概率变化情况表（单位）

序号	风险因素		风险概率（P）				风险等级变化
			初始等级	分值	落实措施后的等级	分值	
1	政策规划和审批程序	规划选址（选线）	中等	0.4	较低	0.3	等级降低
		立项过程中公众参与	较低	0.2	较低	0.2	无变化
2	征地拆迁及补偿	土地房屋征收补偿标准	较低	0.2	较低	0.2	无变化
3	生态环境影响	大气污染物排放	中等	0.6	较低	0.2	等级降低
		噪声和振动影响	中等	0.6	较低	0.2	等级降低
4	项目管理	施工方案	中等	0.6	较低	0.2	等级降低
5	经济社会影响	对周边土地、房屋规划利用的影响	中等	0.4	较低	0.3	等级降低
		对当地群众正常生产生活的影响	中等	0.6	较低	0.2	等级降低
6	安全生产	施工与运行期间安全、卫生与职业健康	较低	0.2	较低	0.2	无变化
		地质灾害	较低	0.2	较低	0.2	无变化

数据来源：根据河南省核电项目引发邻避型群体性事件的预防治理机制研究报告整理绘制。

在落实风险防范和化解措施后，相应风险事件的发生概率得到有效控制，大多数风险因素的风险概率得到不同程度的降低，个别初始风险概率就较低的风险因素没有变化，风险概率的等级均为较低。

（2）公众的风险概率变化趋势

本项目落实风险防范和化解措施后的风险概率，采用与初始风险概率相同的评判体系和方法进行分析。落实风险防范和化解措施前后公众评估的风险概率变化情况详见表5—11。

表5—11 落实风险防范和化解措施前后的风险概率变化情况表（公众）

序号	风险因素		初始等级	分值	落实措施后的等级	分值	风险等级变化
1	被征地民众安置	土地房屋征收补偿标准	较低	0.3	较低	0.2	分值降低
		土地房屋征收范围	较低	0.3	较低	0.2	分值降低
2	生态环境影响	噪声和振动影响	中等	0.5	较低	0.2	等级降低
		对地下水的影响	较低	0.2	较低	0.2	无变化
3	经济社会影响	对周边土地、房屋规划利用的影响	较低	0.4	较低	0.3	分值降低
		对当地群众正常生产生活的影响	中等	0.6	较低	0.3	等级降低
		流动人口管理	中等	0.6	较低	0.2	等级降低
4	安全卫生	重大生产安全事故	较低	0.2	较低	0.2	无变化

数据来源：根据河南省核电项目引发邻避型群体性事件的预防治理机制研究报告整理绘制。

在落实风险防范和化解措施后，相应风险事件的发生概率得到有效控制，多数风险因素的风险概率得到不同程度的降低，个别初始风险概率就较低的风险因素没有变化，风险概率的等级均为较低。

2. 落实风险防范和化解措施后的影响程度

（1）单位的风险影响程度变化趋势

本项目落实风险防范和化解措施后的影响程度，采用与初始影响程度相同的评判体系和方法进行分析。落实风险防范和化解措施前后单位评估的影响程度变化情况详见表5—12。

表5—12 落实风险防范和化解措施前后的影响程度变化情况表（单位）

序号	风险因素		影响程度（Q）				风险等级变化
			初始等级	分值	落实措施后的等级	分值	
1	政策规划和审批程序	规划选址（选线）	中等	0.6	较小	0.4	等级降低
		立项过程中公众参与	中等	0.5	较小	0.4	等级降低
2	征地拆迁及补偿	土地房屋征收补偿标准	中等	0.6	较小	0.4	等级降低
3	生态环境影响	大气污染物排放	较小	0.4	忽略	0.2	等级降低
		噪声和振动影响	较小	0.4	忽略	0.2	等级降低
4	项目管理	施工方案	较小	0.4	忽略	0.2	等级降低
5	经济社会影响	对周边土地、房屋规划利用的影响	中等	0.6	较小	0.4	等级降低
		对当地群众正常生产生活的影响	较小	0.4	较小	0.3	分值降低
6	安全生产	施工与运行期间安全、卫生与职业健康	中等	0.6	较小	0.4	分值降低
		地质灾害	中等	0.6	较小	0.2	等级降低

数据来源：根据河南省核电项目引发邻避型群体性事件的预防治理机制研究报告整理绘制。

在落实风险防范和化解措施后，相应风险事件的影响程度得到有效控制，各主要风险因素的影响程度得到不同程度的降低，影响程度为较小和可忽略。

（2）公众的风险影响程度变化趋势

本项目落实风险防范和化解措施后的影响程度，采用与初始影响程度相同的评判体系和方法进行分析。落实风险防范和化解措施前后公众评估的影响程度变化情况详见表5—13。

表5—13 落实风险防范和化解措施前后的影响程度变化情况表（公众）

序号	风险因素		影响程度（Q）				风险等级变化
			初始等级	分值	落实措施后的等级	分值	
1	被征地民众安置	土地房屋征收补偿标准	中等	0.6	较小	0.4	等级降低
		土地房屋征收范围	中等	0.6	较小	0.3	等级降低
2	生态环境影响	噪声和振动影响	较小	0.3	忽略	0.2	等级降低
		对地下水的影响	较小	0.3	忽略	0.2	等级降低
3	经济社会影响	对周边土地、房屋规划利用的影响	中等	0.6	较小	0.4	等级降低
		对当地群众正常生产生活的影响	较小	0.4	较小	0.3	分值降低
		流动人口管理	较小	0.4	忽略	0.2	等级降低
4	安全卫生	重大生产安全事故	中等	0.6	较小	0.3	等级降低

数据来源：根据河南省核电项目引发邻避型群体性事件的预防治理机制研究报告整理绘制。

在落实风险防范和化解措施后，相应风险事件的影响程度得到有效控制，各主要风险因素的影响程度得到不同程度的降低，影响程度为较小和可忽略。

3. 落实风险防范和化解措施后的风险等级

（1）单位的风险等级变化趋势

本项目落实风险防范和化解措施后的风险等级，采用与初始风险等级相同的评判体系和方法进行分析。落实风险防范和化解措施前后单位评估的风险等级变化情况详见表5—14。

表5—14 落实风险防范和化解措施前后的风险等级变化情况表（单位）

序号	风险因素		风险等级（R）				风险等级变化
			初始等级	分值	落实措施后的等级	分值	
1	政策规划和审批程序	规划选址（选线）	小	0.24	较小	0.12	等级降低
		立项过程中公众参与	较小	0.10	较小	0.08	分值降低

续表

序号	风险因素	风险等级（R）				风险等级变化
		初始等级	分值	落实措施后的等级	分值	
2	征地拆迁及补偿	土地房屋征收补偿标准	较小	0.12	较小	0.08	分值降低
3	生态环境影响	大气污染物排放	小	0.24	微小	0.04	等级降低
		噪声和振动影响	小	0.24	微小	0.04	等级降低
4	项目管理	施工方案	小	0.24	微小	0.04	等级降低
5	经济社会影响	对周边土地、房屋规划利用的影响	小	0.24	较小	0.12	等级降低
		对当地群众正常生产生活的影响	小	024	微小	0.06	等级降低
6	安全生产	施工与运行期间安全、卫生与职业健康	较小	0.12	较小	0.08	分值降低
		地质灾害	较小	0.12	微小	0.04	等级降低

数据来源：根据河南省核电项目引发邻避型群体性事件的预防治理机制研究报告整理绘制。

在落实风险防范和化解措施后，10个主要风险因素中的风险等级或风险等级的分值都降低了。从项目总体风险等级来看，所有主要风险因素的风险程度均为"小""较小"和"微小"。因此，从收集的沿线各单位的调查表以及召开座谈会的情况，分析出的社会稳定风险等级为"低"。

（2）公众的风险等级变化趋势

本项目落实风险防范和化解措施后的风险等级，采用与初始风险等级相同的评判体系和方法进行分析。落实风险防范和化解措施前后公众评估的风险等级变化情况详见表5—15。

表5—15 落实风险防范和化解措施前后的风险等级变化情况表（公众）

序号	风险因素	风险等级（R）				风险等级变化
		初始等级	分值	落实措施后的等级	分值	
1	被征地民众安置	土地房屋征收补偿标准	小	0.18	较小	0.08	等级降低
		土地房屋征收范围	较小	0.18	微小	0.06	等级降低

续表

序号	风险因素		风险等级（R）				风险等级变化
			初始等级	分值	落实措施后的等级	分值	
2	生态环境影响	噪声和振动影响	较小	0.15	微小	0.04	等级降低
		对地下水的影响	较小	0.06	微小	0.04	等级降低
3	经济社会影响	对周边土地、房屋规划利用的影响	小	0.24	较小	0.12	等级降低
		对当地群众正常生产生活的影响	小	0.24	较小	0.09	等级降低
		流动人口管理	小	0.24	微小	0.04	等级降低
4	安全卫生	重大生产安全事故	较小	0.12	微小	0.06	等级降低

数据来源：根据河南省核电项目引发邻避型群体性事件的预防治理机制研究报告整理绘制。

在落实风险防范和化解措施后，8个主要风险因素中的风险等级或风险等级的分值都降低了。从项目总体风险等级来看，所有主要风险因素的风险程度均为"小"、"较小"和"微小"。因此，从收集的村民的公众调查表以及现场走访各村小组的情况，分析出的社会稳定风险等级为"低"。

结合公众调查与单位调查后分析出的风险因素，本核电项目涉及的主要社会稳定风险因素包括政策规划和审批核准程序（规划选址、立项过程中公众参与）、征地拆迁及补偿（土地房屋征收补偿标准、土地房屋征收范围）、项目管理（施工方案）、生态环境影响（噪声和振动影响、对地下水的影响、大气污染物排放）、经济社会影响（对当地群众正常生产生活的影响，对周边土地、房屋规划利用的影响，流动人口管理）、安全生产（施工与运行期间安全、卫生与职业健康、重大生产安全事故、地质灾害）6大类14项。详见表主要风险因素排序表5—16。

表5—16　　　　　　　　主要风险因素排序表

序号	类型	主要风险因素名称	风险等级
1	政策规划和审批程序	规划选址（选线）	小
2		立项过程中公众参与	较小

续表

序号	类型	主要风险因素名称	风险等级
3	征地拆迁及补偿	土地房屋征收补偿标准	较小
4	征地拆迁及补偿	土地房屋征收范围	较小
5	生态环境影响	噪声和振动影响	微小
6	生态环境影响	对地下水的影响	微小
7	生态环境影响	大气污染物排放	微小
8	项目管理	施工方案	微小
9	经济社会影响	对周边土地、房屋价值的影响	小
10	经济社会影响	对当地群众正常生产生活的影响	较小
11	经济社会影响	流动人口管理	微小
12	安全生产	重大生产安全事故	较小
13	安全生产	施工与运行期间安全、卫生与职业健康	较小
14	安全生产	地质灾害	微小

数据来源：根据河南省核电项目引发邻避型群体性事件的预防治理机制研究报告整理绘制。

综合上述分析，针对从单位与公众不同的角度分析得出的风险点进行剖析，两方面的社会稳定风险等级均为"低"。因此，本项目的社会稳定风险等级均为"低"。

综上所述，邻避风险的出现多为公众对于选址的科学性与合理性，安全评估和环保评估等各类行政审批程序的合法性，公众参与的真实有效性，污染物排放是否达标和可接受，项目建设相关信息是否公开透明等持有疑虑，其根源是公众对参与社会公共事务管理的意识逐渐增强。因此，在没有形成充分的社会共识前，核电项目选址、开工和建设信息释放的主体和时机不恰当，没有严格地按法规程序进行信息公示，都极易引发邻避风险。因此，将第三方机构引入风险评估，在宏观层面，有助于推进我国经济社会快速发展、转型发展和高质量发展；在中观层面，有助于满足人民群众维护权利意识不断增强的需求，维护民众的知情权和参与权；在微观层面，有助于促进政府现代公共治理决策机制和社会风险防范化解机制不断完善。

三　第三方介入重大决策社会稳定风险评估的结论

重大决策社会稳定风险评估的第三方介入机制需要充分发挥第三方机构在"稳评"中的主体作用，同时坚定地方政府在社会治理中的主导地位，维护利益相关群众的参与权和知情权，使地方政府与第三方机构及社会成员之间达成更多共识，从更深层的结构和体制上降低社会风险发生的概率。最终拓宽地方政府化解社会风险的视野，增强政府防范和化解社会风险的能力，缓解我国的社会结构性断裂，促进三方协调发展和社会整合，实现社会稳定。本研究主要有以下结论。

（一）第三方介入机制包含五个要素和完整的运行框架

机制是各要素之间的结构关系和运行框架，重大决策社会稳定风险评估中第三方介入机制包含风险识别与风险链、风险估测与预警、风险评价与分析、风险控制与管理、风险管理效果评价与治理五个要素，这五个要素通过第三方介入的方式、介入的内容、介入的程序和介入的原则统合形成了重大决策社会稳定风险评估中第三方介入机制的运行框架。在风险识别与风险链方面，风险因素、风险环境和风险主体构成了完整的结构化风险识别的风险链。风险因素识别是风险识别的主要内容，风险环境识别是风险识别的关键，风险主体识别是风险识别的重点。在风险估测与预警方面，将风险估测这个相对独立的过程置入风险预警框架中展开新的探索，可以多层次、多角度地研究社会风险的发生发展规律，为可能发生的风险做好应对准备，以更准确地预测、预警和处置社会风险。在风险评价与分析方面，从微观视角量化分析社会各个领域中的不确定性因素对社会整体良性运行和协调发展造成的负面影响，这是一种为了预防风险造成的损失和破坏，进行风险预防和风险规避机制。在风险控制与管理方面，在重大决策社会稳定风险控制中引入第三方机构与应急管理相契合，风险控制是新时期风险控制的研究热点，是提高我国社会治理专业化水平的重要举措；应急管理是推进国家治理体系和治理能力现代化的重要环节，第三方机构正是提高社会治理专业化和现代化水平的重要抓手，有助于社会矛盾的排查、化解、控制和管理。在风险管理效果评价与治理方面，风险管理效果评价处于风险管理决策的执行阶段，是针对风险管理措施的评价，第三方介入风险管理效果评价属于政府绩效管理的重要内容,提高了社会治理精细化水平,体现了社会治理创新。同时,机制的有效实施离不开运行框架。第三方介入的介入方式包括定向委托和公开招标;介入的体系架构包括合法性架构、合理性架构、可行性架构和可控性架构四个方面;介入的程序包括制订评估计划、实施评估计划和完成评估成果三个步骤;介入的原则包括全面性与重要性的相结合、结构稳定性与内容动态性相结合、定性与定量指标相结合和评估体系的可操作性这四个原则,上述内容共同组成了第三方介入机制的运行框架。

(二)第三方介入机制应保证社会稳定风险评估的全程性和动态性相结合

本研究在对第三方介入重大决策社会稳定风险评估机制进行研究过程中,基于风险管理视角采取了全程性和动态性相结合的研究范式。在风险识别阶段,第三方机构应对经济社会发展过程中出现的矛盾冲突足够敏感,及时发现并识别出影响重大决策科学性和协调性的风险因素。在风险估测阶段,第三方机构需要兼顾多元利益群体的诉求,改革的力度和发展的速度必须充分考虑社会的承受程度,使经济社会发展不超过社会承受力。在风险评价阶段,第三方机构在把握长远利益和现实利益的动态平衡的基础上,对社会风险进行准确的等级划分和严重性评价。在风险控制阶段,第三方机构通过社会治理和风险管理措施,妥善化解重大决策实施过程中的社会失稳问题,减少矛盾冲突,推进重大决策顺利执行。在风险管理效果评价阶段,第三方机构应客观分析风险控制措施的有效性,对风险管理效果做出如实评价。因此,在重大决策制定实施的各个阶段,都要做好社会稳定风险评估,在前期要防止重大决策空降落地,在中期要避免重大决策的实施与规划不一致,在后期要预防矛盾冲突激化与扩散,加大社会风险,尤其是第三方机构的全程介入,尽可能客观公正理性地评估社会风险,并最大限度地吸收民意,协调地方政府与群众之间的关系。总之,对重大决策社会稳定风险评估中的第三方介入机制进行研究,能够为党委和政府进行科学决策、民主决策和依法决策提供重要的理论依据和实践参照,能够有效预防和治理因决策失误而引发的矛盾冲突,通过将维稳关口前移进行源头治理以保障重大决策顺利实施和社会稳定。

（三）地方政府、第三方机构和利益相关群众应共同着力完善第三方介入机制

地方政府应着力规范第三方机构开展重大决策社会稳定风险评估的制度保障，包括对介入社会稳定风险评估的第三方机构的资质审核、工作绩效、评估结论考评等方面规范第三方机构行业监督与考评管理机制。第三方机构自身应完善介入机制的组织管理。在制度运行中，严格按照"查找运行风险→预设防范控制→运行控制监督→失范处置追究→规范修正制度→职责界限划分"的"六步骤一循环"闭环运行科学规范工作流程，分别对应"风险动态追踪机制→风险动态防控机制→后续风险监督管理机制→风险责任追究机制→'稳评'绩效考核机制→责任共担均衡机制"。同时还应完善利益相关群众参与重大决策社会稳定风险评估的途径。第三方机构可以通过搭建沟通诉求平台，扩大公众参与范围，扩展公众参与的覆盖面，推进多方沟通协调，同时，还应积极推进信息公开制度，充分尊重公众的知情权、参与权和监督权，以构建完善的公众参与机制。

（四）第三方组织应加强自身建设以完善重大决策社会稳定风险评估机制

在社会稳定风险评估过程中引入第三方介入机制能够实现重大决策和纷繁民意无缝对接，第三方组织自身也应具备合格的资质。首先，第三方进行有效管理应具备以下条件：一是必须具有体现合法性和权力的权威性；二是具有中立的、不偏不倚的公正性；三是具有当事方认可、尊重的可接受性；四是具备一定的沟通能力、技巧，以及化解风险的成功经历。[1] 其次，作为社会稳定风险评估的第三方应具备以下特征：一是具有决策自主、服务自主、人员自主和资金来源多样等非政府性特点；二是具有维护相应社会群体公共利益的公共性；三是具有提供公共缓冲平台的中介性。[2] 因此，第三方组织应该具备熟悉相关领域知识的专业性；拥有评估过程不受来自外界不当干扰的独立性；不为利益驱动的非

---

[1] 韦长伟：《冲突化解中的第三方干预研究综述》，《甘肃理论学刊》2011年第2期。
[2] 周锦章：《"第三方介入"：城市管理者破解拆迁难题的新思路》，《领导科学》2011年第2期。

营利性和为政府和民众都认同的良好公信力。[1]

总之,重大决策是涉及本行政区域发展全局、公益性强、成本巨大、难以逆转的行政决策事项。我国积极推进重大决策社会稳定风险评估现代化进程,将第三方介入机制引入社会稳定风险评估工作是提高社会治理体系系统化、科学化、智能化、社会化和法治化的重要着力点。通过规范评估流程和关键环节,培育专业的第三方评估机构,初步形成了有效的实践经验和标准规范。第三方介入机制有助于推动在重大决策社会稳定风险评估之中完善多元主体协调治理,可以反映利益相关者的不同利益诉求,听取来自社会民众的不同意见和声音,从而促使地方政府这一决策者做出容纳不同利益诉求和不同民众意见的重大决策。第三方介入机制可以促使地方政府的重大决策公开化和透明化,使公众与地方政府在重大决策事务中增强互动,减少地方政府与民众的隔阂,提升地方政府的公信力。

第五节 案例分析的贡献与展望

将第三方机构引入重大决策社会稳定风险评估,是加强和创新社会治理的重大举措,有助于正确处理改革、发展和稳定的关系,是党和政府维护群众权益的重要机制。第三方机构具有独立性、专业性、中立性和客观性,可以提高重大决策社会稳定风险评估的科学水平,为地方政府科学决策提供支撑。但是第三方机构在现实中却面临独立性不足、专业性不强的质疑,诸多此类的质疑削弱了第三方机构在"稳评"中的重要作用和存在意义,降低了地方政府在"稳评"中引入第三方的必要性,弱化了利益相关群众对第三方机构的信任与配合。因此,本研究认为在对重大决策社会稳定风险评估的第三方介入机制进行研究与探索的过程中,不能将批判作为学术研究的目的,在客观分析当前存在的问题的基础上,应该肯定第三方介入机制的进步意义和已有成效,以及其对重大

---

[1] 王春业、邓盈:《重要立法事项第三方评估机制研究》,《中南大学学报》(社会科学版)2017年第6期。

决策社会稳定风险评估做出的不可替代的重要作用。[①] 以此为基础，进一步积极探索完善优化第三方机构介入重大决策社会稳定风险评估的方法与路径，以提高防范和化解社会风险的水平。

一　案例分析的贡献

本研究积极探索并构建有效的第三方介入重大决策社会稳定风险评估机制和评估体系，对重大决策可能引发风险的概率、影响程度和风险等级进行研究，提出了第三方机构介入社会稳定风险评估的框架与方法，有助于从源头上预防和化解社会风险，将不稳定因素遏制在萌芽中，化解于始发，减少了社会矛盾冲突，促进了社会和谐平稳。本研究的主要创新性体现在以下三个方面。

第一，在研究范式方面，重新诠释和发展了经典模型。在当今社会风险治理的理论研究过程中，日益凸显治理与善治理论的核心地位。在对现有社会风险理论研究成果进行梳理的基础上，综合委托代理理论、风险管理理论、风险认知理论和公众参与理论，从社会治理的视域研究我国重大决策社会稳定风险评估机制。综合性的理论分析框架为拓展社会稳定风险评估经典模型中各因素间的相互关系提供了新的研究视角，从全面性与重要性相结合、结构稳定性与内容动态性相结合、定性与定量指标相结合和可操作性四个方面完善了社会稳定风险评估体系的构建原则。全面地呈现了与社会稳定风险评估有关的重要命题，进而在分析社会不稳定的成因时为社会稳定风险评估提供一套综合性的理论框架。

第二，在研究方法方面，创新了静态风险评估和动态风险预警。从研究方法和研究的学科视角来看，本研究首先打破学科和领域界限，综合运用多种研究方法，实现了社会学、管理学、政治学、心理学、统计学等跨学科研究，多角度研究了构建第三方介入重大决策社会稳定风险评估的机制。本研究的研究方法，体现了多学科相互交融、相互借鉴，多种研究方法的综合运用。对第三方评估主体进行社会风险动态的评估和静态的预警进行了初步探索，并由此编制了标准化的测量问卷用于微

[①] 张诗晨：《社会稳定风险第三方评估优化研究》，硕士学位论文，西南政法大学，2018年。

观实证研究，建立具有较高信效度的风险认知测量工具，为进一步深入研究社会稳定风险评估和风险量化分级奠定了测量学基础。在研究的学科视角方面，本研究在学理分析的基础上结合案例分析，对重大决策社会稳定风险评估中的第三方介入机制进行了可操作化的实证研究，对我国的风险治理机制的建设提出了具体的政策性建议，弥补了以往仅限于宏观理论分析和经验论证的不足，具有一定的理论和实践的指导意义。本研究以典型案例分析结合量化实证研究，将第三方引入社会稳定风险评估，丰富了多元主体参与"稳评"的研究思路。本研究拟定了社会稳定风险评估指标体系，系统阐释了"稳评"的内在操作逻辑，既突出了社会稳定风险因素的独特性，也兼顾了整个社会稳定风险评估的全面性，进一步完善了量化分析社会稳定风险的评估方法。

　　第三，在研究内容方面，创新了社会稳定风险的分析框架和治理机制。从研究的内容来看，本研究从风险管理的视域分析社会风险、公共危机、突发事件三者之间的逻辑衍化关系。立足风险评估整合模型，从公众参与的作用性质和影响路径的角度研究公众参与机制，提出了第三方机构全过程参与动态风险治理理念，一改长期以来我国公共危机管理地方政府掌控全局的历史，强调政府与第三方机构在风险治理过程中的良性互动；社会风险的治理机制是包括地方政府和其他社会组织、企事业单位、民众个体等多元主体协同，在分工合理、精细化的治理网络下形成的科学有效地进行全面风险管理的动态过程。将第三方引入重大决策社会稳定风险评估机制，是为重大决策执行设置制度门槛，对化解社会矛盾冲突采取源头治理，有助于提高党和政府决策的科学性，减少决策失误给经济社会带来严重的损失；有助于地方政府坚持科学决策、民主决策、依法决策，避免社会失稳影响党群干群关系；有助于强化地方政府、第三方机构和利益相关群众之间相互监督制约，使重大决策的颁布实施更加谨慎规范，遏制形象工程和政绩工程盲目落地。

　　总之，在重大决策社会稳定风险评估过程中引入第三方符合国家社会治理体制和制度建设的总要求，能够促进利益协调机制、诉求表达机制、矛盾调处机制、权益保障机制的进一步建立健全。本研究以当下重大决策为实例进行社会稳定风险评估，将危机治理和风险社会这两大理论进行有机整合，从风险管理的视域出发，构建我国公共危机风险治理的分析框架和治理机制,以提高研究成果的应用性和实践意义,这也是本研究最为突出的创新点。

二 案例分析的不足与展望

我国在重大决策社会稳定风险评估的发展过程中实践长期走在理论的前面,这从某些方面限制了我国重大决策社会稳定风险评估的理论发展,需要更多的研究促使相关理论日臻成熟。而在社会稳定风险评估方法的介绍中,只是通过理论的阐述来得到可能需要的结果,并未进行实例的研究,还无法确定方法的真正可行性,这就需要我们继续努力来验证方法的实用性。基于目前我国重大决策社会稳定风险评估工作的现状,社会稳定风险的研究在以下方面还可以进一步深入和完善。

首先,社会稳定风险评估调查的代表性和评估的准确性需进一步完善。在代表性方面,本研究选取核电项目引发的邻避风险作为第三方介入社会稳定风险评估的案例。案例研究具有社会学典型调查的优势,可以深入、细致、全面地研究该问题或现象的本质和规律。但是,案例研究只能根据调查者的经验判断结论的适用范围,且研究结果只能作为这一方面的典型代表。因此,课题中所得出的结论,还需要使用更为大量和多元的实证案例和数据作为支撑以排除典型案例调查导致的误差,通过构建证据链等多种方法更加科学地验证所得出的结论。

在准确性方面,当前重大决策社会稳定风险评估的风险识别、风险调查和风险评估阶段仍多采用问卷调查、结构化访谈、听证会等方式收集有效资料和数据,但是传统的数据采集方式不可避免地存在样本数量有限、覆盖面狭窄、时效性不足、有效数据回收率低等问题。有研究认为风险稳定评估的难点和重点就在于风险识别和风险分析的全面性和准确性。[1] 随着信息化的发展,微信、微博、公众号等自媒体的出现,使得网络成为民意的集散中心,网络的开放性、自由性和互动性加剧了社会失稳,使社会风险向复杂化、公共化、全局化、白热化发展。当前上述社会风险传播的新媒介和新途径已经引起有关部门的重视,针对网络舆

---

[1] 陶振:《重大决策社会稳定风险评估:流程与方法》,《中共天津市委党校学报》2015年第5期。

情的研究日益广泛和深入,但是传统的社会稳定风险评估方式面对社会风险的网络传播束手无策,由于无法与大数据有效融合导致数据碎片化、资料时效性低、信息间彼此断裂,损害了评估结论的准确性。本研究重点对构建风险评估指标体系、建立健全风险评估机制和完善风险评估模型进行了研究,而尚未对风险评估数据收集和网络大数据挖掘展开探索。因此,为了进一步提高重大决策社会稳定风险评估的准确性,有必要结合网络媒介的特点,基于大数据创新社会稳定风险评估方法,[1] 准确评估风险源、风险发生概率、风险影响权重和风险等级大小,构建科学系统的风险评估程序。

其次,第三方介入重大决策社会稳定风险评估的实效性仍需提升。本研究提出了构建相互监督制约的第三方介入机制以创新社会稳定风险评估制度,认为将第三方介入机制引入重大决策社会稳定风险评估是防范与化解社会矛盾冲突和推进维稳模式创新转型的着力点,因此应突出风险评估的实效性。重大决策失误所引发的群体性事件往往是在诸多因素的影响下酝酿许久才突显出来的,因此针对此类事件的治理应该在应急管理的基础上构建综合治理框架,对其进行全程动态风险管理。虽然本研究对社会风险管理机制进行了较强的整体性和综合性研究,但对于具体环节、具体问题的解决和操作,缺乏详细和针对性的深入研究。重大决策社会稳定风险评估为防范与化解群体性事件提供了理论依据,从侧面提示了矛盾的发展变化与我们的直觉判断存在显著的差异,因此要重视基础性的研究成果对具体工作的指导意义。随着公众主体意识和权利意识的觉醒,风险管理应从单一的党委领导,政府负责化解冲突模式逐步过渡到有社会协同、公众参与、法治保障的第三方介入模式,构建公众心理支持,培育社会认同感和多元风险沟通。重大决策失误引发的社会失稳现象蕴含着公众的风险认知偏差、群体极化、社会认同感缺失等社会心理现象,均可以作为科学妥善处理群体性事件的切入点。因此,未来研究应重视将第三方介入重大决策社会稳定风险评估作为具有构建性、调节性、增值性和实效性的风险管理资本,对于提升防范和化解社

---

[1] 刘白、廖秀健:《基于大数据的重大行政决策社会稳定风险评估机制构建研究》,《情报杂志》2016年第9期。

会风险的效能有积极意义。

最后，第三方介入重大决策社会稳定风险评估需要进一步的实践检验。本研究探索建立第三方介入机制以创新社会稳定风险评估制度，虽然初步确立了理论分析框架和评估指标体系，但是社会风险中充满了结构性矛盾、战略性困境、相互冲突的多重目标与利益诉求，由于不同的利益相关群体站在各自的立场对风险进行评估，必然会放大社会风险并导致矛盾冲突升级。因此，后续研究可以立足于本研究所构建的第三方介入机制的理论分析框架，通过实践的检验加以完善。

维稳效果是对第三方介入重大决策社会稳定评估机制是否真正达到预期目标的最佳实践检验方式。本研究对"稳评"与"稳管"之间的关系进行了初步研究，但仍然不全面、不深入、不系统。近些年，我国的维稳工作依旧没有完全摆脱刚性维稳和压力维稳的困境，而重大决策社会稳定风险评估就是从国家治理体系和治理能力现代化的视角对科技创新维稳工作的探索，应通过对当前社会稳定风险态势的预测、社会舆情的预警、社会矛盾冲突的预防、社会群体性事件的预判来构建国家稳定战略。未来研究可以从加强重大决策制定实施的系统性、整体性和协同性，拓展国家政治体制改革的力度和范围，促进国家治理体系和治理能力现代化建设，完善国家基本制度建设和能力建设为基准点，为加强社会稳定的体制性因素，消除社会治理的结构性障碍，有效开展社会风险防范化解工作提供理论的依据和实践的着力点。

综上所述，重大决策社会稳定风险评估是通过调查、评估、监控、预测等方式对社会风险进行有效的管理，其目的是积极防范和化解社会风险，其目标是在社会稳定的临界阈限内控制风险水平，以确保社会发展成本不超过社会自身的承受力和控制力。第三方介入重大决策社会稳定风险评估满足了"稳评"的独立性和客观性，能够保证"稳评"指标体系的结构稳定性和评估内容动态性相辅相成，保证定量分析与定性判断相结合，对评估结论的准确性和透明性具有重大意义。"稳评"引入第三方介入机制是以"维稳"为主要目的，实现地方政府与利益相关群众的良性互动，推动经济社会的有序发展。总之，社会稳定风险评估是对重大决策实施的有益补充，而绝非对决策的实施设置障碍，因此涉及经济社会发展的重大决策不但不会因社会稳定风险评估而延误或搁置，而且会在第三方介入机制的促进下进一步提高决策的法治化、科学化和民主化。建立健全重大决策社会稳定风险评估机制有助于把维护社会稳定的关口前移，从源头化解矛盾纠纷，为政府制定有效的预测性措施和政策提供理论支撑，并应用于加强和创新社会治理、社会风险管理和社会冲突管理等领域，能够促进社会组织建设与和谐社会构建。

第 六 章

新时代防范和化解社会风险的对策建议

防范和化解社会风险的成效,不仅关乎人民群众的生命财产安全、社会生活的安定、社会秩序的稳定、经济社会的稳健发展、社会的公平正义,也同样与人民群众的获得感、幸福感、安全感密切相关。社会治理越有效,国家治理的基础就越坚实。对于"如何才能有效应对社会风险以实现社会治理目标"这个问题的回答涉及了三个方面。一是构建社会治理共同体,共同打造防范和化解社会风险的责任共同体、目标共同体和力量共同体,通过协商与合作化解社会风险。二是构建协同治理机制,在政府—社会—公众之间建立协同治理关系,动员社会资源参与防范和化解社会风险,提升社会风险治理效能。三是完善社会韧性治理,通过治理空间、治理方式和治理技术的韧性建设,构建高韧性社会,防范和化解社会风险。近年来,在理论和实践中都有诸多对防范和化解社会风险及其具体做法的讨论,下面本研究就从上述三个方面对这个问题进行探讨。

第一节 构建社会治理共同体,完善防范和化解社会领域重大风险的网络结构

党的二十大报告提出要"坚决维护国家安全,防范和化解重大风险,保持社会大局稳定"。习近平总书记曾经在学习贯彻党的十九大精神研讨班上,列举了8个方面16个具体风险,并指出要时刻保持警惕、严密防

范风险，既要高度警惕"黑天鹅"事件，也要严格防范"灰犀牛"事件。党中央一直积极探索现代社会重大风险治理的时代内容与内在要求，党的十九届四中全会提出，坚持和完善共建共治共享的社会治理制度，保持社会稳定、维护国家安全，建设人人有责、人人尽责、人人享有的社会治理共同体。社会治理共同体在一般的意义上是指政府、社会组织、公众等基于互动协商、权责对等的原则，基于解决社会问题、回应治理需求的共同目标，自觉形成的相互关联、相互促进且关系稳定的群体。（郁建兴，2019）[1] 构建社会治理共同体意味着社会治理的主体由单一走向多元，由单纯的政府负责转向多元主体共治，党委、政府、社会、群众之间的关系更加紧密，社会治理变得更具科学性、民主性和凝聚力。在防范和化解社会风险中，社会治理共同体应该更加突出构建责任共同体、目标共同体、力量共同体的重要意义，着力在完善治理格局、健全体制机制、创新方式方法方面下功夫，以维护国家安全和社会稳定。

一 基于社会治理制度，打造社会风险防治的责任共同体

社会治理共同体需要公众对公共事务的充分参与，具有公共意识和责任感，同时不同阶层的群体在公共社会发展问题上形成共识，因而完善共建共治共享的社会治理制度与构建社会治理共同体的思路是一致的，体现了社会治理共同体的核心和本质。完善共建共治共享的社会治理制度是把不同利益群体统一纳入社会治理的多元主体之中，防范和化解社会风险中的社会治理共同体是更加直接而现实的责任共同体。社会风险应对的直接目标是降低风险对整个共同体带来的危机和伤害，因此需要动员全社会的资源实现资源配置最优化，协调各方的利益达到公共利益最大化，在这个过程中将不可避免地需要个人资源的奉献和个人利益的让渡，构建风险治理的责任共同体是一个协作过程。每一个人，每一个家庭，每一个社区，甚至每一个城市都要承担不同程度的风险，他们共同组成了责任共同体，因此防范和化解社会风险的关键是如何动员共同体的成员协同合作，基于共建共治共享的社会治理制度承担起各自的责任，共同应对风险挑战。

---

[1] 郁建兴：《社会治理共同体及其建设路径》，《公共管理评论》2019 年第 3 期。

(一) 共建是防范和化解社会风险的必然要求

在当前社会中,风险"平等"地指向每一个社会成员,在社会风险之下每一个人都会受到不同程度的影响,并且难以凭借一己之力摆脱风险的负面效应,因此在防范和化解社会风险中每个人都有各自的责任和义务。把每个人掌握的风险治理资源通过社会网络进行资源的互动与交换,有学者将这一网络称为"社会治理行动网络"。依托这样的网络可以把社会风险治理工作建构在网络范畴下,引导社会成员、社会组织、群团组织,企事业单位协同合作,实现社会风险治理资源的充分利用和可持续利用。同时共建并不仅仅指在风险的影响下社会成员自觉地各尽其责,还包括党委的统一领导和政府的统筹协调。没有党委领导、政府负责,社会成员即使有共担风险的责任心,也会因缺乏公共的目标和组织化的行为像一盘散沙。而党委政府通过社会动员,使社会成员具有明确的分工和协同一致的方向,形成治理合力,为多元共治指引了更为清晰的路径,为防范和化解社会风险勾画了具有可操作性的蓝图。共建还要求打破社会成员之间的隔阂和冷漠。当下社会风险是严峻复杂的,公众在党委政府的领导下除了各自承担责任以外还需要协同合作,抵御社会风险不是"你的""我的"事情而是"我们"的事情,风险治理是责任共同体,也是命运共同体,这也是"共建"的最高目标和要求。

(二) 共治是防范和化解社会风险的有效路径

共治是由多个层面的行动者共同组成的行动者网络,在社会治理现代化行动中所体现出来的实际治理效率和效果,其本质上是多元行动主体治理能力的综合表现。社会风险会打破社会原有的社会治理秩序,给已有的治理程序和规范带来破坏性的冲击,甚至预案都可能面临失效的境遇。在这种情境下,恢复社会治理效能不是任何主体可以独立完成的,也不是某一措施可以单独实施的,需要多个层面的行动者诸如政府、社会、公民以及市场等主体共同组成行动者网络,各尽其责、各尽所能、发挥优势、协同合作、共同参与风险的防范与化解。共治首先是建立共同的治理理念,因为在社会风险爆发的过程中会引发谣言、恐慌、不信任等破坏共治基础的消极因素。因而,在党委领导下政府部门需要第一时间发布准确客观的信息以澄清谣言,畅通信息交流渠道,树立信息权威,形成统一的治理理念。防范和化解社会风险的共治除了需要共治理念之外还离不开共治平台,共治理念是软实力,共治平台是硬支撑。当前各个地区都在着力打造社会风险治理的智慧平台,基于大数据的强大信息收集、存储和分析技术,运用云计算、物联网打破信息壁垒,构建跨部门、跨层级、跨区域的信息管理交换平台,实现社会风险治理信息统一指挥,资源统一调配,完善防范和化解社会风险的一体化、信息化、互联化建设。在共治的过程中形成最大公约数,凝聚治理合力,协助重新恢复社会公共秩序,维护社会安定团结。基于共治打造风险防控的责任共同体,是提升社会风险防控能力的必然要求。

(三)共享是防范和化解社会风险的根本目标

党的十九届四中全会提出:"建设人人有责、人人尽责、人人享有的社会治理共同体,确保人民安居乐业、社会安定有序,建设更高水平的平安中国。"防范和化解社会风险的根本目标是让人民群众共享安居乐业、社会安定、安稳有序的治理成果,这同样是共享理念的根本体现。在新冠病毒感染实施"乙类乙管"的今天,病毒可能在任何时间和地点,将风险、危害和苦难加到整个社会中的每一个成员身上,"新冠病毒"作为风险防范的对象却是隐身的,以致疫情防控缺乏一个可以集中治理的点。因此每个人、每个家庭、每个社区都是疫情防控的一个重要节点,缺一不可。共建和共治都需要公众在防范和化解社会风险中积极参与并承担各自的责任,这一过程需要付出艰辛的努力甚至是牺牲个人利益,如果不能最终实现共享的承诺,就会导致公众参与风险治理的积极性不具备可持续性。党的二十大报告指出:"在社会基层坚持和发展新时代'枫桥经验',完善正确处理新形势下人民内部矛盾机制,加强和改进人民信访工作,畅通和规范群众诉求表达、利益协调、权益保障通道。"当前社会风险除了具有突发性之外,还具有长期性,这就意味着防范和化解社会风险不单是突击战,更是持久战。防风险、化危机,需要把社会各个阶层都纳入社会治理共同体,让每一个人的个人需求、人与人之间和个人与社会体系之间的利益博弈都能达到合理配置,实现双赢和多赢,这样才能构建起责任共同体,最终维护社会稳定和安全。

二 基于社会治理目标,打造社会风险防治的目标共同体

有效推进社会治理共同体建设的目标是释放社会风险治理能力的空

间，最大限度遏制风险灾害的发生或蔓延，因此防范和化解社会风险的有效措施是构建社会治理的目标共同体。风险治理不能跟随在风险事件之后亦步亦趋，而应该提早防范，统筹谋划，必须时刻绷紧风险防控这根弦，慎终如始。防范和化解社会风险需要坚持目标导向，其实质是忧患意识和危机意识的集中体现，在坚守底线目标的前提下，积极主动作为稳住中线目标，为防范各类社会风险做足充分准备，对标高线目标掌握化解社会风险的主动权。

（一）坚守底线目标，使社会风险在可控范围

防范和化解社会风险的底线目标是在划定底线的基础上，设定防治风险的明确任务和更高级别的目标。基于底线思维设定的底线目标是一种对即将发生的风险的预判，是忧患意识和风险管理理念在实践中的具体应用。为了达成底线目标，党委政府需要做到早谋划、早控制、早化解，确保社会风险带来的负面影响和损失在可控范围内，不会突破底线目标。基本民生保障是防范和化解社会风险中的底线，因而底线目标包括保障人民的生命安全、居民就业、社会公平正义、公共安全和保护弱势群体的基本权益等不受社会风险的侵害，或者即使受到了部分侵害也能尽快地恢复重建。

设定底线目标体现了战略思维。正如习近平总书记所言："各种风险我们都要防控，但重点要防控那些可能迟滞或中断中华民族伟大复兴进程的全局性风险，这是我一直强调底线思维的根本含义。"设定底线目标是观大势、谋全局、讲战略、重运筹的工作方法在社会风险治理领域的应用。

设定底线目标体现了预判思维。在防范和化解重大风险的具体实践中，增强忧患意识，谦虚谨慎，科学理性地看待风险挑战。凡事从最坏处着眼，向最好处努力，加强战略预判和风险预警，把风险化解在源头。把可能遇到的问题和风险都充分估计到，把最不利的因素和最糟糕的结果都研判到，从而客观地设定了最低目标，立足最低目标以争取最大期望值。正因如此，才真正"卒然临之而不惊，无故加之而不怒"，做到了"任凭风浪起，稳坐钓鱼船"。

设定底线目标体现了进取思维。面对纷繁复杂的形势变化、艰巨繁重的发展任务，党和人民推进任何一项实践，都不能有任何懈怠与丝毫

麻痹。一旦应对处理不当、防范化解失利，社会风险可能会衍化为政治风险，小风险可能会衍化为大风险，个别风险可能会衍化为综合风险，局部风险可能会衍化为系统性风险，国际风险可能会衍化为国内风险。因而，如何把握社会风险走向，防止各种风险的传导、叠加、衍化与升级，尤须运用科学思维和方法，化被动为主动，在守住底线目标的基础上，积极主动地应对社会风险。

上述底线目标关系着社会稳定的大局，是国家经济社会发展的重中之重，发展绝对不能以牺牲人民的基本权益为代价，这是国家发展不可逾越的红线，因而在风险防治工作中不能丝毫懈怠，要立足最低点，争取最高目标。

(二) 稳住中线目标，将社会风险防范于未然

坚守底线目标是防范和化解社会风险的最低标准，如果仅仅守住底线目标，这是消极被动的风险治理。现代化的风险管理要求做到源头治理、系统治理、综合治理和依法治理。如果不能从源头控制风险的蔓延和恶化，就有可能底线失守最终导致危机事件，因而为了稳住中线目标需要积极主动做好应对各类社会风险的准备。同时多元主体之间通过协同合作也能够进行充分的信息交流，并根据实际情况调节风险治理策略，一旦其中一方的风险响应迟滞，其他主体的对策建议能够迅速传递并及时做出有效的应对。为了稳住中线目标，需要以科技为支持，准确预判风险、智能化追踪风险、构建风险治理模型、织密风险防控网络，提升社会风险的响应速度、拓宽风险治理的信息交换渠道，把社会风险防患于未然，化解于萌芽。

稳住中线目标就要防止风险外溢和风险上传，这需要加强和完善区域社会风险治理创新。国家层面的社会风险治理制度与地方区域的社会风险具体现实之间会存在一定的差异，因而构建中央和地方的社会风险治理的目标共同体，首先需要把国家的风险治理目标和要求与地方风险治理的特殊性之间的关系理顺。在遵守国家宏观层面的指导意见的基础上，充分发挥地方治理创新的优势，依据地方的特殊条件、地域资源、经验优势等探索具有地方区域特色的风险治理政策和措施，这样才能够做到因地制宜地有效治理社会风险。其次，还需要加强区域之间社会风险治理的合作。当前社会风险具有流动性和扩散性，区域之间的协同合

作是防止风险外溢和风险上传的重要手段，合作方式包括区域之间的优势资源共享、先进经验交流、信息平台共建、社会风险共治等。

稳住中线目标需要积极应对风险挑战，创新和完善社会风险防控机制，包括健全社会风险研判机制、建立社会稳定风险评估机制、完善社会风险联防联控机制、构建社会风险协同治理机制、打造社会风险防控责任机制等，上述机制的构建是为经济社会发展筑牢风险防控网，通过一级抓一级、层层抓落实，可以把社会风险防控工作落实落细，最终稳住防范和化解社会风险的中线目标。

（三）对标高线目标，把社会风险转化为机遇

构建社会治理共同体应坚持严格的标准，追求更高目标，防范和化解社会风险的高线目标就是把风险危机转化为发展机遇。这就要求在前期底线目标和中线目标都顺利达成的基础上，做好风险管理效果评价和风险转化。每一次社会风险的发生除了给经济社会发展和人民的利益带来消极影响之外，还有其积极的意义，那就是增加了党委政府应对风险挑战的经验。比如郑州"7·20"特大暴雨灾害事件，在此之前近百年的时间郑州市都没有因特大暴雨导致洪水肆虐的经历，应对经验相对匮乏导致很多方面的应急响应都稍显迟滞。这次洪灾给当地群众的基本生活产生了巨大的破坏，也给经济社会发展造成了严重损失。郑州市委市政府对此次洪灾的风险管理进行仔细复盘，吸取教训，在后面的几次较大降雨来临之前都及时发布灾害预警，并及时实施停学停工和公共交通暂停运营等应急措施。对标防范和化解社会风险的高线目标，把每一次的风险事件都当成转化为发展机遇的契机，认真吸取应对风险的教训和经验总结，通过调研列出潜在的风险清单，提高风险识别和风险感知能力，主动做好风险防范的基础性工作。同时还应激发社会治理多元主体的参与意识，集聚起群众的意见建议，进而吸取采纳更多防范和化解社会风险的实践经验和智慧。

国之兴衰系于制，民之安乐皆由治。党的十八大以来，面对世所罕见的国际国内形势，党和国家始终以科学的思想方法和工作方法为指导，坚持以制度创新作为应对各种风险挑战的本领与武器，不断提高防范化解社会风险的治理能力和水平。为了能够对标高线目标化风险为机遇，必须从当下中国治国理政的实践效应出发，使治理体制更协调、治理制

度更优化、治理路径更通畅，才能防范社会风险于未然。中国之治的核心密码在于中国之制，基于社会治理的目标共同体，广泛动员各个社会主体，健全各类主体的风险防控责任制，把风险的负面影响降到可控范围内，防止类似风险再次发生，掌握防范和化解社会风险的主动权。

构建防范和化解社会风险的目标共同体，从坚守底线目标到稳住中线目标再到对标高线目标，其实是对社会风险治理从后知后觉，到当知当觉，再到先知先觉的转换。在这一过程中应细化、规范社会治理共同体建设体制机制，切实把社会风险防范与化解的责任和义务落实到每一个社会成员，充分利用民主协商机制在社会治理领域中的制度优势，树立目标共同体的理念，提高社会风险的全社会协同治理的水平。

三　基于社会治理体系，打造社会风险防治的力量共同体

强化党委、政府、社会和公众这四个主体之间的联动力量，完善总揽全局、协调各方的党委领导机制；构建联动融合、集约高效的政府负责机制；健全合理通畅、广泛协商的社会协同机制；丰富规范有序、多元多样的公众参与机制。

构建社会治理共同体的关键是把"人人有责"的价值共识转换为"人人尽责"行动自觉，构筑起党委、政府、社会组织以及每一个社会成员共同积极参与的力量共同体。这不仅需要规范有序的制度进行刚性的制约，同时需要一系列科学合理的体制机制致力于保障其运行。基于"人人有责、人人尽责、人人享有"的社会治理共同体的理念如何打造力量共同体呢？党的十九届四中全会提出的国家治理体系具体化的建设路径，为这一问题提供了探索方向，那就是完善党委领导、政府负责、民主协商、社会协同、公众参与、法治保障、科技支撑的社会治理体系。因而需要强化党委、政府、社会和公众这四个主体之间的联动力量，共同防范和化解社会风险。

（一）完善总揽全局、协调各方的党委领导体制

中国共产党是社会治理工作的领导者，是构建社会治理共同体的顶层设计者，是完善社会风险防范和化解机制的战略谋划者。要坚定党委的领导核心，党委作为社会风险治理的总指挥，需要以大局意识全盘考虑，以系统思维综合考量，科学准确地判断社会风险的发展趋势，对风

险可能造成的负面影响有所研判，保证预测、预警、预判准确可靠，下好防范风险的先手棋。

在党委的领导下，我国有着集中一切力量办大事的制度优势，这是构建防范与化解社会风险的力量共同体的制度基础，在此基础上架构社会风险治理的战略规划，能够得到更彻底的执行和实施。防范和化解社会风险离不开政府治理、社会组织协助、居民自治的协同治理，党委能够充分发挥总揽全局、协调各方的领导核心的作用。规范多元主体各自的权责边界和职能定位，在风险治理过程中各尽其责，不越界，不推诿，不逃避责任，统筹引领政府、社会组织和公众在社会风险治理中高效合作。

管理的最高境界是服务，完善服务型政党建设，需要在社会风险防范和化解中积极发挥党建引领的作用。通过加强基层党组织建设，优化党的组织结构，积极探索将"党建+"与社会组织相结合，将党建内嵌于社会组织、机构和团体，提升基层党组织的引领力，筑牢党委领导社会风险治理的根基。

防范和化解社会风险离不开群众的参与和监督，因此需要提升党员在群众中的带头作用，带领群众组成全覆盖无遗漏的社会风险防控网，发现风险点及时上报，遇到风险综合协调，化解风险行之有效的基层党组织工作新模式，充分依靠群众的参与热情和创造力，形成社会风险的群防群治。

（二）构建联动融合、集约高效的政府负责体制

各级政府是落实党委领导的责任主体，是构建社会治理共同体的具体执行者，发挥政府负责的制度优势需要通过完善风险防范与化解的政策保障，切实优化治理路径，消除治理阻力，确保治理效力，明确风险管理责任，打好化解社会风险的主动仗。

在社会风险治理工作中政府担负着多重责任。首先，政府作为社会风险治理的第一责任主体，需要充分发挥主导作用，完善社会治理共同体的整体架构，把防范和化解社会风险纳入社会治理创新的体系之中。担负起政府在风险治理中的重要职责，制定完善相关的政策和制度，设计系统内部的协同合作机制，构建协同联动、运转高效的风险责任体制；完善条块结合，强化属地管理，加强属地政府的风险治理能力，建设属

地兜底的风险治理机制；构建有效的风险沟通渠道，做好社会动员，把有益于风险治理的社会组织和公众的力量整合起来，形成人人尽责的多元主体参与社会风险治理的机制。

其次，政府官员和公共管理者的社会风险管理意识、经验、能力和知识储备对风险的应急响应和防范化解有着重要影响，因此应该把风险管理的教育培训作为提升政府官员和公共管理者能力素养的重要培训内容，开设提高应对风险事件处理能力的相关课程。同时公众的风险意识、危机敏感性、风险应对能力、风险容纳程度影响着整个社会防范和化解风险的能力水平。因此，政府还应该把社会风险管理知识和基本应对技能的教育分阶段地纳入义务教育、高中阶段教育、高等教育。另外，还可以充分利用公益广告、公众号、短视频等多种形式对社会公众展开社会风险治理的普及教育。

最后，为了凝聚社会风险治理的力量共同体，政府还需构建社会风险责任管理机制，以责任倒查的方式推动社会风险治理事后问责制度的建立，将有效督促政府相关部门和社会组织积极承担责任并做好风险防范和化解工作。同时，政府还可以建立"负面清单"制度，总结以往的社会风险治理过程中出现的责任问题，在以后要坚决地杜绝和取缔。有研究显示，责任倒查制度能够有效提高公众对政府及职能部门的满意度，这在某种意义上也是构建力量共同体的有益之举。总之，政府应主导致力于打造顶层统筹有力、中层运转高效、基层扎实强劲的社会风险治理的力量共同体，促进社会治理共同体的构建。

（三）健全合理通畅、广泛协商的社会协同体制

社会协同是构建社会治理共同体的重要依托。社会协同是指两个及两个以上社会组织、社区组织、社会群团组织依据合作共治、责任共担、协同一致等原则协调默契地联合处理社会事务，包括社会风险化解、危机处置、抢险救灾等。在协同合作过程中双方或多方的力量是"1＋1＞2"的，其目标是实现公共利益最大化。发挥社会协同作用，统筹应对社会风险，需要调度社会专业力量的综合优势来防范和化解社会风险。社会组织的专业性优势能够与政府的主导优势相互补，同时社会组织的自治也具备社会动员优势，有力动员公众积极参与风险治理。社会协调机制是建设力量共同体的重要黏合剂。

实现社会协同，首先要激励多元主体共同参与社会风险治理。参与主体的多元化构成了社会协同的基础，同时需要构建明确协同主体职责权限的制度体系，只有建章立制才能清晰界定各个主体的责任边界，这是社会协同的必要条件。否则多元化的主体各行其是，各自为政，没有统一的协调机制，会削弱社会治理共同体的力量。

其次，加强对社会组织的培育。社会组织的成长需要党委政府从政策、法律、资源等方面给予支持和培育，同时还要为社会组织提供更大的自主治理的空间。防范和化解社会风险中社会协同的目的之一是寻求共同利益、达到共同目标，因此要为社会组织构建开放畅通的信息沟通渠道，健全利益表达、协调和保护机制，统筹推进民主协商多领域、深层次发展。培育社会组织需要提升其社会协同的意识和能力，加强其公益性、服务性和专业性，既要保证国家"公权力"的实施，又要引导市场"私权利"的实现，还有社会组织"微权利"的获得。三者齐头并进保证社会风险治理的行使顺畅与优势互补。

最后，推动社会组织的市场化运营。通过深入推进"放管服"改革，加大政府购买公共服务等方式，促进参与社会风险防范与化解的社会组织在市场机制下运营，形成具有活力的良性市场主体。提高社会组织的专业化、科技化水平，填补政府行政边界外的治理空缺，补齐单靠政府难以解决的治理短板，最终提高社会风险的治理水平和治理效能。在这一过程中既要让市场机制充分发挥作用，也要对市场行为进行调控监管，在行政机制和市场机制的双重作用下促进社会组织成为承接政府职能的有效社会力量，使之成为社会治理共同体的重要主体。

（四）丰富规范有序、多元多样的公众参与体制

公众是社会治理共同体的基础，在防范与化解社会风险中公众组成了最广泛的风险防控网，也是防范和化解社会风险需要倚重的力量。构建社会治理共同体需要充分激发公众参与社会风险治理的动力，因此有必要建立一个规范有序的公众参与机制。

首先，通过宣传、鼓励公众树立"人人有责，人人尽责、人人享有"的参与理念。社会风险治理有助于创造安全稳定的社会环境，这与每个社会成员自身都是息息相关的，但以往公众存在"搭便车"的心理，参与意识不强，参与积极性不高。因此，要把以往的"精英式参与"转化

为"群众式参与",把"被动参与"转化为"积极参与",把"少数参与"转化为"全面参与",在防范和化解社会风险中最大限度地调动公众参与的主动性,获取尽可能多的公众支持,通过建立个体与共同体之间的联结构建最广泛的人防网。

其次,强化公众的科学素养,提高参与质量。社会风险防范与化解是一个需要一定技术含量和知识储备的工作,通过科普推广、专业培训、知识讲授等方式提高公众的科学素养,使公众在关键时刻用得着,冲得出,顶得上,切实发挥参与的有效性。同时还应引导公众有序参与,社会风险存在突发性和破坏性,在危急时刻公众掌握的应对风险的基本知识技能能够使他们理性参与,至少做到风险当前自身不失控。

最后,建立公众参与的监管机制和问责机制,促进公开公平公正。公众是社会风险治理监管问责的重要主体,在参与过程中,公众对社会风险防范与化解的事前、事发、事中、事后的各个环节都可以进行监督管理。在风险管理效果评估中也应有充分的发言权,对风险治理中存在的不合规、不合法、不合理的问题及时发现并上报反馈,突出公众在社会治理共同体中的重要地位,充分保障其参与效力。

总之,构建力量共同体需要明确"党委领导、政府负责、社会协同、公众参与"在新时代防范和化解社会风险中的职责。在党委的领导下,进一步提高政府的风险意识、忧患意识和应对能力的同时,采用政府主导和市场运营相结合的治理方式,形成社会协同和公众参与相融合的治理模式。发挥社会组织专业化的优势,激发公众参与的积极性,打破主体间的隔阂与壁垒,并在二者之间建立起协同联动机制,就能够最大化地发挥社会风险治理的社会力量。构筑党委、政府、社会组织以及社会各个成员共同参与社会风险防范与化解的职责体系,使社会治理中的每个主体都能明晰其责、严格履责,实现多元治理主体功能的耦合,为社会治理共同体寻求内部运行的动态平衡给予行动支持和动力保障。

第二节 加强社会协同治理,提升社会风险的治理效能

党的十八大以来,社会协同治理已经成为中国社会治理的发展方向,

在防范和化解社会风险方面的作用尤为突出。社会协同治理的本质是从政府作为单一主体进行从上至下的管理转变为政府与其他多元主体进行合作共治。基于社会协同治理的理论，社会多元主体在防范和化解社会风险的过程中，应当从整体利益最大化的角度出发进行有效协同治理的合作，防范社会风险给个人、社会和国家带来更大的损失，进而推进社会有序、持续、和谐发展。

一　加强政治引领，协调多元治理主体关系

当前社会风险正在重构整个社会系统，防范和化解社会风险不应该基于线性因果关系的控制思路，而是应该根植于多元协同治理范式。社会协同治理是通过构建有效协同机制，形成相互联系、统筹兼顾、责任共担、利益共享的治理系统。在这一框架下，国家是核心，居于全面统筹协调的主导地位，通过制度设计和规则制定，提高公众的参与意识，激活共治的自治能力，实现社会风险防范意识从"我"到"我们"的转变，从而有效防范和化解社会风险。

（一）从责任分散向责权统一转化

公众保持个体状态时，就会出现责任分散效应。当面对社会风险时，每个人都在考虑维护个人利益不受损失，自然难以形成协同效应。为了使社会协同治理真正起到应有的作用，必须为多元主体建立起规范的参与机制，明确责权统一的原则使之紧密合作。

第一，树立公共意识，构建合作模式。现实中沟通、协调和整合多元主体的关系会时常遇到中梗阻，这与部分公众缺乏公共意识有关。在防范和化解社会风险中，开展社会协同治理需要构建一个政府、社会组织、公众等主体共同组成的合作模式，以达到政府治理和多元主体参与的无缝衔接和相互促进的良性互动。这种合作模式有助于多元主体之间差异互补，在防范和化解社会风险中发挥各自优势，也能克服不同主体的局限性，以优化整个风险治理体系的效能。

第二，采用整体性思维，选择最优方案。社会风险治理创新，需要持续提升多元主体协同治理的效能。采用整体性思维就是将国家的长远利益置于各个主体的眼前利益之上，因此个人利益必须服从国家整体利益，当面对风险挑战的时候，甚至可以牺牲个人利益。在社会协同治理过程中，个体应该树立责权统一的原则，当遇到社会风险侵害的时候，个体受到国家的庇护可以降低个人损失或避免损失，这是处于整体中得到的权益。但当遇到需要让渡个人利益的时候，也要坚持整体大于个体的理念，勇于承担责任。社会协同治理的目标就是使防范化解社会风险系统的整体大于各个部分之和。也就是要把风险治理中的各个主体、各个子系统和各个步骤统一起来，构建并实施一个最优方案，使防范和化解社会风险的效能达到最佳。

第三，坚持公开透明，保障资源共享。公共资源的有效利用是社会协同治理的重要物质保障。在防范和化解社会风险中，政府应基于公开透明的原则建立起公共资源共享平台。信息的公开透明有助于提高各个主体的工作效率，也有助于共享平台获得广泛的社会和公众认可。应用于社会风险治理的公共资源包括资金、人员、物资、信息等，只有满足各个主体的现实需要和物质需求，并让资源使用情况接受公众的监督，让资源共享平台在阳光下运转，才能建立起合作互惠的协同治理模式。

（二）从利益分化向利益协调转化

社会风险是利益冲突的集中体现，因此防范和化解社会风险需要重视协同各方的利益冲突。处在转型期的社会，经济政治体制出现巨大变革，各个阶层的利益格局面临重新整合，社会中充斥着利益分化和矛盾冲突。当这些利益冲突不能得到有效化解，在长期积累过程中就会演变为妨碍社会稳定的因素，调解利益冲突是基层社会治理的重点内容。基于利益主体之间和而不同的现实，通过公平公正的制度设置满足不同利益群体的诉求，构建多元利益主体之间的协同机制，是有效化解矛盾冲突，实现社会稳定的关键环节。

利益冲突普遍存在于社会的方方面面，在城市化过程中表现出各种形式，比如，邻避冲突、征地拆迁、邻里矛盾、劳资纠纷、仇官仇富等。防范和化解社会风险中的利益冲突协调，侧重于基于公平公正原则在多元的利益主体之间进行充分的沟通和协商，疏通多元主体之间复杂的利益纠葛，在各方都能达到基本满意度的基础上形成利益共识。协调利益冲突进而防范和化解社会风险是一项全周期的工作。首先，要秉承科学化的社会风险防范理念，从事前、事发、事中、事后四个阶段，多维度、多视角地分析风险因素，探索化解风险的路径；其次，要推动社会风险化解工作涉及的各个部门,完善多层次的风险化解环节的一体化运行;最后,保证利益冲突协同机制的落地落细落实,避免出现因利益主体诉求多元而导致的协同机制不能有效运转的集体行动困境。

社会风险治理构建的利益协同机制具有系统性,建立利益协商机制需要坚持公众的广泛参与原则,构建利益表达机制需要纳入全部的利益主体,完善社会矛盾调处化解机制需要以公平公正为基础,引入第三方介入机制需要遵循严格的工作程序。上述机制共同构成了基于利益协同的风险防范和化解平台,平台可以将工作链条延伸到各个区县及其下属的城乡社区,以矛盾调解工作站、矛盾纠纷化解中心、调解委员会、居民议事会等模式,有效处理社会矛盾和冲突。同时地方政府基于区域实际,出台地方性政策法规,使治理机制呼应群众的需求,贴近群众的生活,有针对性地防范和化解社会风险,兼顾了治理有效性与合法性。利益协同机制以贴近基层接地气的方式给人民群众提供了一个矛盾疏解口,是防范和化解社会风险的重要防线,有助于把风险解决在萌芽,化解在基层。

二 强化统筹协调,整合市域协同治理效能

在中国特色社会主义进入新时代的大背景下,党的十九届四中全会确定并提出了加强和创新市域治理现代化的行动目标。防范和化解社会风险领域中突出市域的地位与作用,这与社会治理规律、社会发展现状和实际相符合,是完善我国当前社会治理的关键。市域是防止社会风险外溢和向上传导的关键一环。市域处在省域和县域之间,在国家治理体系中起到了中间枢纽的作用,既可以承接省域的资源和力量,也可以对接县域具体实际。但同时市域也面临着多元利益冲突,是防范和化解社会风险的重点区域。在防范和化解社会风险领域突出市域的地位与作用,这与社会治理规律、社会发展现状与实际相符合,是完善我国当前社会治理的关键。通过强化统筹机制,整合市域治理的协同性,推进市域社会治理现代化,发挥市域在社会风险防范和化解中的优势,必须坚持目标导向和问题导向相统一,进一步认识和把握市域社会治理的内涵,不断提升市域社会治理效能。

（一）从各自为政向上联下通转变

市域治理是国家治理向基层的进一步延伸。在市域管理层级方面，十二届全国人大三次会议对地方立法权作出修改，所有设区的市均具有立法权，可以制定地方性法规或规章。市域拥有地方立法权，在制定政策法规方面具有较大的自由度是实现不同地区采取差异化管理的有效机制，强化了市域在社会治理中兼具顶层设计和统筹兼顾的能力。市域拥有相对独立和完备的行政、司法权限，就拥有了更灵活的政策创新空间。在制度创新方面，有利于推动市域治理层面的灵活探索，避免市域治理政策从上至下"一刀切"。同时，在社会治理的具体实践中，不同地区会存在较大的区域差异，放权让各地因地制宜制定政策有利于社会治理资源的有效配置和公平分配。在新冠肺炎疫情防控过程中，市域层面的依法防控普遍得到较好的执行，并收到有效的防控效果。

市域是社会风险的易发地、集聚地，在防范和化解社会风险方面，市域是具体实施的治理层级，在风险的源头治理方面具有优势。不确定性、突发性和波动性是社会风险的重要特征，市域的自由度体现在可以根据风险的特点进行社会治理创新的尝试，采取动态化、机动化、常态化的风险管理。动态化风险管理是针对风险的不确定性，采取平战转换的方式，以随时应对风险挑战；机动化的风险管理是指向风险的突发性，采取平战结合的方式，提高风险管理的精细化水平；常态化的风险管理旨在风险的波动性，当前社会风险呈现出时而高涨时而低落，绵延不绝的特征，采取平战一体的方式，风险防治与经济社会发展两手抓，从而将社会风险防范和化解在萌芽状态。总之，防范和化解社会风险是市域社会治理的重中之重，进入新时代要主动适应市域社会治理面临的新情况、新问题，压实防范、化解和管控社会风险的主体责任，落实落细社会风险防治制度。

在治理能力方面，市域具有统筹资源的优势。从治理功能上看，防范和化解社会风险需要统筹政策法规以及人力、物力、财力、技术、平台等多种资源，市域社会治理有利于治理目标落地，避免治理失灵。有研究认为，省、市、县三个治理层级之间存在显著的差异，省域治理层级最高，其治理偏向政治性功能，治理目标侧重于维护公平、公正和合法；县域治理层级最低，其治理偏向社会性功能，治理目标侧重于管理具体的社会事务。市域介于省域和县域之间，与省域相比，市域更接近基层实际，可以更直接地推动基层政策实施和资源配置；与县域相比，市域拥有更多的资源和配置资源的能力，可以提高社会风险治理效能。市域能够将治理的政治性与社会性进行有机统一，因而在省域和县域之间起到承上启下的桥梁与纽带作用。同时市域还具有更强的协调资源的能力，市域可以在同级城市之间达成资源共享、风险共担的机制，形成社会风险治理合力，有效解决各种社会风险。

在治理空间方面，市域能够形成最优治理半径，有助于构建横向到边，纵向到底，且疏密适宜的风险治理网络。现代社会风险具有突发性、紧迫性和跨界性，从出现风险苗头，到酝酿、发酵直至集中爆发时间非常短，影响的直接利益群体和非直接利益群体都远远超出县域的管辖范围，因而要重视市域在防范和化解社会风险中的重要作用。经过新冠肺炎疫情的考验，可以看出市域是进行社会风险排查、防范和化解最直接、最有效的治理层级。市域可以解决省域及以上层级风险应对不及时的问题，也可以避免县域在风险治理中协同能力不足的问题。同时能够动员起公众、社会组织、社工组织、志愿者和企事业单位等多元主体在防范和化解社会风险中的力量。强化公众的参与意识和参与深度，同时使政府接受公众的有效监督，政府的一切行为和决定的出发点都是以人民为中心的，在疫情防控中实现共建、共治、共享。市域是将社会风险隐患化解在萌芽、解决在基层的最关键的治理层级。

（二）从条块分割向协同治理转变

党的十九届四中全会提出要完善党委领导、政府负责、民主协商、社会协同、公众参与、法治保障、科技支撑的社会治理体系，这为市域社会的协同治理提出了明确要求。协同治理有利于实现治理资源优化配置，有效提高治理效率，控制治理成本。政府是社会治理的主导性主体，防范和化解社会风险同样离不开资源的有效调度与成本控制，因此必须重视提高政府的协同治理能力，争取实现政府的内部管理与外部联动、治理力量的整合与分配、经济效益与人文关怀等要素在统一的基础上实现最大化产出。

市域社会的协同治理包括三个层面的协同。一是地方政府间的协同。传统的市域社会治理仅限于本市域之内，但当前社会风险影响面广，涉及的区域也更加广泛，因此跨市域之间的合作越来越具有必要性和紧迫性。各个市域之间既有相似之处又各有特点，因此在面对有共通性的社会风险时，市域地方政府之间可以相互借鉴防范和化解风险的经验，同时可以构建具有各自地方特色的治理机制。并且市域之间的合作协同有助于重大社会风险的联防联控，通过制定协议和制度合力解决跨市域的风险。加强市域社会治理，有利于拓展在更大范围内实行联动和合作，避免风险治理过程中可能出现的碎片化、无序化、失控化的情况。在新冠肺炎疫情防控过程中，市域是工作部署的重心，已有的经验显示市域在疫情防控中将市域的治理效力、组织力、动员力充分发挥出来了。

二是政府部门间的协同。在社会风险日益复杂的今天，单靠一个部门进行社会风险治理几乎是不可能的，市域社会治理需要动员多个相关部门共同防范和化解社会风险。加强和创新市域社会治理，其中一个重要的方面就是构建协同治理平台，这一平台在不同的市域各具地方特色，如河南开封的"一中心四平台"、嘉兴社会治理"一朵云"、杭州市域社会治理数字化系统、东莞的"智网工程"、兰州市的三位数字社会治理、衢州市"龙游通＋全民网格"基层智慧治理等模式。类似的平台能够进行智慧联动，通过线上线下融合实现部门之间的信息交换、联合部署、风险共担、平安联创。

三是政府与社会组织、公众间的协同。市域社会治理强调公众参与的重要性，河南省郑州市二七区推行的"一领四单，五联共治"、焦作市解放区的"334"模式、济宁市的"民意5米听"行动、深圳市坪山区的"六治融合"等都是公众参与市域社会治理，协同防范化解社会风险的创新性探索。社会组织参与协同治理，能够发挥其社会工作方面的专业优势，提高市域社会治理专业化水平。而公众参与社会治安防控和社区网格化管理，则有助于提升市域社会治理的社会化程度。完善社会组织和公众的协同治理机制，是促进社区政府和居民协作互助，形成风险防范和化解的合力，引领共建共治共享的社会治理制度。

三 制定规章制度，互嵌共同规则

（一）从维护稳定向创造稳定转变

维护稳定是长期以来社会治理的重要任务之一，但是近几年专家学者普遍认为刚性维稳并不能在根本上防范和化解社会风险。维稳式的社会治理只能解决表层的、静态的、相对简单的社会风险。而在社会风险日趋深层次、动态变化和复杂严峻的当下，需要通过加强和创新社会风险治理，增强社会韧性，降低社会矛盾带来冲击力，创新性地使整个社会大局处于动态稳定状态。

习近平总书记指出，必须"从源头上提升维护社会稳定的能力和水平"。防范和化解社会风险首先要构建预防和化解社会矛盾的机制。随着社会治理的重心向基层下沉，基层社会成为社会风险的第一道防线，从维护稳定向创造稳定转变，需要将矛盾和风险防范化解在基层。通过整合市域中不同利益群体的诉求，在他们之间建立沟通的渠道和平台，发挥新时代"枫桥经验"，为基层创造稳定的社会环境。

通过"三治融合"构建防范和化解社会风险的新路径。首先，以自治为核心，激发防范和化解社会风险的内生动力。自治的基础是政府与公众对社会风险的协同治理，在治理过程中激发公众参与治理的内驱力，基层社区的公众之间形成自愿合作，共同为社区的稳定作出贡献。自治在防范与化解社会风险方面的基本目标是保障公共利益不受损失，同时保护公众的人身权、财产权、人格权、参与权。在社会风险治理中居民自治是基层民主最主要的形式，政府需要为公众自治提供充分的政策支持、财力保障和意见指导，规范基层群众性自治组织的建设，持续提高居民自治的能力和水平。其次，以法治为保障，提升防范和化解社会风险的法治水平。习近平总书记指出："创新社会治理体制、维护社会和谐稳定都需要密织法律之网。"坚持法治是国家治理体系和治理能力现代化的基本保障，应该为防范和化解社会风险提供法律法规依据。法治是一种刚性的社会治理手段，在防范和化解社会风险时要坚持法治精神，用法律手段解决社会矛盾和冲突，完善依法治理；坚持法治保障，用法律维护社会各个阶层的合法权益，并保障法律的权威性；坚持全面守法用法，在群众中推广普法教育，在防范和化解社会风险中形成遇事找法、办事依法、化解冲突用法、调解矛盾靠法的治理机制。最后，以德治为支撑，增强防范和化解社会风险的道德底蕴。在法律约束的边界之外，需要依靠道德对公众的行为进行规范和约束，并且与法律相比，道德的约束面更宽，约束效力更强，治理手段相对也更柔性。德治可以触及法律覆盖不到的社会各个角落，因此应该注重抓长抓细抓实，把高尚的道德情操和崇高的理想追求转化为社会成员的具体行动。可以从提高社会成员的道德素质，强化道德自律，用矛盾调解的方式化解社会风险，增强社会的和谐因素，来提升社会风险治理的成效。

（二）从事后处理向源头治理转化

随着社会风险在基层日益凸显，市域成为防范和化解社会风险的重点区域。2019 年党的十九届四中全会通过的《中共中央关于坚持和完善中国特色社会主义制度　推进国家治理体系和治理能力现代化若干重大问题的决定》，明确了"构建基层社会治理新格局"的战略目标，并将"加快推进市域社会治理现代化"作为有力抓手，并以此打造平安中国。市域社会治理在整个国家治理体系中上承省域治理，下接县域治理，具有承上启下的重要作用。在防范和化解社会风险领域，市域社会治理是将风险隐患化解在萌芽状态的最直接治理层级，也是将矛盾纠纷解决在基层的最有效治理层级，更是推进基层治理现代化的前线指挥部。防范和化解社会风险是市域社会治理的重要工作内容，是将风险防范在初始，化解在萌芽的重心，有助于推进平安建设。

市域处在县域和省域之间，是防止社会风险外溢和向上传导的关键一环，因此市域社会治理现代化建设需要从被动防御向主动防范转化，需要提高防范和化解社会风险的预见性。在治理方式上，省域及以上层级偏重于间接性和宏观性治理，县域及以下层级则偏重于直接性和微观性治理，而市域社会治理兼具宏观的直接管理和微观的间接管理。因而从事后处理向源头治理转变需要坚持关口前移、源头预防，通过加强社会风险的评估研判，开展社会风险动态排查，建立健全社会矛盾冲突化解机制，完善多元主体联动机制，打造立体化、法治化、专业化、智能化的全周期风险治理体系，这与建立大安全大应急框架是一体的。

市域的社会风险复杂严峻，如果不能化解在初始阶段，就很容易转化成公共事件危机，大大提高社会治理成本。以往所述源头治理普遍认为是在事前将社会风险化解在萌芽状态，但市域社会治理强调从整体性视角防范和化解社会风险，即在风险事件出现的事前、事发、事中、事后四个阶段都存在采取源头治理的关键节点。在上述四个阶段中如果能抓住社会风险转化的关键节点，就能够防范风险在传导过程中被放大，不仅要在事前防范风险的发生，更要在事发、事中和事后尽力化解风险，实现全覆盖、全链条、全要素管理，降低风险的负面影响及其带来的损失。这就对党委政府部门提出了更高的要求，加强和创新市域社会治理必须重视事前的风险研判和风险评估、事发的风险控制、事中的风险管理和事后的风险防治效果评价，以提高基层处置突发事件的能力。对新冠肺炎疫情防控经验进行总结可以发现，完善风险防控和应急处置机制，提升紧急重大疫情、公共安全危机、突发公共事件的应对处置能力，常态化做好应对重大风险准备工作，有助于全面提高社会风险防范和化解能力。

第三节　构建社会韧性治理，强化抵御社会风险冲击的能力

党的十九届五中全会指出，"我国已转向高质量发展阶段，制度优势显著，治理效能提升，经济长期向好，物质基础雄厚，人力资源丰富，市场空间广阔，发展韧性强劲"，这是"韧性"一词首次进入国家治理话语体系。韧性本来是物理学的专业术语，特指某种材料在塑型变形和断裂过程中吸收能量的能力，是承受应力时对折断的抵抗能力，现在泛指社会对待突发事件处理能力和应变能力。

构建高韧性社会需要坚强的韧性治理作为基础，当前面临日趋复杂的社会环境，日益多发的社会风险，对于防范和化解社会风险有了新的治理理念就是提高社会韧性。随着社会转型加剧，社会风险几乎是不可避免的，如果能采取源头治理对风险防患于未然当然是最理想的风险治理目标。但是在风险防不胜防的当下，基于风险治理的现实性，有学者提出了风险社会韧性治理，即社会系统通过提高自身的恢复调节和自适应能力，在社会风险发生之后能够维持社会结构整体的平衡，尽快地从风险的负面影响中恢复，以抵御社会风险的不确定性和突发性，增强对社会风险的可控性。构建社会韧性是增加社会结构各个部分之间连接的刚性和灵活性，刚性的提升能够增强整个社会结构抵抗风险冲击的力量，提高灵活性则是维持社会结构稳定，促进社会有效运行的力量。

一　完善社会治理制度的韧性建设，着力将制度优势转化为治理效能

治理体系是由治理理念、治理制度和治理组织三个层次构成的一个有机整体。因而本研究也将从韧性治理理念、韧性治理制度和韧性治理组织三个方面分别阐释韧性社会治理体系。其中韧性治理理念从宏观视角分析社会韧性治理需要提升先知先觉的社会风险敏感度。韧性治理制度从中观层面分析了制度对社会韧性保障和制度本身的韧性二者之间相辅相成的关系。韧性治理组织基于微观角度，阐释韧性治理在防范和化解社会风险中具体的落细落实。这三个层面共同构成了社会韧性治理的体系。

（一）创新韧性治理理念，提高风险综合治理能力

随着社会风险呈现出时空的压缩性、压力的叠加性和难以规避性，社会风险的韧性治理理念越来越多地被专家学者和各级党委政府所关注。社会风险的韧性治理与以往的风险管理和风险应对有着本质的区别。风险管理的理念强调的是风险防范与化解的全周期性，即以风险识别为开端，依次进行风险估测、风险评价和风险控制，最后开展效果评价完成风险管理的闭环，体现出全周期性。社会风险管理的任务是进行风险的预警和控制，通过提前防范社会风险，加强源头治理，把风险发生的可能性降到最小，以有效降低风险带来的危害和损失。风险应对的理念是把重点放在了风险化解，通过应急响应、社会救援、全力抢险等一系列综合治理和系统治理，阻断风险进一步演变为灾害。而社会风险的韧性治理理念则强调提升社会维持基本运转的能力，有效化解社会风险对整个社会运行系统产生的冲击，并提高恢复重建的功能，这与党和国家长期强调的"准确识变、科学应变、主动求变，善于在危机中育先机、于变局中开新局，抓住机遇，应对挑战，趋利避害"是一致的。

在我国防范和化解社会风险中风险管理和风险应对理念在具体工作中应用得更多。但是当前社会风险的不确定因素和复合性因素的增加，导致对风险的精确预测预警预控难度持续增高，且把风险带来的负面影响和损失严格控制在可控范围内相对弱化。韧性治理理念认为应该正视当前社会风险多发频发的现实，把社会风险当作日常生活的一部分，将

如何消除社会风险转变为如何在充满风险的社会中生活。因此，韧性治理理念的目标不是建设没有风险和灾害的社会，而是构建一个面对风险和灾害如何正常运转的社会。根据社会风险的韧性治理理念，应该承认并面对社会风险不是一种完全可预测、可控制、可防御的致灾因素，且社会系统不是全然的刚性系统，因为刚性不可避免地与脆性相伴生。片面地抵御社会风险的发生并不可取，应该降低社会刚性和脆性，提高社会的韧性。一个有韧性的社会，无论面对任何种类的风险，无论遇到何种程度的风险，都能够承受风险的冲击；一个有韧性的社会，不会因重大社会风险事件而产生永久性伤害，会尽快地开展恢复重建；一个有韧性的社会，通过灾后复盘和反思，能够在社会风险的考验下具有更强的韧性。

（二）完善韧性治理制度，提升风险综合治理效能

党的十九届四中全会通过的《中共中央关于坚持和完善中国特色社会主义制度 推进国家治理体系和治理能力现代化若干重大问题的决定》，强调了"制度"和"治理"两个关键词。"制度"反映在强调坚持和完善中国特色社会主义制度，体现了以"制度之治"为主要特征的"中国之治"；"治理"表现在围绕推进国家治理体系和治理能力现代化的主轴，设定了国家治理现代化的精细目标、具体步骤和有效措施。社会风险的韧性治理需要具有韧性的制度作为支撑。进入新时代，我国持续完善社会风险的防范和化解制度建设，不断彰显和增强制度韧性。社会风险的韧性治理制度就是通过规范和管理社会风险的每一个细节，把社会风险及其危害进行制度化处理，把防范和化解社会风险的法律及其原则作为制度建设的基础，在风险防范预警、应急响应、化解处置和救援恢复等方面不断发展和完善相关的制度建设。"制度"决定航向，"治理"反映动力；航向和动力相辅相成，缺一不可。

新冠肺炎疫情肆虐全世界的时候，中国只用 10 天就建成一座医院，14 天快速解密病毒基因序列，到全民无条件配合的静默管理，让世界看到了真正做一个强国并不是单一地靠经济和军事实力，更多地需要一个高韧性的制度。这样才能在面对危机的时候有条不紊，众志成城渡过难关，化危机为机遇。因此防范和化解社会风险的制度韧性体现在两个方面：一是制定相关制度是为了维护社会风险治理的韧性，二是不断发展

和完善制度建设以健全制度本身的韧性。

首先,制定制度是为了维护社会风险治理的韧性。在当前的风险社会中,风险已经成为社会生活的伴生物,新时代公众需要适应风险常态化。习近平总书记指出,"相比过去,新时代改革开放具有许多新的内涵和特点,其中很重要的一点就是制度建设分量更重"。为了维护社会风险治理的韧性,制度制定需要紧扣社会治理的重难点问题,以体制机制为着力点,充分发挥制度在社会风险防范、社会问题处置、社会矛盾化解中的作用。韧性治理贯穿于整个社会治理的全过程,用制度化建设全力打造矛盾纠纷的"终点站",织密社会治安的"防控网",拧紧风险防范的"安全阀",提高社会风险治理的整体韧性。

其次,不断发展和完善制度建设以健全制度本身的韧性。制度本身的韧性体现在国家层面的软法或促进刑法自身具有开放性、号召性、激励性、指导性、宣示性等特点,因此能够迅速、灵敏地回应防范和化解社会风险的实践需求。同时如果风险治理制度建设能够及时采纳公共政策、行业规范、专业标准等,就能够及时应对社会中随机出现的各种类型的风险,有助于满足当前社会风险多样性的挑战。从制度层面需要保证社会风险治理在确定性和稳定性、开放性和灵活性之间保持平衡,灵活性和开放性有助于健全制度的韧性,但这并不意味着制度建设具有随意性。防范和化解社会风险需要制度在规则明晰的基础上具备原则指引性,制度的明确性和一致性在社会转型期矛盾冲突多发频发的风险社会,能够更精准地化解风险和危机。而原则性指引使制度建设适应社会的发展,进而跟进解决新形态的社会风险。比如,在新冠肺炎疫情防控期间,自我隔离制度就是在规则明晰性基础上具备原则指引性。自我隔离制度的规则明晰性表现为在疫情肆虐的初期,凡是符合隔离规定的被隔离者无论是否自愿,都必须无条件服从隔离制度,否则就要受到相应的行政处罚,甚至被追究刑事责任。而原则指引性体现在自我隔离制度的实施需要统筹协调个人的私权利与社会的公共利益之间的关系,也就是要维护保障公民基本的人身权利、私有财产保护与维护社会秩序、公共安全之间的平衡。自我隔离作为一种应急行政管理手段,是政府应对疫情危机,保障公众身体健康和生命安全的有效制度。自我隔离制度的有效实施,既需要发挥制度的行政权力的自我性作用,又要不断更新理念,调整措施，不断发展和完善制度建设以健全制度本身的韧性。

（三）健全韧性治理组织，构建风险综合治理模式

加强治理组织韧性能够提高社会承受风险的冲击，抵御风险损失的能力。韧性社会治理是一项系统工程，需要以优化的组织体系和组织架构作保障。因此构建组织韧性需要建立科学明晰的组织层级定位，确保组织中各个主体作用的充分发挥和各个要素的协同系统高效，完善社会治理韧性的指挥链。首先，加强韧性治理组织的任务是提升各级政府的社会风险治理效能。因而应科学定位市、镇、村职责重点，构建权责清晰、上下贯通、层层推进、运转灵活的基层治理组织架构。各级政府在应对社会风险冲击时，提高识别风险源，评估风险等级、处置风险损失、恢复重建和科学决策等能力，并将应急管理、危机管理、风险管理等纳入公务员培训的知识体系及其政绩考核中。其次，加强韧性治理组织的目的是解决党委政府，尤其是基层政府在化解社会风险时失序、低效等问题。县域基层处于"一线指挥部"的位置，是防范和化解社会风险的前沿阵地，担负着防范社会风险上行外溢的重要职责，因此必须围绕国家、省域、市域各级政府风险治理的目标要求，结合县域实际抓好风险治理措施的落实。最后，加强韧性治理组织需要调动社会多元主体协同参与风险治理，并有效配合政府的社会动员。当代社会风险很容易产生相互叠加并引发连锁反应，仅依靠各级政府的力量难以把风险带来的损失控制在可承受的范围内。为政之要，唯在得人。因而防范和化解社会风险需要在社会动员下组织群众积极参与风险治理，建设人人有责、人人尽责的社会风险治理模式。

二 完善社会治理技术的韧性建设，推动科技赋能社会治理

进入新时代，数字技术已经深入城市运转的全流程，影响着城市的每一处角落。信息化、数字化、智能化的深入发展为推动经济发展和社会稳定提供了科技支撑，移动支付、人脸识别给民众生活带来了极大的方便，移动互联网的发展为社会治理"一网统管"提供了便利。但是河南郑州"7·20"特大暴雨损害了城市智能网络的基础设施，大范围的断网断电导致通信系统、交通系统、支付系统陷入瘫痪，秩序突然失效暴露了智慧治理与数字技术的脆弱性和局限性。因此，可以从以下两个方

面完善社会治理技术的韧性建设。

（一）加强技术创新，推进智慧治理

现代信息技术为防范和化解社会风险提供了创新的基础，物联网、区块链、云计算和人工智能等技术提高了社会风险治理的科学化水平，为防范和化解社会风险开辟了有效路径。比如，通过治理信息共享为社会风险联防联控提供了保障；多重数据的本地化、系统化和逻辑化，实现了风险治理资源的有效配置和管理优化；创新性的风险治理理念、机制、方式和工具为智慧治理奠定了基础，实现了由经验决策向数据决策的转变。

首先，智慧治理有助于社会风险的精准研判。大数据分析和云计算构建起了信息集成系统，通过时空轨迹分析和舆情分析能够更精确地预测出社会风险发生的可能性，并根据危险征兆及时地发出预警信息，在相关部门之间预报风险走向，利用数据可视化和智能图像协助决策部门进行风险推演，在决策上引入防范和化解社会风险的数据辅助技术，这是社会治理理念与现代技术的深度融合。

其次，智慧治理有助于社会风险治理优化资源配置和供给效率。基于社会风险的不确定性，当风险真正发生的时候预案能够起到的作用是有限的，需要根据风险的实时情况进行现场调配指挥。在这种情境下，智慧治理基于智能化平台，借助大数据的优势能够有效优化道路保通、医疗救助、物资调运、社会动员，将风险可能导致的损失降至最低。

再次，智慧治理构建的公共平台有助于促进公众参与防范和化解社会风险。互联网弥补了政府与公众之间的信息鸿沟，有效地减少了社会风险信息不对称的问题。政府在大数据的帮助下分析掌握公众诉求，并与公众在互联网进行风险沟通，致力于将社会风险的负面影响控制在可承受的范围内，防止风险的后续效应无限扩大，有利于风险的有效化解。总之市域社会治理现代化为防范和化解社会风险奠定了技术支撑，有助于建设更具有预见性、前瞻性、科学性的智慧化政府，将风险隐患问题疏导在早、化解在小。

最后，新时代防范和化解社会风险需要从维护稳定向创造稳定转变，同时也离不开智能化的信息处理。构建智慧城市大脑彰显了智慧治理在风险治理中的战斗堡垒作用，既高效地维护了社会秩序与稳定，也保证了社会风险的及时控制以及风险过后的恢复重建，具有非常显著的治理优势。当前各个一线和二线城市纷纷致力于建设"智慧城市"，利用信息技术和创新理念，通过构建智能云平台和数字城市，打造"一站式"社会风险防控响应平台，高效地融合部门之间的业务领域，织密织牢社会风险防控网，实现市域的智能化管理。智慧城市的建设有助于构建覆盖城乡的风险防控系统和社会风险的大数据分析系统，为防范和化解社会风险提供智能信息支撑，提高社会治理的科技化水平。

（二）强化科技赋能，创新社会治理

强化科技赋能，在推动治理手段智能化中增添治理动力。虽然数字化有不可回避的脆弱性，但是在社会韧性治理中依然要充分运用科技赋能风险治理。推动政府公共信息数据协同互联，消除信息孤岛，打通信息数据交流"堵点"，整合政府信息平台，释放信息数据价值，为社会韧性建设提供新动力。依靠科技支撑和科学分析，对社会风险因素进行精准监控、科学研判、及时预警、动态处置，扫除社会风险隐患"盲点"，提高社会风险治理智能化、精准化、常态化水平，为社会韧性建设提供新动能。打造城市市政服务移动端，提高一网通办能力，提升政务服务和公共服务均衡化水平，破解公共服务"难点"，完善社会服务体系，提升社会治理水平，为社会韧性建设提供新举措。

防范和化解社会风险从被动防御向主动防范转化还需要借助科技的力量。新时代防范和化解社会风险面临新挑战，随着信息技术和互联网的快速发展，大数据业已超越传统意义上的数据储存、信息管理和风险分析能力。因而应该借助大数据技术来构建整体化、系统化、网络化、智能化的社会风险治理模式，对各类风险动态监测、实时预警，最大限度地实现社会风险源头治理，减少转型期社会风险发生的概率，降低防范和化解社会风险的成本，为有效化解各种类型社会风险提供坚实基础。

三 完善治理体系的韧性建设，加强社会治理结构的有效衔接

在当前社会风险日趋复杂的时代，风险与机遇并存，传统风险与现代风险交织，风险因素发展变化，多重风险相互叠加，社会风险难以规避。为了应对公共卫生、公共安全、自然灾害、社会失稳带来的风险，需要构建具有韧性的社会治理系统，保障社会在安全稳定的状态下运转。

进入新时代,一系列新概念、新理念、新命题进入社会治理领域,社会治理从最初的城乡社区的基层治理,延伸到了乡镇、县域和市域,因此可以在这样的行政架构下构建一个韧性社会治理的四级系统。

(一)基于村社多元共治,完善社区韧性治理新防线

城乡社区是韧性社会治理最小的细胞、最前沿的阵地,防范和化解社会风险的重心必须落实到城乡社区。城乡社区作为抵御风险灾害的第一道防线,是保障广大人民群众基本生活的第一责任主体,是维护社会秩序平稳向好的第一股力量,因此城乡社区的韧性主要体现在安全性、保护性和稳定性。城乡社区的韧性建设经历了从点到线,从线到网的过程。早期群众在社区中呈现原子化状态,个体之间的联系弱化,个人与社会之间疏离,集体观念弱化,道德失范,导致整个社会整体呈现出一种碎片化的状态,社会秩序一触即溃,点状的社会主体让社会韧性无从谈起。在这种情况下社会抵御风险能力低下,个体在社会中也得不到应有的支持和保护。从党的十四届三中全会提出加强政府社会管理职能,到党的十七大强调健全社会管理格局和基层社会管理体制,中国共产党对社会管理的认识不断深化。在长期探索和实践中,我国建立了社会管理工作领导体系,党委政府实现了从上到下的社会管理,线性的社会韧性逐步建立起来了。党的十八大以来,以习近平同志为核心的党中央深入研究社会管理面临的新形势、新任务、新特点,在党的十八届三中全会中首次明确提出"社会治理"这一重大命题。进入新时代,从"社会管理"到"社会治理",在行动理念上,要实现从管理到服务的转变;在行动主体上,要从过去政府一元化管理体制转向政府与各类社会主体的多元化协同治理体制;在行动取向上,要从管控规制转向法治保障,构建了社会治理组织网络,最终建立起了网状的社会韧性。"上面千条线、下面一张网",在防范和化解社会风险中,着力加强网格化社会治理联动机制建设,织密织牢城乡社区治理韧性之网,能够充分发挥社区治理在微观层面的优势,提高社会风险防治的主动性、灵活性、敏感性。

构建城乡社区韧性治理需要在基层党组织的领导下,由村(居)委会负责组织群众民事民议、民事民办、民事民治,充分凸显人民的主体地位。进一步完善民主协商机制,推进村(居)民议事会模式,充分发挥村民代表、乡贤在社会风险防治中的积极作用。同时完善社会风险闭

环处置流程，及时了解群众的诉求，及时处置社会风险隐患，及时化解矛盾冲突，有力提升了社会风险防治效能。城乡社区的韧性建设从原子化的点状，到从上至下的线性，最终完成共建共治共享的网络，使人民群众的获得感、幸福感、安全感得到了充分的满足。

（二）基于镇街一体两翼，构建镇街韧性治理新格局

乡镇和街道（以下简称镇街）是韧性社会治理的基本单元和中坚力量，基层强则国家强，基层安则天下安。乡镇基层韧性治理是以乡镇和街道一体两翼为基础，推动韧性社会治理，必须结合体制机制改革，赋予镇街更多的执法权力和管理事项，推动资源精准下沉、社会治理重心下移。2021年7月，中共中央、国务院印发《中共中央国务院关于加强基层治理体系和治理能力现代化建设的意见》（以下简称《意见》），要求增强乡镇（街道）行政执行能力、为民服务能力、议事协商能力、应急管理能力、平安建设能力。上述五种能力相辅相成、互为补充，是新时代加强镇街基层韧性治理建设的新要求。

第一，增强乡镇（街道）行政执行能力是完善基层政权履行职能，实现党的主张、国家意志、人民意愿的重要措施。在防范和化解社会风险方面，乡镇（街道）一级的韧性治理所强调的"韧性"包含三个维度的建设：在主体维度上，应加强基层党委有效引领，基层政府坚强有力，基层群众共同参与，基层组织协同共治的社会风险防治体制；在方式维度上，进一步完善网格化管理、精细化服务、科技化支撑、信息化共享等；在时间维度上，既包括社会风险爆发时的应急管理，也包括风险蛰伏期的常态化管理。在风险防控方面基层韧性治理通过增强行政执行能力，为基层政权建设创造敢作为、能作为、善作为的权力规范和资源基础，构建长效机制，强化执行力度，锲而不舍、驰而不息地完善风险防治。

第二，增强乡镇（街道）为民服务能力是满足基层人民群众对美好生活向往的重要保障。进入新时代，我国社会主要矛盾发生了根本性的变化，社会面貌发生深刻变化，利益格局也在进行深刻调整，增强镇街为民服务能力，有助于把基层党组织的政治优势、组织优势切实转化为治理效能。通过增强为民服务能力，既满足人民群众最基本的公共服务需求的同时又满足多样化需求，有助于提高镇街基层韧性治理，以更好

应对前进路上的风险挑战。

第三，增强乡镇（街道）议事协商能力是化解基层社会矛盾、平衡社会利益的重要支撑。进入新时代，防范和化解社会风险需要广泛调动人民群众的参与意识，最大限度地调动人民群众的积极性、主动性和创造性；创新风险防治的方式方法，就是要充分发扬基层全过程民主，充分保障和关注每个人的切身利益；面对社会矛盾冲突，重在民主，基层政权组织需要广泛听取群众关于切身利益的意见建议，将"人民当家作主"落到实处；构建主体多元、平等参与、协商互动的体制机制，充分保障人民群众共同发展的权利；增强议事协商能力，用好协商议事、协商办事的工作模式，依法依规科学决策，走好新时代群众路线。确保基层事情基层办、基层权力给基层。

第四，增强乡镇（街道）应急管理能力是防范化解重大安全风险、及时应对处置各类灾害事故的重要依托。构建镇街基层韧性治理，有助于基层政权更好地担负起保护人民群众生命财产安全和维护社会稳定的重要使命。《意见》提出要求乡镇（街道）属地责任和相应职权，构建多方参与的社会动员响应体系。具体来讲包括：为了完善风险研判、预警、应对，需要把应急预案细化到乡镇（街道）一级；在乡镇（街道）建立统一指挥的应急管理队伍，加强应急物资储备保障；增强应急管理能力，重在响应，直接化解风险、保障人民生命财产安全；健全基层应急管理组织体系，这样我国从上到下就形成了五级应急管理体系。同时，还要求市、县级政府指导乡镇（街道）做好应急准备工作，强化应急状态下对乡镇（街道）人、财、物支持，这些措施均有助于镇街基层韧性治理的构建。

第五，增强乡镇（街道）平安建设能力是加强社会治安防控体系建设的重要工程。平安建设重在保障，要求镇街从最基础的环节抓起、从最明显的短板补起，推动公共安全治理模式从事后应对向事前防范转型。进入新时代，防范和化解社会风险推进平安建设，需要充分发挥大数据的基础保障作用，加快推进大数据基层平台建设，实现风险信息和数据的共享交换与应用。增强乡镇（街道）平安建设能力需要构建立体化、智能化、实战型的风险防治体系，以完善对社会风险要素的动态感知、智能采集，智慧分析、数据处理等。上述措施为构建镇街基层韧性治理打下了坚实的基础，通过排除社会安全隐患，创新风险信息平台，建立风险隐患动态预警、处置闭环机制，有效防范和化解社会风险。增强平安能力建设，通过各种方式调处矛盾纠纷，保障人民群众享有安全稳定的社会环境。

在防范和化解社会风险方面，上述五种能力共同打出了一套组合拳。为了有效应对现代性风险带来的各种挑战，加强基层政权治理五种能力的建设，既是保证我国基层政权稳固的重点任务，也是增强基层政权防范、应对和化解各种风险挑战的重要策略，对于完善基层治理模式、解决发展不平衡不充分问题具有重要意义。在践行过程中，关键是形成推进基层治理现代化的整体合力，增强基层政权为民办实事的能力，提高行政效率，不断增强百姓对基层政权的信赖。

（三）基于县级集成指挥，探索县域韧性治理新模式

县域治理是市域社会治理的基础和重点，县域韧性治理需要建立起党委统一领导、政府依法履责、社会组织积极协同、群众广泛参与的自治、法治、德治"三治融合"的基层治理体系，这是保障人民安居乐业、社会安定有序和国家长治久安的基石。

县域韧性治理需要立足县域定位，结合县域实际，充分发挥自治的基础性作用、法治的保障性作用、德治的约束性作用，着力完善标准化的治理制度、精细化的治理架构、多元化的治理方式、现代化的治理手段，努力推动县域社会韧性治理体系科学化、系统化、专业化、智能化和长效化。

首先，建立健全社会矛盾冲突化解机制。在社会转型期，社会矛盾冲突化解呈现出常态化、多样化、复杂化等特征，随着公众参与意识的提高，社会矛盾调解工作越来越难做。社会矛盾冲突化解是县域社会韧性治理的重点和难点，因而可以通过在县域建设非诉讼服务中心，构建非诉讼纠纷解决综合平台，施行"群众调解＋律师调解"和"调解＋行政复议"等多元化的手段化解非诉讼的社会矛盾。总之，建立健全社会矛盾冲突化解机制的目的是有效保障矛盾纠纷不外溢不上行，打造矛盾纠纷"终点站"。

其次，建立健全社会治安防控机制。新时代社会治安防控强调源头治理，因此要完善重大决策社会稳定风险评估，加强第三方评估机构介

入"稳评",完善预警排查机制。推行警情、舆情、民情"三情"联判,有助于社会治安风险早发现、早防范、早处置,推动关口前移、重心下移,着力防范社会风险。为了防止社会治安问题频发多发,需要进一步织密织牢社会治安防控网,建设新一代智能化"天网"作为优化治安巡逻防控工作模式的有力助手。同时积极调整社会治安防控重点,推进科技防控体系建设,创新治安防控新格局。

最后,健全公共安全防范机制。公共安全事关人民群众生命财产安全和改革发展稳定大局,积极应对公共安全事件是防范和化解社会风险的重要方面,也是县域社会治理的重要内容。构建县域安全风险防控长效机制,需要全面调查、分析、评估重点行业和关键区域的安全风险,在应急管理、环保、消防等部门之间建立联动机制,常态化推进安全专项整治。同时,严格落实县域内的工矿企业安全风险分级分类管控,科学严谨地排查治理隐患,严格执行风险报告制度,要求初报要快、续报要准、结报要全。并且及时更新应急预案,构建统一指挥、反应灵敏、上下联动的应急管理体系,搭建应急救援信息平台,重视应急演练,提高救援能力,做好平战结合和平战转换。实施标准化管理,制定公共安全防控措施,提升县域公共安全水平。

（四）基于市级智慧治理,创新城市韧性治理新举措

党的十九届五中全会首次正式提出了"韧性城市"这一概念,在《中华人民共和国国民经济和社会发展第十四个五年规划和2035年远景目标纲要》中又进行了具体的顶层设计。提升市域治理韧性需要从智慧城市向"智慧+韧性"城市升级,注重"智慧"和"韧性"的融合推进,建设可自适应和可持续发展的"智慧+韧性"城市。关于智慧城市的建设,一直以来都有一个误解,即无论是专家学者还是普通公众,都认为科学技术的进步一定会促进社会治理的进步和社会矛盾的化解,然而众多事实显示对数字技术的过度依赖反而可能使城市治理陷入困境。因此提升城市治理韧性,构建"智慧+韧性"城市可以从以下几个方面着手。

首先,做好信息备份和设备备份工作。为了弥补数字技术自身的脆弱性,在"智慧+韧性"城市的建设过程中对关键的信息数据、重要的技术平台和基础设施做好备份工作,当主系统在灾害中受损无法正常运

转时，备份系统可以随时启用，以保障基本的信息传递、通信通话、道路交通在抗灾救灾过程中能够经受灾害的检验而不失灵。遇到突发情况是在与时间赛跑，因而完善通信网络容灾机制，提高关键基础设施的抗灾抗毁等级，加强重点区域应急保障能力，是提升城市韧性治理的基础。

其次，加强新兴技术与传统设施的融合。灾害救援过程中经常会出现，真正面临重大灾害时，很多依赖网络的新兴技术会突然失灵，而相对传统的设备，比如电台、喇叭、广播等，会成为灾害中传输救援信息的有效工具发挥巨大作用。因此，建设"智慧+韧性"城市需要规划一个更加抗风险、更加可持续发展的城市。把新基建设施与传统基础设施相结合，城市在进行智慧创新、科技转型和智能提升的同时，不能废弃现有的传统基础设施和技术，而是要将二者有机地融合，和平时期发挥智慧城市全智、全能、全时的高效率，非常时期启用传统设备的保稳、保通、保畅的稳定性，使二者的功能互为补充，互为备份，共同构筑城市韧性。

最后，社会风险韧性治理是通过提高社会结构的自我修复能力，提升治理主体抵御风险的水平，增强社会系统的抗扰动能力，来维持整个社会的正常运转。这为社会治理创新提供了新的视角，同时也为防范和化解社会风险厚植社会基础，完善了风险治理中国家、市场和社会共同构成的多元治理体系。

四 完善治理方式的韧性建设，推动社会治理统筹协调

进入新时代，我国全面深化改革进入深水区，国际环境和国内社会主要矛盾日益复杂多变，防范和化解社会风险变得艰巨且重要。十九届四中全会提出"加强"系统治理、依法治理、综合治理、源头治理就是要在党的十八届四中全会中"坚持"的基础上进一步地强化，这一创新性表述在本质上体现了构建国家治理体系和治理能力现代化的重要性，是把国家制度优势转化为国家治理效能的有效途径。构建韧性社会正是这四个方面在社会风险防范和化解领域的实践应用，这恰是助推国家治理体系和治理能力现代化的重要体现，也是将制度优势转化为国家治理效能的重要体现。

(一) 基于系统治理，打好统一指挥的组合拳

当前处于风险复杂多变的社会中，"风险不仅跨越民族国家的边界，也模糊了生产和再生产的界限"（乌尔里希·贝克，2004）。风险存在于各个领域，每一个人都会受到潜在风险的威胁，因此现代化治理体系和治理能力所体现的系统治理应然是"整合联动"的。应急管理、风险管理和危机管理共同组成了公共风险危机治理网络，系统治理是各级党委、政府及其他部门、企事业单位以及公民的参与式治理，同时也是事前防范、事中处置和事后总结的全周期治理，构建高韧性社会需要基于系统治理打好统一指挥、综合协调的组合拳。

统一指挥是基于上下一盘棋的思路，要发挥党的领导作用，完善风险防控的领导体制。风险防控要坚持党的领导，强化各级党组织在风险治理各个环节中的主导作用，发挥各级党委特别是基层党组织把方向、谋大局、定政策、促改革的体制和能力优势，为防范和化解社会风险提供坚强有力的政治保障和组织保障。同时，充分发挥我国的独特政治优势和党植根于群众的社会优势，各级机构、社会组织及个人必须服从统一的命令和指挥，只有这样才能凝聚合力，保证政令统一，行动一致。通过党建引领实现社会风险多元协同治理，特别是要有效发挥社会组织在社会风险治理中的独特作用。具体到实践中，就是要建立社会风险多元防控体系和个人风险多元应对体系。

综合协调是基于优化、协同、高效的原则，实现部门联动和协同应对社会风险。国家层面要加强顶层设计，地方层面要强化分工负责，各部门要实现风险源信息互联互通。理顺各个部门相应职责划分，将国家力量、军队力量、社会力量和专业领域力量进行合理编排，明确风险治理过程中各力量投入的时机和方式，根据实际情况有序投入各方力量，防止打乱仗、乱打仗。当前中国社会风险因素众多，且与金融、安全、意识形态等各个领域的风险因素交织存在，因此必须要建立完善协同治理机制，建立起党委领导、统筹协调、各尽其责、协同联动的社会风险应对机制。

系统治理应构建和完善社会风险治理的全过程、全链条工作机制。当前中国社会风险呈现高度的叠加性，风险治理机制需要应对各种外显和内隐的风险因素，最大限度降低风险爆发和传播的可能性。从社会风

险的生成机制和影响传播过程来看，全过程、全链条式的社会风险治理机制应包括社会风险研判机制、社会风险评估机制、社会风险防控协同机制、社会风险防控责任机制、社会风险阻断机制等。

系统治理还需要建立上下联动、内外结合、合力推进的工作机制，即对上有报告、对下有行动、对内有联动、对外有发布，处理好统筹和分工、防范和化解的关系，有效发挥好管理部门的综合优势和相关部门的专业优势。高韧性社会之所以强调合力推进治理，是因为当下风险是社会公众共担的，每个人都对社会风险治理有不可推卸的责任。

总之，社会风险治理必须在党的领导下，依托相关部门，特别要注重依靠和发动群众，包括发挥一些专业性社会组织的作用，坚持和发展"枫桥经验"，健全平安建设社会协同机制，整体上提升维护社会稳定的能力和水平。

（二）深化依法治理，落实社会公正保护机制

在防范和化解社会风险中坚持依法治理就是加强法治保障，运用法治思维和法治方式化解社会矛盾冲突，实现社会治理方式从单纯行政管控向注重法治保障转变将有助于构建高韧性社会。习近平总书记指出，"人类社会发展的事实证明，依法治理是最可靠、最稳定的治理"，"法治是国家治理体系和治理能力的重要依托"。党的十九届四中全会对推进国家治理体系和治理能力现代化进行顶层设计，将依法治理作为治理现代化的重要手段。当前我国经济社会发展面临着巨大的风险挑战，社会风险形势越是严峻就越要毫不动摇地坚持依法治理。

全面深化依法治理，需要在防范和化解社会风险中共同推进依法执政、依法治国、依法行政，充分运用法治资源应对社会风险的挑战，建立健全风险治理的体制机制，保障风险防控的常规化、科学化和有序化。由于社会风险具有易变性和突发性，所以法律法规的制定与修正需要与时俱进，还要深入落实法治秩序、法治思维、法治方式，使社会风险和矛盾危机在法定程序、标准和方式中得到防范和化解。法律是一种由立法机关通过严格的制定程序形成的行为规则。法治就是用法律的准绳去衡量、规范、引导社会生活，推进法治国家、法治政府、法治社会一体化建设。依法治理通过制度推进国家和社会治理的各项工作，因此还具备相对的稳定性和固定性，依靠法律统一各管理部门的政策能够最大限

度地避免碎片化管理。

同时，基于依法治理应对社会风险的根本目标是保护公民权利，让人民群众切实感受到依法治理带来的安全、稳定、发展的福祉和利益。法治的含义不是政府以法律来治理社会，而是政府的行为在法律的约束之下。坚持依法治理，有效化解经济社会矛盾，有助于保护公民权利、实现公平正义和维护"公序良俗"。从长远看依法落实好社会公正保护机制是非常必要的，"建立畅通有序的诉求表达、心理干预、矛盾调处、权益保障机制，使群众问题能反映、矛盾能化解、权益有保障"，能够形成有效的风险缓冲和阻断机制。运用法治直接应对社会风险损害带来的挑战，坚持严格依法办事能够避免政策之间产生冲突，无论"放宽"管理还是"严格"管理都必须"依法"，才能使社会风险治理避免陷入"一放就乱、一管就死"的怪圈。

（三）开展综合治理，实施多元化的治理方式

综合治理强调的是治理方式的多元，从单一向行政、法律、经济、教育等多种手段综合并用，在防范和化解社会风险方面，通过强化道德约束，运用舆论引导，规范社会行为，调节利益关系，协调社会关系，解决社会问题，以构建高韧性社会。

综合治理以提升社会风险治理质量和水平为重点，充分利用多种方式，能够推进高韧性社会向纵深发展。防范和化解社会风险的方式包括：整合社会风险治理资源，充分发挥多元主体在风险治理中的自治、协同、参与作用，完善多元治理机制；综合运用民主、法治、教育、引导、科技等多重手段，提高风险治理效能；完善自治、法治、德治"三治融合"，集聚力量、凝聚人心，强化道德约束，规范社会行为，为社会风险治理打下坚实的基础；重点支持、培育和发展社会组织、社工组织和志愿组织，培育和优先发展专业型、科技型、公益型等多种类型的防范化解社会风险的社会机构。

综合治理还强调整合各类资源，采取行政调解、人民调解和司法调解相结合的多元调解模式，注重心理疏导，培育积极的社会心态，及时有效维护群众合法权益，把风险化解在萌芽状态。

综合治理同时还应加强科技支撑，利用电子政务、微博微信等新兴媒体，创新和发展"互联网+"模式，搭建高效便捷的沟通平台，完善

政务信息公开，拓展公众参与渠道，广泛收集民意，建立健全政府与社会互动、官方与民间交流的平台，完善民主协商机制。

（四）坚持源头治理，做好预防预测预警预控

源头治理是将社会风险治理的关口前移，减少社会风险事件和社会矛盾冲突的产生，抓住主要矛盾或者矛盾的主要方面，标本兼治、重在治本，采取预防性治理，提高社会韧性，为有序高效地防范和化解社会风险创造平稳的环境。这与党的二十大报告中提出的"坚持安全第一、预防为主，建立大安全大应急框架，完善公共安全体系，推动公共安全治理模式向事前预防转型"是一致的。当前我国处于社会加速转型期和重大变革期，其间社会利益的分化，社会矛盾的涌现，社会风险呈现出复杂性与不确定性，导致了各种诱发社会风险的要素井喷式增加，从而使得防范和化解社会风险被摆放在重要的位置。因而从源头治理的角度来拓展和深化构建高韧性社会是非常有必要的。

坚持源头治理，需要做好社会风险的预测预警预防，构建科学高效的风险防范和化解体系。应对社会风险的关键是把风险因素和矛盾冲突防范化解在萌芽状态。完善社会稳定风险评估机制，在重大决策、重大决议、重大工程部署之前，就其可能引发的社会风险因素及防范化解策略实施评估，建立健全社会风险预测、识别、评估和管控措施，落实风险源头防范化解责任。坚持以预防为主，预防与应急相结合的原则，加强社会风险、社会矛盾和社会冲突滚动排查、预警和化解，加快形成源头治理、常态治理、应急处置有机衔接的全过程治理机制。

系统治理、依法治理、综合治理和源头治理基于构建高韧性社会的角度，共同组成了防范和化解社会风险的体系。系统治理是总领，从整体性思维对社会风险进行通盘考量，强调采取整合联动的方式进行风险治理；依法治理是前提，强调运用法治思维和法治方式化解矛盾、解决问题，体现治理的科学性、公平性和公正性；综合治理是基石，强调风险治理方式的多元化和治理资源的有效整合；源头治理是关键，强调从防患于未然的角度有效应对复杂的社会风险问题，力求事先预防、事半功倍、标本兼治、重在治本。

第四节 创新社会风险管理，完善社会稳定风险评估机制

社会稳定风险评估究其本质是评估相关重大决策对社会稳定造成的影响，目的在于找到影响社会稳定的风险源，进而做出正确科学的决策以有效防范和化解社会风险，维护国家安全和社会稳定。当前我国正处在改革攻坚期、矛盾凸显期、发展动能转换期"三期叠加"的发展关键期，总体上社会发展平稳向好，但是随着社会群体利益冲突激增，社会群体性事件也时有发生，严重影响社会稳定。逐步推广开来的重大决策社会稳定风险评估是一项非常重要的机制创新。积极健全重大决策社会稳定风险评估机制，是各级政府积极回应治理危机和增强风险治理能力的重要体现，也是创造动态社会稳定和有效国家治理的一项基础性工程。[①] 重大决策的"稳评"是对与民生密切相关的重大决策、重大项目等，在出台或审批前，对可能影响社会稳定的因素进行科学、系统的预测、分析和评估，制定风险应对策略和预案，以有效地规避、预防、降低、控制和应对可能产生威胁的社会风险。建立健全重大决策社会稳定风险评估机制，对于预防社会矛盾、维护社会稳定、化解社会风险、创新社会治理具有重要意义。

一 建立健全社会稳定风险评估制度

风险管理视域下打造联动共治的社会风险化解机制，是在防范社会风险基础上，实现经济社会的良性有序发展，提高政府治理风险的科学化和民主化水平，推进社会治理体系和治理能力现代化。社会稳定风险评估的目的在于发现和预判重大决策所产生的社会影响，找到解决问题的路径和方法，降低和消弭重大决策所带来的不稳定风险，以有效防范和化解社会风险。

[①] 黄杰、朱正威：《国家治理视野下的社会稳定风险评估：意义、实践和走向》，《中国行政管理》2015 年第 4 期。

（一）风险评估嵌入决策程序

防范和化解社会风险的基础是对风险进行有效的预测、评估与监控，其目标是将风险水平控制在社会稳定与安全的临界阈限之内，确保风险事件造成的损失与付出的代价不超出社会承受能力。各级党委、政府及其职能部门和具有行政管理职能的单位，在贯彻实施涉及人民群众切身利益的诸如重大政策、改革、工程项目、大型活动等重大决策前，对引发社会失稳的潜在风险展开初期的论证和评估，并制定相应的风险防范与化解措施。

社会稳定风险评估是对与民生密切相关的重大决策、重大项目等，在出台或审批前，对可能影响社会稳定的因素进行科学、系统的预测、分析和评估，制定风险应对策略和预案，以有效地规避、预防、降低、控制和应对可能产生的威胁社会稳定的风险。[1] 对重大决策事项进行社会稳定风险评估最初是地方政府处理社会矛盾、完成维稳任务所探索出来的一种工作方法，具有地方性与权宜性。后来，"稳评"确实在社会矛盾化解与社会风险预警过程中发挥了积极作用。因此，逐步成为相对制度化的社会治理创新成果，在更高层面、更大范围内获得了推广。[2] 防范和化解社会风险需要在制定出台及实施涉及较多公共利益的重大决策前，运用科学方法对其蕴藏的稳定风险进行预测、分析和研判，从而制定相应的应对方案和策略。[3]

社会稳定风险评估的目的包括：一是预评估，即对社会不稳定的因素进行预测；二是源头治理，即把不稳定因素控制在萌芽状态；三是维稳与维权的统一，即把事后的抗议力量纳入公共决策参与过程，以实现决策过程的法治化、民主化、社会化和科学化。[4] 在防范和化解社会风险过程中，组织开展社会稳定风险评估，就是知晓公共政策和决策对

---

[1] 黄杰、朱正威：《国家治理视野下的社会稳定风险评估：意义、实践和走向》，《中国行政管理》2015年第4期。

[2] 张乐、童星：《重大决策社会稳定风险评估的问题、回应与完善》，《江苏社会科学》2015年第4期。

[3] 张玉磊、徐贵权：《重大决策社会稳定风险评估机制的问题与完善》，《中共天津市委党校学报》2015年第4期。

[4] 朱德米：《社会稳定风险评估的社会理论图景》，《南京社会科学》2014年第4期。

社会稳定潜在威胁的程度。而重大决策则是由各级党委政府或相关政府职能部门作出的、与人民群众利益密切相关的政策。在决策制定出台、组织实施或审批审核前实施"稳评",是将"稳评"程序嵌入决策程序,从而增强决策对社会稳定风险的前瞻性和预防性。① 重大决策社会稳定风险评估的核心是尽可能准确地把握风险发生的概率、等级和危害程度,最大程度地减少风险的潜在威胁,遏制风险向现实转化,通过修订和完善决策实施方案,提高决策的合法性、合理性、可行性和可控性。

重大决策社会稳定风险评估具有鲜明的中国特色。第一,其注重将风险化解与利益协调的重心,从事后被动的应急管理,前移到事前主动预防,以及事中的风险控制甚至是全过程的综合治理上。第二,其现实意义是将维权、维稳和决策过程的法治化、民主化、社会化和科学化有机结合起来。童星认为,考虑到我国社会是典型的政府主导型社会,且公共政策面广量大,应先从对公众影响面广的政策做起,对其进行风险评估。特别是重大政策决策、重大建设项目,均应在出台或审批之前,对其进行社会稳定风险评估。②

(二) 构建标准化风险评估流程

构建有效的社会风险防范和化解机制需要建立健全重大决策社会稳定风险评估体制,构建标准化评估流程是关键。首先应更加注重完善社会稳定风险评估的顶层设计;其次应更加注重明确社会稳定风险评估的精准定位;再次应更加注重落实社会稳定风险评估的长效机制;又次应更加注重完善社会稳定风险评估的保障机制;最后还应更加注重健全社会稳定风险评估的防范预警机制。③ 张玉磊和徐贵权则从以下方面提出了完善重大决策社会稳定风险评估机制的具体对策:一是提高对"稳评"机制的思想认识,加强对"稳评"机制的理论研究;二是科学界定"稳评"对象,不断完善"稳评"程序;三是科学设置"稳评"指标体系,

---

① 王阳:《重大决策社会稳定风险评估制度的效果分析——以"评估主体"的规定为重点》,《中国行政管理》2016 年第 3 期。
② 童星:《公共政策的社会稳定风险评估》,《学习与实践》2010 年第 9 期。
③ 陆杰华、刘芹:《转型期重大决策社会稳定风险评估体制机制探究》,《中国特色社会主义研究》2019 年第 3 期。

合理改进"稳评"方法;四是明确"稳评"主体,建立多元主体的"稳评"模式;五是完善"稳评"的配套制度建设,推进"稳评"的规范化进程。[1] 为了使评估流程更为完善,其一,应成立独立的风险评估机构;其二,应进一步明确风险评估的内容和重点;其三,应规范风险评估的程序和标准;其四,应畅通风险沟通与信息公开的渠道,拓展公民和社会组织有效参与的路径;其五,应明确责任主体,将风险评估纳入各级政府的考核机制;其六,应将风险评估融入政府决策科学化、民主化、社会化和法治化过程中。[2] 在重大决策事项制定、出台及实施前,通过系统调查、研判和评估对可能影响社会稳定的因素进行分析,评估发生危害的可能性。对不同的风险进行等级管理,并制定风险应对策略和预案,采取措施防范、降低、消除风险的工作,从而有效规避、预防、控制重大决策实施过程中可能产生的社会稳定风险。[3] 构建标准化风险评估流程有利于将维稳的关口前移、实现源头治理,甚至全过程的综合风险治理;同时,有利于将维权、维稳和决策过程的法治化、民主化、社会化和科学化系统结合在一起。[4]

(三) 把握风险评估关键节点

在防范和化解社会风险过程中,关键问题是如何识别风险源。在风险源识别基础上,以科学和民主的方式制订精细化方案弥补政策缝隙,是实现源头治理的关键。因此,识别了风险评估中的风险源——利益冲突点,有利于形成风险识别机制,实现源头治理,从而提升公共决策的科学化和民主化水平。[5] 把握重大决策社会稳定风险评估的关键节点包括:科学的风险评估过程;同行评议和异议监督;开放的风险交流机制;充分的风险决策说理;风险决策的可审查性。上述关键节点缺一不可,

---

[1] 张玉磊、徐贵权:《重大决策社会稳定风险评估机制的问题与完善》,《中共天津市委党校学报》2015年第4期。
[2] 张小明:《我国社会稳定风险评估的经验、问题与对策》,《行政管理改革》2014年第6期。
[3] 张小明:《我国社会稳定风险评估的经验、问题与对策》,《行政管理改革》2014年第6期。
[4] 朱德米:《社会稳定风险评估的社会理论图景》,《南京社会科学》2014年第4期。
[5] 朱德米:《政策缝隙、风险源与社会稳定风险评估》,《经济社会体制比较》2012年第2期。

否则社会稳定风险评估的制度功能都将难以实现。① 同时，推进社会稳定风险评估应构建辨识、研判、防范的治理机制：一是完善社会稳定风险的辨识机制；二是完善社会稳定风险的研判机制；三是完善社会稳定风险的防范机制。②

党的十九届四中全会审议通过的《中共中央关于坚持和完善中国特色社会主义制度 推进国家治理体系和治理能力现代化若干重大问题的决定》中健全提高党的执政能力和领导水平制度部分提出要"健全决策机制，加强重大决策的调查研究、科学论证、风险评估，强化决策执行、评估、监督"，防范和化解重大决策失误引发的社会风险是社会治理的重要工作内容，保持经济社会发展稳中向好是检验国家治理体系和治理能力现代化的重要指标。重大决策的颁布与实施对经济的稳中向好、社会的良性运转和人民的生活安定产生了重大的影响，各级政府高度重视将社会稳定风险评估机制纳入社会治理实践中，力求准确把握社会发展形势，发现稳定风险源，制定切实可行的对策，从而有效防范和化解社会风险。

二 创新第三方介入社会稳定风险评估机制

重大决策社会稳定风险评估机制在对社会矛盾冲突进行源头治理，维持经济社会稳定运行，形成社会最大公约数，凝聚发展合力方面具有不可替代的优势。但是目前我国重大决策社会稳定风险评估体系在制度建设方面仍存在诸如决策主体、实施主体和评估主体职责不清晰、界限不明确，评估主体单一，评估流程不规范，评估责任追究机制不健全等问题。为了解决上述问题，将社会稳定风险评估工作委托给重大决策无隶属关系和利益关系的第三方机构进行，科学严谨地展开实地调查、访谈调研、问卷调查、专家论证、分析评估、形成报告等一系列程序，在社会稳定风险评估中可以发挥第三方机构介入的优势作用。对重大决策

---

① 许传玺、成协中：《重大决策社会稳定风险评估的制度反思与理论建构》，《北京社会科学》2013年第3期。

② 张乐、童星：《重大决策社会稳定风险评估的问题、回应与完善》，《江苏社会科学》2015年第4期。

社会稳定风险评估主体的研究，是学术界广泛关注的重要理论和实践问题。社会稳定风险评估的主体是多元的，社会稳定风险评估的主体可以分为责任主体和执行主体。在多元主体评估模式下，首先要将"稳评"的责任主体与执行主体相分离，确定客观、公正的风险评估程序。其次，重大决策责任主体即委托方，将"稳评"工作委托给具有资质的专业"稳评"机构、专家学者等第三方，由他们作为"稳评"的执行主体，在对基础信息进行分析的基础上，确定利益相关者和评估方案，并进行实地调查，收集第一手数据。[1] 社会稳定风险评估的主体，不应是重大决策的部门或者重大项目的建设单位，而应是具有相对独立性的第三方[2]，才能客观评估社会稳定风险，为有效防范和化解社会风险奠定基础。

第三方机构在重大决策社会稳定风险评估工作中应立足于实事求是、客观公正、违规必究、权责统一、惩教结合的原则，重视基本风险调查、风险信息分析、风险源辨识和分类、风险评价和分级、风险控制、风险监控预警、风险应急处置、监督检查与评价等是否符合实际情况。在制度运行中，严格按照"查找运行风险→预设防范控制→运行控制监督→失范处置追究→规范修正制度→职责界限划分"的"六步骤一循环"闭环运行科学规范工作流程，分别对应"风险动态追踪机制→风险动态防控机制→后续风险监督管理机制→风险责任追究机制→'稳评'绩效考核机制→责任共担均衡机制"。

（一）风险动态追踪机制

随着我国经济社会的快速发展，社会风险将随着时间、地点、环境等因素的变化而变化，第三方机构将"稳评"工作贯穿重大决策制定实施全过程，建立"目标设定、等级评定、预警管控、动态监控"四项风险动态追踪机制。基于社会管理向社会治理的转变，第三方机构构建风险动态追踪机制，提升防御社会风险的整体能力，形成基础性、整体性、系统性的制度架构。在社会稳定风险评估的整个流程中，第三方机构应

---

[1] 张玉磊：《多元主体评估模式：重大决策社会稳定风险评估机制的发展方向》，《上海大学学报》（社会科学版）2014年第6期。

[2] 童星：《公共政策的社会稳定风险评估》，《学习与实践》2010年第9期。

充分发挥大数据、人工智能等技术在风险评估领域的核心作用,基于以数据驱动建立的风险评估系统,将互联网技术深度应用于风险分析等重要环节,通过机器学习、深度学习及自然语言处理等技术对海量数据进行处理、分析和挖掘,进而增强识别风险、量化风险、预测风险的能力。第三方机构通过查找制度风险、稳定风险、机制风险,规范评估流程,明确责任事项,采取独立评估风险、互检评估结论、公众参与评议、组织审核批复等方式,对排查出来的社会稳定风险点逐一审核,登记汇总,争取达到"查找准确、表述准确、认定准确"的目标。

(二) 风险动态防控机制

健全的机制是科学防控风险的前提和基础,是明确重大决策社会稳定风险防控工作的目标任务、主要内容和实施步骤。第三方机构作为风险控制的主体,需要及时把握风险动态,采取有效的风险防控措施。"防"是指第三方机构针对风险易发多发的重点领域和关键环节,采取实地调研、结构化访谈、抽样调查、问卷调查、专家评估、公众参与等方式充分收集风险信息,分别做出"节点预防、阶段预防和综合预防"。"控"是指第三方机构结合现实情况,深入调查研究,坚持自控、内控、总控和监控相结合,大力推行多元主体评估制,强化对社会稳定风险监控的评估指导。第三方机构通过对风险源采取防控措施,修正完善现行制度,推动整个制度层面产生变化,重点加大对社会稳定风险评估的监督控制力度,健全完善社会风险防范和化解措施运行制度。第三方机构坚持防控结合的原则,以源头治理为切入点,按照"查为基础、防为关键、控为核心"的社会风险防控思路,探索建立以"动态查找风险、预警防范风险、制度化解风险"为内容的"三位一体"风险防控机制。

(三) 后续风险监督管理机制

第三方机构根据风险的严重程度不同、自由裁量权的大小、群体性事件发生的概率及危害程度,对排查出的社会稳定风险点进行风险等级评估和分级,并进行后续监督管理,才能使"稳评"达到"具体有效、针对性强和风险防得住"的目标。第三方机构在重大决策社会稳定风险评估工作中将风险识别出并划分等级只是工作的开端,根据评估报告进行政策部署和后续的风险监督管理,才是"稳评"的最终目的。第三方机构构建后续风险监督管理机制需要在之前的工作基础上，强化社会稳定风险管理责任，把风险管理责任落实到具体责任部门和个体，达到"没有问题早预防，问题苗头早发现，一般问题早纠正，严重问题早查处"的监督管理目标，真正做到监督全面，防控有效。第三方机构协助地方政府坚持抓住社会稳定风险易发多发的重点领域、关键环节，从影响经济社会发展的现实问题、群众反映强烈的突出问题、社会稳定的热点难点问题入手，努力构建"以风险为点、以机制为线、以制度为面"环环相扣的重大决策社会稳定风险评估后续风险监督管理机制。

（四）风险责任追究机制

地方政府作为责任追究的主体，要充分发挥法律在社会稳定风险评估工作中不可替代的作用，把进行社会稳定风险评估作为执行重大决策的前置条件和刚性约束，逐步改变问责难的局面；地方政府构建风险失范责任追究机制，要依据法律落实针对第三方机构的问责机制，严格责任查究。地方政府根据有关法律法规加大对第三方机构责任查究力度，对其违反有关要求、出现重大问题的地方、部门（单位）和第三方机构及其领导、责任人进行严格的责任查究，倒逼第三方机构有效落实各项措施要求。构筑起"风险评估有标准、风险防控有措施、问责追究有依据"的社会风险防范和化解机制，以实现科学、动态、循环管理。

针对第三方机构的风险责任追究机制是对由于其不按照评估结论落实社会稳定风险防控措施而引发风险的，根据引发的风险等级不同由地方政府采取不同措施。对低风险等级的，地方政府进行警示提醒，督促其自我改进；对一般风险等级的，地方政府进行诫勉约谈，督促其增强风险意识；对高风险等级的，地方政府实施行政问责，使风险防患于未然；对于已经引发社会失稳的，地方政府启动责任追究，目标是做到事前与事中防控到位，使存在的管理漏洞和薄弱环节及时发现、及时预警、及时纠正。

地方政府也受到风险责任追究机制的制约。对于地方政府，对重大决策不当、失误、错误，或未严格按照评估意见落实相应的防范、化解和处置措施，或未按相关程序和规定进行严格审查；凡是应当开展评估而未进行评估的，或未按照有关程序进行评估和分析，评估走过场、弄虚作假的；重大决策在实施过程中未跟踪掌握情况，未及时发现和纠正偏差、调控风险，引发社会稳定问题或群体性事件的，要严肃追究相关部门和人员的责任，对主要负责人、分管负责人和直接责任人给予处分，对涉嫌犯罪的，要移交司法机关依法追究法律责任。

总之，把强化风险责任追究作为推进重大决策社会稳定风险科学评估的有效手段，第三方机构应该突出重大决策、重点工程、重要项目和重大活动这四个重点，以公开促公正、以监督促严谨，以追责促规范。为了防止社会稳定风险事件的发生，初步实现评估分析程序化、风险防控全程化，做到源头治理，以达到"评估一案、治理一片、稳定一方"的效果。

（五）"稳评"绩效考核机制

"稳评"绩效考核机制是采取问卷调查、电话评议等方式对决策实施结果进行满意度测评、评估结论反馈测评，并对整改情况跟踪督办，提高重大决策社会稳定风险评估考核评价的全面性和准确性。地方政府可据此考察第三方机构的工作进程，并将"稳评"绩效纳入政府绩效考核的范畴，坚持把绩效考核作为风险评估的重要补充，及时解决"稳评"过程中存在的"懒、散、庸、拖、混"等问题。地方政府根据《重大决策社会稳定风险评估实施办法》中明确规定的评估内容、评估标准、评估细则、评估流程、评估程序和评估范围对第三方机构进行考核。地方政府应按照突出重点和化繁为简的原则，凸显高风险等级决策，根据风险等级变化、评估结论整改情况及时修订考核内容，并积极推动风险评估结论向社会公开，接受群众监督。另外，"稳评"绩效考核机制可以尝试从最初的只考核评估结论逐步扩大到评估全程，探索建立日常考评、阶段考核、自查自纠、民主测评等机制，针对第三方机构的社会稳定风险防控工作情况进行专项考核，并进一步构建"稳评"责任制考核评价体系，作为风险责任追究的重要依据。

（六）责任共担均衡机制

地方政府和第三方机构如果能够建立责任共担均衡机制就可以增加"稳评"制约点。针对以往单一主体评估权力过分集中、民主监督不到位的情况，构建责任共担均衡机制，对地方政府和第三方机构交叉的工作内容进行清晰界定；对重复职权予以明确，对公共职权予以完善，细化职权流程，对涉及全局性的重大决策的"稳评"都严格按照评估程序使双方各尽其责,做到科学决策、民主决策,使"稳评"规范运行。以实现重大决策"零投诉、零上访、零违规"的目标。

近年来,随着第三方机构介入重大决策社会稳定风险评估开始进行理论探索和实践检验,使"稳评"工作深入重大决策制定实施的各个环节,增强了地方政府的风险危机意识、风险防范意识和风险化解意识。构建责任共担均衡机制能够规范重点领域和关键环节的公共权力运行,提升了公众对"稳评"的认可度、支持度和满意度,进一步完善了重大决策社会稳定风险评估的体系建设。但是,不可否认重大决策社会稳定风险评估的第三方介入机制作为新生事物,仍存在需要进一步完善之处。今后,可以将这项工作进一步向基层延伸,通过搭建技术平台,强化对"稳评"常态化的推广,建立健全第三方有效介入"稳评"的长效机制,提高重大决策的科学化水平,提升社会风险的防范和化解能力。

三 落实第三方机构评估结论的评价管理

随着重大决策社会稳定风险评估的理论研究与实践探索的日渐深入,第三方机构介入"稳评"在体制建设、机制建构和理论架构上也有了进一步的发展。积极开展和推进重大决策社会稳定风险评估工作,充分发挥第三方在社会稳定风险评估工作中的职能和作用,是社会风险防范和化解机制走向成熟的重要标志。但是,如何防范第三方机构在"稳评"工作中弄虚作假?如何督促第三方机构科学规范地发展?重大决策社会稳定风险评估经过近十年的探索和快速发展,进一步完善针对第三方介入风险评估效果的考评迫在眉睫。但是,当前针对"稳评"的评估并未引起足够的重视,在学界仅有张乐和童星从过程评价与效果评价相结合的视角,对重大决策社会稳定风险评估结论的考评管理进行了探索性研究。[①] 其认为对第三方评估效果进行评估,有助于进一步规范第三方机构参与社会稳定风险评估工作,提高"稳评"的专业性、客观性和公正性。探索建立行业管理组织,实施第三方机构自我管理、自我监督势在必行。因此,本研究尝试从"稳评的效果"和"稳评的程序"两个角度探索对

---

① 张乐、童星:《社会稳定风险评估之评估:过程与效果的综合指标》,《南京大学学报》(哲学·人文科学·社会科学) 2016 年第 5 期。

"社会稳定风险评估"进行评估,试图达到"以评促建"的目的,提升防范和化解社会风险的效能。

(一)社会稳定风险评估效果的评价指标

是否引发决策失误和是否导致群体性事件是判断社会稳定风险评估效果的两个基本评价指标,但以此为基础构建完整的评估体系就需要增加测量维度,以体现"稳评"所要求的参与性、全面性、公共性和社会性。因此,全面评估"稳评"的效果应以公众为中心,主要体现在以下三个方面:首先,公众对决策的认可是保证决策得以顺利执行的基础;其次,公众的充分参与和沟通,是争取社会支持的最大公约数;最后,综合考虑社会多元诉求,以实现社会成本效益和民众满意度的双重最大化。

公众对某些重大决策不知晓、不愿意、不支持、不赞同和不容忍导致社会稳定风险度高其实只是表面现象,其深层次的原因是代表不同利益的社会群体基于自身利益对决策的现实意义和预期价值认识不同,由此引发难以平衡的意见分歧和矛盾冲突,进而加剧了公共利益受损和政府公信力丧失,导致重大决策缺乏公众基础,难以获得公众支持。[①] 因此对"稳评"效果的评价当然也应该从公众在"稳评"活动开展前后其认知度、意愿度、支持度、反对度和风险度这五个方面的变化进行测评。认知度评估主要针对公众在对重大决策的知晓率,政策的理解水平,风险防范措施等决策知晓程度的变化。意愿度是指决策执行的意愿及其强度,一般包括官方意愿度、社会意愿度和公众意愿度。支持度是公众对于决策的接纳程度和公众的行动意向的变化。反对度主要从公众的诉求表达、不满情绪、集体性敌视和暴力手段的变化来考察公众对决策的反对程度。风险度则指重大决策可能引发社会稳定风险及风险管理的综合状况。针对重大决策社会稳定风险评估的评价应综合考虑以上五大评估要素,全面分析"稳评"工作前后各项因素的变化情况,风险程度和决策可行度,进而综合评定"稳评"的效果。

[①] 张乐、童星:《"邻避"冲突管理中的决策困境及其解决思路》,《中国行政管理》2014年第4期。

表 6—1　　　　　　　　风险评估的效果评价指标

一级指标	二级指标	三级指标
风险评估的效果评价	认知度	1. 公众对决策的知晓程度
		2. 公众对政府决策目标的理解水平
		3. 决策受益群体的判断
		4. 对决策相对受损群体的判断
		5. 对决策所蕴含各类风险及程度的判断
		6. 对风险防范措施的了解程度
		7. 公众对自身相关权益（知情权、同意权、参与权、申诉、补偿等）的了解程度
	意愿度	1. 政府对实施决策或建设项目的意愿
		2. 社会对实施决策或建设项目的意愿
		3. 公众对实施决策或建设项目的意愿
	支持度	1. 政府对决策的接纳程度
		2. 社会对决策的接纳程度
		3. 公众对决策的接纳程度
		4. 如果决策通过，社会可能采取的行动意向
		5. 如果决策通过，公众可能采取的行动意向
	反对度	1. 公众的诉求表达的合理化程度
		2. 公众的社会不满情绪疏解水平
		3. 公众的集体性敌视减轻程度
		4. 公众的暴力手段的使用及其变化
	风险度	1. 公众对政府维护不同社会阶层利益能力的评价
		2. 公众对政府进行此项决策意图合理性的判断
		3. 公众对政府作为公共利益代言人其代表程度的判断
		4. 公众对公务员作为"人民公仆"合格程度的评价
		5. 公众对政府决策程序的合法性、依规性的评价
		6. 公众对增加知情权、参与权和监督权的制度设置的满意度
		7. 公众对未来政府再次失信行为的发生概率的预测

资料来源：根据文献资料整理绘制。

社会稳定风险评估的根本目的并非确定某项决策的风险等级作出是否暂缓执行或者取消执行的决定。"稳评"的目的在于尽早察觉重大决策可能引发的各种风险，提前制定风险预案，提出防范和化解措施，使决策能够顺利实施。因此，为了评估"稳评"的效果，需要用直观的和可操作的指标来考察"稳评"能否实现预期目标，在"稳评"中是否存在有争议的环节，通过更为细化的三级指标准确地发现"稳评"机制的不健全之处，进而提出有针对性的完善措施。

重大决策社会稳定风险评估的意义在于通过"稳评"来真实地了解民意，通过有效的风险沟通以提高公众对决策的接受度，并在此过程中提升公众对政策的认知度、支持度和意愿度，让决策获得广泛的民意基础，降低公众的反对度和决策风险度。

（二）社会稳定风险评估程序的评价指标

重大决策社会稳定风险评估的程序一般遵循"制定评估方案、全面收集意见、充分论证分析、确定风险等级、提交评估报告"这一过程。重大决策社会稳定风险评估只有在程序上形成科学完善的管理机制才能充分发挥"稳评"的作用和优势。当前社会处于转型和变革时期，社会稳定风险评估（简称"稳评"）和社会稳定风险管理（简称"稳管"）是社会治理的两个着力点，"稳评"与"稳管"配套和升级，构建"以评促管、管评结合"的模式，可以把"稳评"从决策前的环节转变为贯穿整个决策过程的风险管理机制。因此，本研究从风险理念、科学方法、评管结合三个维度，对"稳评"效果的评价进行梳理和归纳。

在风险理念方面，传统的社会稳定风险评估只关注是否会引发社会失稳和群体性事件，目标单一且不全面。新时代的风险理念应该以更广阔的视角，从公共事件、社会负面效应、政府公信力等多个层面，重点关注矛盾冲突、社会秩序破坏、社会恐慌等风险项，以提高"稳评"的实效性。例如，2017年年初多地将要建设核电站的谣言在网上传播，虽然没有导致严重的人员死伤，但由于引起民众广泛的社会恐慌，也应纳入高位社会风险项。

在评估方法方面，社会稳定风险评估应该能够全面客观地反映被评估的重大决策可能引发的所有社会风险及其社会负面效应，应该兼顾所有相关利益群体的需求，为实施主体预设风险防范和化解措施提供实践支撑。科学的"稳评"应该充分利用大数据，准确预测公众的接受度，精确划分风险等级，为决策主体是否进行决策执行提供参考依据。

在评管结合方面，社会稳定风险评估必须与社会稳定风险管理紧密结合起来，包括确定风险级别与化解风险措施相结合；评估结论和评估建议与风险治理相结合；风险评估过程中的监管与评估后的绩效考核相结合。当前重大决策社会稳定风险评估的程序如果能够在评管结合方面进一步完善，就能够消解以往的形式主义、信度效度不高、评而不用等问题，进一步促进社会稳定风险评估在重大决策的制定和实施过程中更好地发挥作用。

表6—2　　　　　　　　　　评价指标

一级指标	二级指标	三级指标
风险评估的程序评价	风险理念	1. 是否会引发突发公共事件
		2. 是否会产生负面的社会影响
		3. 是否会影响政府公信力
		4. 是否能够化解矛盾纠纷
		5. 是否能够防止社会秩序被破坏
		6. 是否会引发社会恐慌
	科学方法	1. 评估标准是否清晰
		2. 评估报告是否详细和精确
		3. 评估流程是否规范
		4. 评估结论的信度如何
		5. 评估结论的效度如何
		6. 风险等级划分是否准确
	评管结合	1. 评估是否存在形式主义
		2. 评估结论在决策过程中是否得到有效利用
		3. 是否存在评管脱节的情况
		4. 是否配套评估过程中的监管
		5. 是否配套评估后的绩效考核
		6. 风险评估结论和建议是否有助于风险管理
		7. 风险评估结论和建议是否可操作

资料来源：根据文献资料整理绘制。

本研究以评估效果和评估程序相结合为切入点，初步构建了系统的针对社会稳定风险评估的评估框架。以评估效果为导向的评估是根据风险评估最终的结果来设置评价指标、构建评价体系，确定评价权重，其优势在于方便以量化指标的形式对评估的实际效果和预期效果之间进行比较，但由于没有对评估程序进行评估，即使发现实际效果与预期效果之间偏差较大，也无法进行修正和改进。因此，本研究提出从风险理念、科学方法、评管结合三个维度来评估"稳评"程序，把评估的重点放在"稳评"的关键程序和操作环节上，以动态管理的视角弥补静态效果评估的不足，可以进一步完善评估体系的科学性和可操作性。

当然该评估体系目前只是一种尝试，是对重大决策社会稳定风险评估的质量评估指标体系的初步探索，该评估体系的合理性、科学性、实用性和有效性需要进一步的理论完善和实践检验。完善的评估体系的各个指标的量化赋值和权重还需要通过统计学的信效度检验，这也需要进一步深入的研究。社会稳定风险评估是实现重大决策民主化和科学化的重要步骤，[①] 随着"稳评"工作的不断深入，对评估效果的有效性和评估程序的科学性要求会越来越严格。为了能使"稳评"更好地为政府决策服务，应该将"事后问责"转变为"事中管理"，以评促建，以管促评，坚持动态性、全程性和持续性相结合。

综上所述，将第三方介入机制引入社会稳定风险评估，有助于决策信息沟通全面开放透明，避免了政府决策的封闭性，有利于政府厘清自己的职责边界，构建责任政府。同时，第三方机构既具有独立性，又具有相关领域专业权威性，第三方机构作为评估主体能够保证"稳评"的客观性、科学性和专业性，是促进社会实现公平公正、提升群众满意度的重要保障。通过进一步完善和健全"稳评"机制，推动"稳评"从单向听取民意到系统制度建设，对于形成发展合力具有积极意义。因此，在重大决策社会稳定风险评估过程中真正发挥第三方机构的关键作用，在"稳评"中引入第三方介入机制，从长远看能充分实现重大决策制定执行的公正性和民主性，能够督促政府部门真正承担和全面履行政府的有限职责，是创新社会治理和建设服务型政府的应有之义，使风险评估

---

① 王宏伟：《完善重大决策社会稳定风险评估机制的五大转变》，《云南社会科学》2013 年第 2 期。

工作的意义在最大程度上得以实现。

第五节　加强公众参与实效性，消弭重大决策的社会风险

　　防范和化解社会风险是一项系统工程，其本质上考验的是新时期地方政府如何处理其与利益相关群众之间的关系问题，这个关系处理得好，重大决策将得以顺利推进，政府的治理能力与公信力也将随之同步提升；处理不好，将割裂地方政府与利益相关群众之间的关系，损害党和政府的公信力。单一的政策工具并不能完全化解重大决策可能引发社会风险，公众参与机制要求实现重大决策制定和实施过程的程序具有开放性、透明化、结果公开和可审查，① 因此在综合决策过程中需要通盘考虑制度化和非制度化的因素。防范和化解社会风险需要从公众参与机制、公众权利保障、信息公开和风险管理等方面探索多元治理路径，有助于保障重大决策的制定和实施中立化、程序民主化和信息公开化。② 为重大决策的实施创造良好的舆论氛围和社会环境。

一　完善公众参与机制，提高参与重大决策的有效性

　　社会风险的治理结构是多元主体参与的网状结构，构建多元主体协同共治的治理模式，有助于提高防范和化解社会风险的有效性。公众参与流于形式是引发社会风险的主要因素，在重大决策实施过程中需进一步完善公众参与机制。③ 在范围方面，应尽可能扩大具有参与权的公众的覆盖面；在时机方面，应将公众参与的时间点提前到项目决策阶段；在过程方面，应建立全程动态参与机制，同时适当延长每个阶段的公众参与时间，提高公众参与重大决策制定实施的有效性。

---

　　① 成协中：《风险社会中的决策科学与民主——以重大决策社会稳定风险评估为例的分析》，《法学论坛》2013年第1期。
　　② 徐和平：《社会矛盾的法治化探讨——以社会稳定风险评估和社会管理为视角》，《社会科学辑刊》2013年第3期。
　　③ 邹东升、陈昶、陈思颖：《重大事项社会稳定风险评估的权益引导困境与机制设计》，《领导科学》2019年第6期。

首先，可以搭建沟通诉求平台，构建完善的公众参与机制。虽然政府越来越重视公众参与在重大决策制定中的作用，但是没有建立统一的系统平台，不同领域的重大决策的公众参与分布在多个政府职能部门。因此，畅通公众参与渠道可以参照政府行政服务大厅模式，将所有的公众参与途径集中于同一平台。公众参与不能确保重大决策制定时绝对正确，也无法确保重大决策实施过程中绝对安全，但是让公众参与到决策过程中，能够提高公众对重大决策的接受度，[1] 是减少矛盾纷争和有效化解社会冲突的良方，因此完善公众参与机制的重点在于提高其社会实效性。在重大决策制定和实施过程中，公众依据法律程序参与重大决策的规划，通过公众参与机制搭建的沟通交流平台表达利益诉求，使利益相关群众与地方政府尽可能达成最大程度的共识，形成最大社会公约数能使重大决策的实施从"决定—宣布—抗议"转向"参与—自愿—合作"，以有效防范和化解社会风险。

其次，扩大公众参与范围，扩展公众参与的覆盖面。有研究认为应该将利益相关群众纳入整个评估过程，并赋予该群体相应的知情权、参与决策权、建议权、监督权和评价权。[2] 我国重大决策社会稳定风险评估的公众参与范围正逐步由政府监管机构、责任企业和相关领域的专家等官方群体，扩大到重大决策的直接利益相关群众的共同参与，未来还有望将非直接利益群体也同样纳入有参与权的公众当中，将重大决策间接影响的单位和个人纳入公众的范畴具有重大进步意义。[3] 通过开展民意调查、听证会、公示等程序，建立起更为完善的重大决策公众参与机制[4]，将有助于进一步提高公众参与的有效性。在重大决策实施的整个过程中，有必要加强风险意识，提高公共的参与意识，利用公共协商、公共决策

---

[1] B. Wiersma, P., Devine-Wright., "Public Engagement with Offshore Renewable Energy: A Critical Review Wiley Interdisciplinary", *Reviews Climate Change*, Vol. 5, No. 4, 2014, pp. 493–507.

[2] 高山、王京京：《社会稳定风险评估的两种模式及其融合》，《湖南师范大学社会科学学报》2015年第2期。

[3] 王雪梅：《中欧环评公众参与机制的比较与立法启示》，《中国地质大学学报》（社会科学版）2014年第4期。

[4] 张海波、童星：《中国应急管理结构变化及其理论概化》，《中国社会科学》2015年第3期。

等社会风险防范和化解措施来构建多元主体协同治理模式，实现国家治理结构现代化。

二 加强风险沟通机制，保障参与重大决策的完整性

构建科学高效的社会风险防范和化解机制，使国家的风险治理方案发挥有效作用，将社会风险的影响最小化，必须坚持准确认识和把握社会冲突中的公众心理特征，并帮助民众建立理性的风险认知。风险认知理论认为个体对存在于外界各种客观风险的主观感受与认识，受到心理、社会和文化等多方面因素的影响。Covello 研究表明，良好的风险沟通（risk communication）能有效利用沟通渠道，理性地传达信息，满足民众特定的心理需求，有助于降低民众的风险认知从而便于防范与化解群体性事件。[1] 公众参与重大决策的制定和实施意味着社会治理的多元合作管理，创新治理方式强调共同发挥政府、责任企业、社会组织、公众的作用，以促进社会多元主体间的风险沟通。虽然我国在重大决策的实施中日益重视风险沟通工作，但国内公众普遍风险认知高于实际水平，有时会对重大决策持有强烈的抵触情绪和反对态度，中国的风险治理依然没有走出"一闹就停"的困境，因此亟须建设行之有效的风险沟通机制。

首先，推进多方沟通协调。政府、责任企业和公众之间存在信息不对称和沟通不畅的问题是重大决策引发社会冲突的重要原因。由于公众过高地评估重大决策的风险性，并缺乏对地方政府的信任，阻碍了社会建设事业的良性发展。加强风险沟通机制，对引发社会风险的可能性、严重程度、影响范围、涉及群体等进行预警；针对重大决策的规划实施的各个阶段制订相应的风险预防和化解方案；完善引导、协调、组织工作，提高地方政府对重大决策的回应性，以有效开展社会风险管理。由于第三方机构专业性更强，且具有中立性和独立性，更容易取得公众的信任。因此应重视发挥第三方机构在社会风险防范与化解方面的作用。

其次，加强风险沟通，打造诚信政府。有研究表明，政府部门的公

---

[1] Covello V. T., "Best Practices in Public Health Risk and Crisis Communication", *Journal of Health Commun*, Vol. 8, No. 1, 2003, pp. 5–8.

信力也是影响民众风险认知和风险决策的重要因素，[1] 如果民众信任政府发布的风险事件相关信息，对风险的危害有清晰的认识，不听信和传播小道消息，在危机面前能够保持冷静，就有助于事件的应对和管理。为了化解利益相关群众的抵触心理，地方政府应该把压力变成动力，把风险沟通工作做细、做实、做到位。防范和化解社会风险应分阶段定期排查潜在的风险隐患，掌握动态风险水平。允许和鼓励利益相关群众对责任单位进行监督，并通过积极沟通，引导公众的负面情绪，有效建立舆情压力减压阀。同时，地方政府应积极回应公众质疑，提高政府诚信度。关于重大决策的实施对民众生活影响程度，如何保障民众的合法权益等公众最关注关心的问题，要拿数据、摆事实、讲道理，一一罗列出来，设身处地站在民众的立场上耐心地释疑解惑，而非简单的"我讲你听"。如果不重视风险沟通，社会风险会在风险治理过程中以各种形式多次爆发，因此防范和化解社会风险应对重大决策采取行之有效的风险管理。

三 构建信息公开机制，提升参与重大决策的相容性

提升参与重大决策的相容性需要建立健全信息公开机制，针对重大决策引发的社会风险需要完善信息公开制度，信息公开与宣教科普有机结合，注重信息发布的权威性和时效性，充分尊重公众的知情权、参与权和监督权，进行舆论引导和舆情研判，以有效防范和化解社会风险。

信息公开机制是提升参与重大决策相容性的基础，政府部门通过官方渠道发布真实的风险信息是降低民众的风险认知水平的有效方式，由政府引导民众的舆论导向，可以有效地遏制谣言的传播，缓解民众的消极情绪，实现理性行为决策。重大决策制定和实施过程中公众获取信息具有不对称性，使得地方政府陷入"信任危机"困境，[2] 因此在重大决策实施过程中各种信息均应遵循"主动公开、尽早公开、尽量公开"的原则，以消除民众的疑虑，获取民众的信任，进而弥补地方政府与公众之

---

[1] Hendrickx L., Nicolaij S., "Temporal Discounting and Environmental Risks: The Role of Ethical and Loss-related Concerns", *Journal Environmental Psychology*, Vol. 24, No. 4, 2004, pp. 409–422.

[2] 胡象明、张丽颖：《科学主义与人文主义视角下大型工程社会稳定风险评估困境及对策探析》，《行政论坛》2018年第2期。

间信息不对称的问题。政府信息公开是一种社会资本，在政府与民众之间架起一座桥梁，在复杂的风险社会中维持"政府—民众"关系的稳定性，构成整个社会稳定的中枢，以确定性来应对不确定性，并在这种相对的确定性中培养民众对突发事件风险管理的信心。

信息公开有助于掌握舆论主导权。在危机事件应急管理中有黄金四小时法则，即要求地方政府在第一时间以权威发声主导事件的舆论全过程。信息公开的时效性应以信息的真实可靠为前提，需要确保信息的真实性并在事件发展全程进行连续动态的信息发布。在重大决策制定和实施过程中地方政府具有信息发布的权威性，作为引导舆论方向的第一责任人，应该对负面舆论进行源头治理，对无端的谣言开展主动出击，掌握舆论引导的主动权与事件处理的主导权，并提前进行舆情研判，以防范和化解社会风险。

政府信息公开，能够提高政府部门的履职能力和办事效率，能够保障企业、公民和社会组织对政府信息的知情权，有效地监督行政机关行使公权力。因此，第一，要扩大政府信息公开的主体，政府、企业、环保组织应主动及时向公众提供重大决策信息，保证公众及时、准确、全面地掌握环境信息。第二，运用法律法规规范环境信息公开制度，截至2018年5月，《中华人民共和国政府信息公开条例》（以下简称《条例》）颁布实施已经10年。10年来，各级政府信息公开工作成效明显，明确了政府信息公开的主体、范围、方式和责任等方面，具有较强针对性。第三，加强对信息公开的监管，保证公开的信息准确真实。更为重要的是要重视制度的落实，尤其对不履行信息公开义务的社会主体要加大处罚力度，依法追究其责任，确保政府信息公开真实可靠。必要的信息进行公开，不仅是维护国家利益的需要，更是维护社会和公民安全利益的需要。

基于信息公开机制进行舆情研判可以有效监测公众的风险认知水平，为制定应急管理预案提供技术支持。舆论研判是社会风险治理的关键环节，及时准确的舆情研判有助于开展有效的风险监测和风险治理。例如，2016年江苏连云港核循环项目引发的群体性事件就发端于网民在网上传播虚假信息，进而民众在网上响应号召参加所谓抗议核废料处理场落户连云港的游行示威活动。从谣言在网上始发酵到政府宣布决定暂停核循环项目选址前期工作仅用了五天。在这短短的几天时间中，连云港市人民政府通过官方微博不间断地发布消息，每一条官方微博的发出都是舆情研判后采取的反应。总之，舆情研判有助于准确掌握社情民意，通过建设专业的舆情研判工作机构，进行及时有效的舆情汇集分析，采取线上线下相结合的研判方式，建立权责分明的多元研判工作制度，形成完善的社会风险预警机制和舆情预控机制，并有针对性地制定应急管理预案。

当前，民众基于各自立场对经济发展、社会稳定、公共事业建设、环境生态保护以及满足个人多元需求等的认知程度和优先级排序可能会各不相同。因此，防范和化解社会风险也应以提高行政决策的科学化、民主化为基础[1]，以维护群众的合法权益，引导群众利益诉求有序表达为着力点，促进社会和谐发展。重大决策社会风险评估的实质是征集民意的过程，只有以科学和规范的调查方式广泛吸纳民众的意愿，才能使该制度获得形式上的合法性。通过完善公众参与重大决策的机制建设，可以弥补我国地方政府的经济发展模式和投资管理存在的问题，提高我国政府公共决策的科学性和合理性，以健全共建共治共享的社会治理制度。

综上所述，完善民众参与机制，是化解社会风险的有效途径；加强政府的公信力建设，是化解社会风险的政治基础；优化决策流程，是化解社会矛盾的着力点；加强政府的公信力，完善公民参与机制，优化决策的流程和方式等治理体系现代化建设将有助于矛盾凸显期的顺利过渡。地方政府需要着力建设社会心理预警体系，加强对民众风险认知偏差的监测与调控；协助地方政府重视信息公布公开的方式，采取有效的风险沟通方式降低民众的风险认知偏差，合理引导舆论的方向；同时，地方政府需要使利益相关群众理性辨别网络热点事件的风险水平，在形成社会认同的过程中，保持客观的风险认知，清晰认识到群体性事件的危害。只有在地方政府、利益相关群体和公众的共同合作下，才能化解社会风险，有效地防范群体性事件的发生，维护国家安全和社会稳定。

---

[1] 杨栋成：《基于社会稳定风险评估公众参与的制度创新——以地方政府重大决策公众参与为视角》，《福建教育学院学报》2014年第4期。

第 七 章

结论与展望

第一节 研究结论

通过对新时代社会风险及其特征进行梳理，基于社会治理共同体理论、协同治理理论和韧性治理理论构建研究的理论分析框架，并归纳整理防范和化解社会风险的新进展与新要求，对当前面临的困境及原因进行分析，并探索有效防范和化解社会风险的对策建议，本研究主要有以下结论。

第一，构建社会治理共同体有助于完善防范和化解社会风险网络结构。基于社会治理制度，打造社会风险防治的责任共同体。共建是防范和化解社会风险的必然要求，共治是防范和化解社会风险的有效路径，共享是防范和化解社会风险的根本目标。基于社会治理目标，打造社会风险防治的目标共同体。坚守底线目标，确保社会风险带来的负面影响和损失在可控范围内；稳住中线目标，把社会风险防患于未然，化解于当下；对标高线目标，把风险危机转化为发展机遇。基于社会治理体系，打造社会风险防治的力量共同体。

第二，加强社会协同治理有助于提升社会风险治理效能。在政府与公众之间构建协同治理关系，需要加强政治引领，协调多元治理主体关系，从责任分散向责权统一转化，从利益分化向利益协调转化。在政府与社会之间构建协同治理关系，需要强化统筹协调，整合市域协同治理效能，从各自为政向上联下通转变，从条块分割向协同治理转变。在公众与社会之间构建协同治理关系，需要制定规章制度，互嵌共同规则，从维护稳定向创造稳定转变，从事后处理向源头治理转化。

第三，完善社会韧性治理有助于强化抵御社会风险冲击能力。完善社会治理制度的韧性建设，着力将制度优势转化为治理效能。创新韧性治理理念，提高风险综合治理能力；完善韧性治理制度，提升风险综合治理效能；健全韧性治理组织，构建风险综合治理模式。完善治理技术的韧性建设，推动技术赋能社会治理。借助大数据技术来构建整体化、系统化、网络化、智能化的防范化解社会风险模式；对各类风险动态监测、实时预警；减少转型期社会风险发生的概率，降低防范和化解社会风险的成本。完善治理体系的韧性建设，加强社会治理结构的有效衔接。基于村社多元共治，完善社区韧性治理新防线；基于镇街一体两翼，构建镇街韧性治理新格局；基于县级集成指挥，探索县域韧性治理新模式；基于市级智慧治理，创新城市韧性治理新举措。完善治理方式的韧性建设，推动社会治理统筹协调。基于系统治理，打好统一指挥的组合拳；全面深化依法治理，落实好社会公正保护机制；开展综合治理，实施多元化的治理方式；坚持源头治理，做好预防预测预警预控。

第二节　研究展望

新中国成立以来，中国共产党领导下的国家治理逐渐走出了一条中国特色的发展道路。进入新时代，中国特色社会主义制度更加成熟定型。立足新时代对防范和化解社会风险进行研究，是对国家安全体系和国家制度经验的系统总结，既符合社会发展的必然逻辑，也符合现代化进程的时代逻辑。基于当前社会风险防范与化解工作的现状，本研究还存在一定的不足，未来研究还可以在以下方面进一步深入和完善。

第一，防范和化解社会风险的基础是以党的领导制度体系为核心的治理理念与中国式治理方略，其目标是将风险水平控制在社会稳定与安全的临界阈限之内，因此本课题的研究重点是维护社会整体韧性，确保风险事件造成的损失与付出的代价不超出社会承受能力。针对不同类型的社会风险构建与之对应的风险化解机制，既要避免"一刀切"的政策导向，又要防止因过于细化导致风险化解措施缺乏现实操作性，因此平衡社会风险的普遍性和现实情况的特殊性之间的关系也需要在未来进行更深入的研究。

第二，构建科学高效的社会风险防范机制，使国家的风险治理方略发挥有效作用，将社会风险的影响最小化，将制度优势转化为治理效能，必须坚持中国特色的社会治理共同体模式。如何在此框架内构建一个实证性相对较强的，具有可操作化和约束力的社会风险防范化解机制是未来的研究方向之一。

第三，打造切实有效的社会风险化解机制，其重点是在防范风险基础上，实现经济社会的良性有序发展，提高政府治理风险的科学化和民主化水平，推进国家治理体系和治理能力现代化。研究进行调研分析得到的调查数据是静态的，而风险变化是动态的，其未来的研究方向在于如何将静态分析与动态研判相结合，更准确地预测社会风险的发生发展方向，提高研究成果的应用性和实践意义，构建更具针对性的防范措施。

新时代是一个面临风险挑战的时代，也是充满发展机遇的时代。习近平总书记在党的二十大报告中号召："全党必须坚定信心、锐意进取，主动识变应变求变，主动防范和化解风险，不断夺取全面建设社会主义现代化国家新胜利！"未来研究可以以提升防范和化解社会风险的系统性、整体性和协同性为着力点，拓展风险治理的力度和范围，消除社会风险要素，加强社会稳定性因素，有效开展社会风险防控工作，推进国家安全体系和能力现代化建设，将国家制度优势转化为治理效能。

附 录 一

附录1 《核电项目的风险估测调查问卷》的指标体系专家咨询问卷

尊敬的专家：

您好！我们诚挚邀请您作为《核电项目的风险估测调查问卷》的咨询专家，对您的指导与支持表示最诚挚的谢意！

前段时间一篇题为《重磅！河南四地要建核电站，快看有没有你家乡！》的帖子在网络中引发了热烈讨论。本研究是为了了解群众对核电发展的认识和对核电能源的态度。请您对问卷中各个条目进行评分，并提出增删和修改建议。您的意见对我们的调查至关重要，您的个人信息不会以任何形式向任何机构或个人透露，请放心填写。感谢您在百忙之中给我们提供宝贵的意见。

一、专家基本情况

1. 您的性别：A. 男　　B. 女
2. 您的年龄范围：
A. 30—40 岁　　B. 41—50 岁　　C. 51—60 岁　　D. 60 岁以上
3. 您的学历：A. 大学本科　　B. 硕士研究生　　C. 博士研究生
4. 您的职称：A. 正高级　　B. 副高级　　C. 中级　　D. 初级
5. 您的工作年限：
A. 0—10 年　　B. 11—20 年　　C. 21—30 年　　D. 30 年以上
6. 您对本次研究的熟悉程度：

A. 非常熟悉　　B. 比较熟悉　　C. 一般比较　　D. 不熟悉

E. 非常不熟悉

二、一级指标的确定（选择指标的分值，分值越高，重要性越高，最后一列"是否删减"填"是"或"否"）

一级指标	1	2	3	4	5	是否删减
1. 风险回避						
2. 风险感知						
3. 风险补偿						

三、二级指标的确定（选择指标的分值，分值越高，重要性越高，最后一列"是否删减"填"是"或"否"）

评估指标	1	2	3	4	5	是否删减
1. 请问您现在的居住地与核电项目的距离？						
2. 请问您认为核电项目建设在什么地方合适？						
3. 如果在您居住的地区附近将要修建核电项目，您的接受程度如何？						
4. 请问您通过何种方式了解核电项目及其优缺点的？						
5. 请问您对核电项目潜在的危险是否有了解？						
6. 请问您认为核电项目对健康的影响程度是怎样的？						
7. 请问您认为核电项目对子孙后代的影响程度是怎样的？						
8. 请问您认为核电项目是否具有致命性的影响？						
9. 如果您居住的地区周围要建设核电项目了，您是否愿意接受补偿？						
10. 如果没有任何补偿的情况下，你是否考虑搬离？						
11. 请问您认为核电项目的影响范围有多大呢？						
12. 您对核电项目的优点和缺点了解情况如何？						
13. 你是否曾经主动了解过核电项目及其影响程度？						

续表

评估指标	1	2	3	4	5	是否删减
14. 如果您居住的地区周围要建设核电项目了，您是否会选择搬迁以远离核电项目？						
15. 如果您的家人居住的地区周围要建设核电项目了，您是否会劝他搬迁以远离核电项目？						

四、如果您对问卷中的问题有建议，请您写在这里：

附录2　核电项目的风险估测调查问卷

尊敬的先生、女士：

　　您好！前段时间一篇题为《重磅！河南四地要建核电站，快看有没有你家乡！》的帖子在网络中引发了热烈讨论。为了了解群众对核电发展的认识和对核电能源的态度，麻烦您完成下面的调查问卷。此问卷采用匿名方式，请您如实填写您对核电的看法，无须顾虑。感谢您的支持！

　　一、调查对象的基本特征

　　1. 性别：A. 男　　B. 女

　　2. 年龄：A. 30 岁以下　　B. 30—60 岁　　C. 60 岁以上

　　3. 请问您目前的文化程度是什么？

　　A. 初中及以下　B. 高中　C. 大专或高职　D. 本科

　　E. 硕士研究生及以上

4. 请问您的职业是？

A. 个体　　B. 教师　　C. 学生　　D. 企业　　E. 事业单位　　F. 其他

二、调查对象对核电项目的意见调查

5. 请问您现在的居住地与核电项目的距离？

A. 规划项目所在县　　B. 规划项目所在市　　C. 规划项目之外的市

D. 规划项目之外的省

6. 请问您认为核电项目建设在什么地方合适？

A. 修建在本社区附近　　B. 修建在本县市　　C. 修建在本省外县市

D. 修建在外省市

7. 如果在您居住的地区附近将要修建核电项目，您的接受程度如何？

A. 完全不接受　　B. 需要进行了解再决定　　C. 完全接受

8. 请问您对核电项目潜在的危险是否有了解？

A. 一无所知　　B. 听说过，但不完全了解　　C. 完全知晓

9. 请问您认为核电项目对健康的影响程度是怎样的？

A. 危害很大　　B. 有一定危害　　C. 没有危害

10. 请问您认为核电项目对子孙后代的影响程度是怎样的？

A. 危害很大　　B. 一定危害　　C. 没有危害

11. 请问您认为核电项目是否具有致命性的影响？

A. 致命　　B. 可能会致命　　C. 不致命

12. 如果您居住的地区周围要建设核电项目了，您是否愿意接受补偿？

A. 不愿意　　B. 需要考虑决定　　C. 愿意

13. 请问您认为核电项目的影响范围有多大呢？

A. 全球性的　　B. 全国性的　　C. 省市范围　　D. 县区范围

E. 乡镇范围

14. 您对核电项目的优点和缺点了解情况如何？

A. 没有优点　　B. 缺点多于优点　　C. 优点多于缺点　　D. 优点很多

15. 如果您居住的地区周围要建设核电项目了，您是否会选择搬迁以远离核电项目？

A. 搬迁　　B. 需要考虑决定　　C. 不搬迁

附录3 《核电项目社会稳定风险评价调查问卷》的指标体系专家咨询问卷

尊敬的专家：

您好！

我们诚挚邀请您作为《核电项目社会稳定风险评价调查问卷》的咨询专家，对您的指导与支持表示最诚挚的谢意！

我们正在进行一项《核电项目社会稳定风险评价调查问卷》的调研工作。整个调研分为两个部分，"《核电项目社会稳定风险评价调查问卷》（单位）"是在社会稳定风险分析座谈会上向参会单位派发调查问卷，收集单位和政府部门的意见。"《核电项目社会稳定风险评价调查问卷》（公众）"的主要被访者是公众，了解项目建设对当地带来的各种影响以及基层群众各种意见和诉求。为确保问卷的评价指标体系的科学性，特向您咨询初步设计的指标体系的合理性与可行性，请您对问卷中各个条目进行评分，并提出增删和修改建议。您的意见对我们的调查至关重要，您的个人信息不会以任何形式向任何机构或个人透露，请放心填写。感谢您的支持。

一、专家基本情况

1. 您的性别：A. 男　　B. 女
2. 您的年龄范围：

A. 30—40 岁　　B. 41—50 岁　　C. 51—60 岁　　D. 60 岁以上

3. 您的学历：A. 大学本科　　B. 硕士研究生　　C. 博士研究生
4. 您的职称：A. 正高级　　B. 副高级　　C. 中级　　D. 初级
5. 您的工作年限：

A. 0—10 年　　B. 11—20 年　　C. 21—30 年　　D. 30 年以上

6. 您对本次研究的熟悉程度：

A. 非常熟悉　B. 比较熟悉　C. 一般比较　D. 不熟悉

E. 非常不熟悉

二、一级指标的确定（选择指标的分值，分值越高，重要性越高，最后一列"是否删减"填"是"或"否")

一级指标	1	2	3	4	5	是否删减
1. 社会敏感因素						
2. 利益相关者诉求						

三、二级指标的确定(选择指标的分值,分值越高,重要性越高,最后一列"是否删减"填"是"或"否")

《核电项目社会稳定风险评价调查问卷》(单位)

评价指标	1	2	3	4	5	是否删减
1. 您对该核电项目进行建设的了解程度?						
2. 您认为该核电项目建成后对当地有什么作用(可多选)?						
3. 您认为该核电项目建设在施工期可能引发哪些环境问题?						
4. 您认为当地群众是否能接受该核电项目建设带来的各种风险?						
5. 您认为该核电项目建设是否符合国家产业政策?						
6. 您认为该核电项目建设完成后是否改善当地用电需求?						
7. 您认为该核电项目建设是否符合当地群众的期许?						
8. 在该核电项目建设期间,您认为应着重加强以下哪些方面的预防、监测和管理(可多选)?						
9. 您认为该核电项目建设带来的风险是否可控?						
10. 您希望该核电项目施工建设期间,政府部门加强哪方面的管理工作?(可多选)						
11. 如果该核电项目建设遭到群众反对,地方政府可以采取哪些措施?(可多选)						

续表

评价指标	1	2	3	4	5	是否删减
12. 您认为哪些措施有助于该核电项目的选址保护？（可多选）						
13. 您认为哪些措施有助于该核电设施建设规划顺利实施？（可多选）						
14. 贵部门是否曾经收到过关于该核电项目的来访、来信或者其他形式的群众意见？若有，请提供群众意见及其处理情况的复印件，或列出具体群众意见（意见提出人情况、意见形式、日期，是否给予反馈）。（可另附页）						
15. 从贵部门专业角度出发，请告知该核电项目的社会稳定风险因素、风险等级和措施意见。您对本工程有何宝贵的意见和建议？						

《核电项目社会稳定风险评价调查问卷》（公众）

评价指标	1	2	3	4	5	是否删减
1. 您对该核电项目进行建设的了解程度？						
2. 您认为该核电项目建成后对当地有什么作用？（可多选）						
3. 您认为该核电项目建设在施工期可能引发哪些环境问题？						
4. 您认为当地群众是否能接受该核电项目建设带来的各种风险？						
5. 您认为该核电项目建设是否符合国家产业政策？						
6. 您认为该核电项目建设完成后是否能改善当地用电需求？						
7. 您认为该核电项目建设是否符合当地群众的期许？						
8. 在该核电项目建设期间，您认为应着重加强以下哪些方面的预防、监测和管理？（可多选）						
9. 您认为该核电项目建设带来的风险是否可控？						

续表

评价指标	1	2	3	4	5	是否删减
10. 您希望该核电项目施工建设期间,政府部门加强哪方面的管理工作?(可多选)						
11. 如果该核电项目建设遭到群众反对,地方政府可以采取哪些措施?(可多选)						
12. 您认为哪些措施有助于该核电项目的选址保护?(可多选)						
13. 您认为哪些措施有助于该核电设施建设规划顺利实施?(可多选)						
14. 您认为政府可以采取哪些措施化解群众的反对?						
15. 您对本工程有何宝贵的意见和建议?						

四、如果您对问卷中的问题有建议,请您写在这里:

附录4 《核电项目社会稳定风险评价调查问卷》(单位)

一、项目简介

我国人均能源资源占有率较低,分布也不均匀,为保证我国能源的长期稳定供应,核能将成为必不可少的替代能源。长期以来,我国一次能源以煤炭为主，煤电发电量占总发电量的 80% 以上。与火电相比，核电不排放二氧化硫、烟尘、氮氧化物和二氧化碳。以核电替代部分火电，不但可以减少煤炭的开采、运输和燃烧总量，而且是电力工业减排污染的有效途径，也是缓解地球温室效应的重要措施。

本次调查采取匿名形式，恳请您对本工程提供宝贵的意见和建议。感谢您的参与！

二、问卷内容

调查内容（请您用"√"表示您对每个问题的态度）
1. 您对该核电项目进行建设的了解程度？ □很了解　□比较了解　□知道一些　□不了解
2. 您认为该核电项目建成后对当地有什么作用？（可多选） □提高供电保证率　□保障供电安全　□改善地区生态环境　□作用不明显
3. 您认为该核电项目建设在施工期可能引发哪些环境问题？ □大气污染物排放　□噪声和振动影响　□施工期对地下水的影响　□安全隐患 □健康影响　□水体污染物排放　□其他
4. 您认为该核电项目建设是否符合国家产业政策？ □完全符合　□基本符合　□不符合　□不关心
5. 您认为该核电项目建设完成后是否能改善当地用电需求？ □重大改善　□改善不明显　□无改善　□负面影响
6. 在该核电项目建设期间，您认为应着重加强以下哪些方面的预防、监测和管理？（可多选） □政府加强宣传　□施工期、运行期加强安全监测　□征地补偿和安置方案合理 □各方加强处理突发事件能力，制定应急预案　□其他
7. 您希望该核电项目施工建设期间，政府部门加强哪方面的管理工作？（可多选） □公共交通管理　□公共治安管理　□生态环境治理　□安全生产管理
8. 您认为哪些措施有助于该核电项目的选址保护？（可多选） □建立严格的操作和维护制度　□设立工程保护范围，限制保护范围内的建设行为 □保护选址区域的生态环境　□建立应急管理机制 □定期向社会公众公布环境监测数据　□其他
9. 您认为哪些措施有助于该核电项目设施建设规划顺利实施？（可多选） □加强政策宣传　□保证施工安全　□保障运营安全 □定期评估民情民意　□建立生态补偿机制　□其他

续表

10. 贵部门是否曾经收到过关于该核电项目的来访、来信或者其他形式的群众意见？若有，请提供群众意见及其处理情况的复印件，或列出具体群众意见（意见提出人情况、意见形式、日期、是否给予反馈）。（可另附页）

11. 从贵部门专业角度出发，请告知该核电项目的社会稳定风险因素、风险等级和措施意见。您对本工程有何宝贵的意见和建议？

调查时间：

附录5 《核电项目社会稳定风险评价调查问卷》（公众）

一、调查对象的基本特征

1. 性别：A. 男　　B. 女

2. 年龄：A. 30岁以下　　B. 30—60岁　　C. 60岁以上

3. 请问您目前的文化程度是什么？

A. 初中及以下　　B. 高中　　C. 大专或高职　　D. 本科

E. 硕士研究生及以上

4. 请问您的职业是？

A. 个体　　B. 教师　　C. 学生　　D. 企业　　E. 事业单位　　F. 其他

二、项目简介

我国人均能源资源占有率较低，分布也不均匀，为保证我国能源的长期稳定供应，核能将成为必不可少的替代能源。长期以来，我国一次能源以煤炭为主，煤电发电量占总发电量的 80% 以上。与火电相比，核电不排放二氧化硫、烟尘、氮氧化物和二氧化碳。以核电替代部分火电，不但可以减少煤炭的开采、运输和燃烧总量，而且是电力工业减排污染的有效途径，也是缓解地球温室效应的重要措施。

本次调查采取匿名形式，恳请您对本工程提供宝贵的意见和建议。感谢您的参与！

三、问卷内容

调查内容（请您用"√"表示您对每个问题的态度）
1. 您对该核电项目进行建设的了解程度？ □很了解　□比较了解　□知道一些　□不了解
2. 您认为该核电项目建成后对当地有什么作用？（可多选） □提高供电保证率　□保障供电安全　□改善地区生态环境　□作用不明显
3. 您对本镇已实施的征地拆迁及补偿工作的满意度是： □十分满意　□基本满意　□不满意　□不清楚
4. 您认为该核电项目建设在施工期可能引发哪些环境问题？ □大气污染物排放　□噪声和振动影响　□施工期对地下水的影响　□安全隐患 □健康影响　□水体污染物排放　□其他
5. 您认为该核电项目建设是否符合国家产业政策？ □完全符合　□基本符合　□不符合　□不关心
6. 您认为该核电项目建设完成后是否能改善当地用电需求？ □重大改善　□改善不明显　□无改善　□负面影响
7. 在该核电项目建设期间，您认为应着重加强以下哪些方面的预防、监测和管理？（可多选） □政府加强宣传　□施工期、运行期加强安全监测　□征地补偿和安置方案合理 □各方加强处理突发事件能力，制定应急预案　□其他
8. 您希望该核电项目施工建设期间，政府部门加强哪方面的管理工作？（可多选） □公共交通管理　□公共治安管理　□生态环境治理　□安全生产管理
9. 您认为哪些措施有助于该核电项目的选址保护？（可多选） □建立严格的操作和维护制度　□设立工程保护范围，限制保护范围内的建设行为 □保护选址区域的生态环境　□建立应急管理机制 □定期向社会公众公布环境监测数据　□其他

续表

10. 您认为哪些措施有助于该核电项目设施建设规划顺利实施？（可多选）

□加强政策宣传　　□保证施工安全　　□保障运营安全

□定期评估民情民意　　□建立生态补偿机制　　□其他

11. 您对该核电项目有何宝贵的意见和建议？

调查时间：

附 录 二

邻避型群体性事件中的心理台风眼效应研究

李文姣[*]

摘 要：邻避型群体性事件中存在处于邻避设施中心区域公众的风险认知反而低于外围区域公众这一地域性差异现象，被称为心理台风眼效应。该效应在化解邻避型群体性事件的不同阶段分别起到切入点，突破口和制动阀的作用。基于心理台风眼效应构建由风险理性机制、第三方介入机制和多维风险管理机制组成的综合治理框架，为国家有效化解邻避型群体性事件提供了决策参考。但仍需加强该问题的本土化重构和跨文化比较研究并引入多元研究范式，应避免因治理机制研究流于学术化而缺乏实践效度。总之，邻避型群体性事件中的公众心理疏导具有重要研究意义。

关键词：邻避型群体性事件；心理台风眼效应；邻避冲突；风险认知

---

[*] 李文姣（1983—），女，河南郑州人，南开大学社会心理学专业博士，中共河南省委党校哲学教研部讲师，主要从事社会风险与群体心理研究。

本文为国家社会科学基金项目"重大决策社会稳定风险评估中的第三方介入机制研究"（14CSH011），"平安建设中的社会矛盾调处机制研究"（10BKS045）和河南省政府决策研究招标课题"河南省城镇化的主要风险点及防范研究"（2015B210）的阶段性成果。

随着经济发展水平的不断提升，为了提供城市发展所必需的公共服务，需要大量兴建诸如核电站、化工厂、垃圾处理厂、传染病医院、污水处理厂、精神病院、变电站、殡仪馆、监狱等公共设施，但由于其具有潜在危险性被称为"邻避"（not in my back yard, NIMBY）设施。邻避设施是城市化进程中必不可少的公共设施，但会对周边的生活环境造成负面影响。邻避设施带来的便利和福利由整个城市居民共享，而造成的风险和危害却由紧邻设施的周边少数居民承担，这一矛盾的直接结果导致该区域的公众经常通过集体行动来表达对邻避设施的反对，造成邻避冲突。如果邻避冲突逐步激化而无法妥善化解，就有可能从民生性冲突转化为政治性冲突（诸大建，2011）[①]，由此引发诸如2006年广东番禺垃圾焚烧厂抗议事件、2007年北京六里屯垃圾焚烧发电厂抗议事件、2008年上海磁悬浮项目抗议事件、2010年江苏吴江垃圾焚烧厂抗议事件等大规模的邻避型群体性事件。

当下不同领域的研究者从各自学科出发，对邻避型群体性事件进行了广泛而深入的研究，跨学科的交叉研究提供了新的研究视角，提出了全新的观点和结论，为我们进行深入研究奠定了基础。2011年日本大地震引发了福岛核电站核泄漏。面对核辐射的潜在威胁，日本本土秩序井然，而与其隔海相望的中国、美国、俄罗斯、东南亚国家和欧洲国家纷纷出现抢购防辐射产品的现象。与辐射圈外国外公众的恐惧和忧虑相比，日本公众身居灾难中心的却格外淡定，这就像台风爆发时外围剧烈旋转的空气在离心力的作用下不易进入台风中心，会形成直径约为10km风力微弱的"台风眼"。心理学由此提出了"心理台风眼效应"来解释处于风险事件中心地带的公众的风险认知反而低于外围地区公众这一地域性差异现象。在邻避冲突中是否也存在心理台风眼效应，能否利用心理台风眼效应的相关理论和研究成果妥善预防和有效化解邻避型群体性事件，是本文的主要研究内容。

一 基于风险认知的心理台风眼效应

Guedeney 和 Mendel（1973）对居住在法国某核电站附近的居民进

---

① 诸大建：《"邻避"现象考验社会管理能力》，《文汇报》2011年11月8日。

行风险认知水平调查,发现紧邻核电站居住的公众对核辐射的忧虑水平反而低于离核电站较远的居民[1]。Melber(1977)的研究也有相同的发现,他要求公众对核设施的安全性进行评价,结果显示临近核设施地区的居民的安全感显著对高于其他区域的居民[2]。有研究者(Maderthaner 等,1978)对核反应堆、炼油厂、机场、燃气站、监狱、供暖设施和精神病院等不同邻避设施周围居民对这些设施的风险评价进行了考察,也发现了中心区域居民风险评估水平低于外围区域居民的现象。[3] 以往众多研究均显示公众对邻避设施的忧虑并不随着受影响程度的增加而增加,因此可以推测在邻避型群体性事件中也同样存在心理台风眼效应。

纵观近年发生的邻避型群体性事件可以发现,大都源自公众对邻避设施产生消极的风险认知,而不是因项目引发的实质性危机。个体对存在于外界各种客观风险的主观感受与认识被称作风险认知(risk perception),其受到心理、社会和文化等多方面因素的影响。[4] 针对邻避设施而"感知到的风险"虽然并未真正发生,但却能对公众的风险应对方式产生重要影响,进而主导风险的发展方向甚至引发现实风险事件。如果公众对邻避设施长期持消极负面评价,会增加不必要的紧张和忧虑,则可能助长现实风险;反之,若公众能够基于实现理性原则对设施采取合理的风险认知,就能够降低群体性事件发生的可能性。心理台风眼效应的产生说明人们主观上对客观风险的认知和评估是基于直觉性判断,受到公众对风险接纳度、风险认知的特征和风险事件发生概率的影响,往往与实际存在较大偏差。心理台风眼效应在时间维度上,表现为越接近高风险时段,公众的恐慌心理反而趋于平静;在空间维度上,越接近高风险地带,公众的心理越平静。

---

[1] Guedeney C., Mendel G., L'angoisse atomique et les centrales nucléaires: contribution psychanalytique et sociopsychanalytiqueàl'étude d u'nphénomène collectif. Paris: Payot, 1973.

[2] Melber B. D., Nealey S. M., Hammersla J., et al., Nuclear Power and the Public: Analysis of Collected Survey Research. Seattle: Battelle Memorial Institute. Human Affairs Research Center, 1977.

[3] Maderthaner R., Guttmann G., Swaton E, et al., Effect of Distance upon Risk Perception. *Journal of Applied Psychology*, 1978, 63 (3): 380 – 382.

[4] 李文姣:《基于风险认知构建混合网络社会风险评估体系》,《广西社会主义学院学报》2013 年第 4 期。

学界对风险认知的实质性差异有不同的解释,现实主义学派强调风险的客观性,认为风险并非因不同主体的感知而产生变化;建构主义学派更重视风险的主观性,认为风险受到个体的认知、情感、信念、感知的影响。由此,对邻避型群体性事件的解读同样存在两种分歧,现实主义者倾向于从专家学者的视角,对邻避设施的技术安全、环境风险、利益折损、权益均衡等方面,基于客观性和科学性进行风险管理。而构建主义者认为邻避设施的现实风险是恒定的,决定邻避冲突最终是否会以群体性事件的形式爆发的因素是公众对邻避设施的风险认知及其心理、情绪和行为倾向。社会风险评估具有主观性,但主观判断并不意味着与实际风险概率无关,政府部门通过官方渠道发布真实的风险信息是降低公众的风险认知水平的有效方式,由政府引导公众的舆论导向,可以有效地遏制谣言的传播,缓解公众的消极情绪,实现理性行为决策[1]。因此,对邻避型群体性事件的考量不能局限于技术安全保障和利益均衡补偿,为了应对复杂多变的邻避冲突,需要提高公众风险认知的科学理性,减少专家与公众对邻避设施风险评估的偏差,加强风险源头治理,提高风险防范与风险预警。

邻避冲突反映了社会权益冲突、社会利益冲突、官民矛盾冲突等,涉及经济发展、技术革新、公共管理、公共政策、行政管理、环境伦理等众多领域,其本质尚存诸多争议,成因错综复杂,且化解机制多元,导致邻避型群体性事件具有复杂性和反复性。Kunreuther(1993)等人的研究表明,公众的风险认知水平,政府的风险沟通效率,公民对政府缺乏基本信任、流言谣言误传等,都会导致邻避冲突。[2] 邻避型群体性事件的爆发不仅源自邻避设施的风险性,更直接的相关因素是公众对设施的接受程度和风险认知水平。心理台风眼效应的本质就是公众对邻避设施的风险认知和风险评估的区域性差异,表现为直接受到邻避设施影响的公众其风险评估更理性客观,而间接受到影响群体的风险认知偏差反而

---

[1] 李文姣:《基于风险评估模型的政府信息供给机制研究——以 H7N9 的风险评估为例》,《商丘师范学院学报》2013 年第 10 期。

[2] Kunreuther H., Fitzgerald K., Arts TD. Siting Noxious Facilities: A Test of The Facility Siting Credo. *Risk Analysis*, 1993, 13 (3): 301–318.

更大这一特殊的心理现象,在化解邻避型群体性事件中有助于政府针对不同群体的特殊性制定相应的风险管理措施。

二 心理台风眼效应对化解邻避型群体性事件的阶段性路径分析

(一)初期:心理台风眼是化解邻避型群体性事件的切入点

以往有关化解邻避型群体性事件的研究焦点大多集中于邻避冲突的个案分析和治理模式,认为邻避矛盾引发的社会危机不仅来自邻避冲突,更多的是来自公众对事件的解释、反应和接受程度。Lima(2004)[1]对居住地距离垃圾焚化炉的远近与当地居民的风险认知水平的关系进行了长达5年的纵向研究,发现:在初期,距离焚化炉越近的居民其风险认知越高,且越反对建设焚化炉;但是随着时间的推移,这些居民会逐渐产生习惯化反应导致风险认知降低。风险认知是人们对风险发生可能性的直觉判断,缺乏严密的逻辑推理,公众的风险认知水平是影响邻避型群体性事件管理难度的主观因素(Sundblad,Biel,Garling,2007)[2]。有研究显示在邻避型群体性事件发展之初,邻避设施中心区域的公众会产生严重的心理压力和应激性反应。因此采取加强邻避设施的科学知识宣传,增强信息的透明度,提高公众对邻避设施的认知度等措施,能够提高风险沟通的有效性,进而减少公众的风险认知偏差[3]。

在邻避设施建设之前和建设之初,心理台风眼中心区域的居民会产生强烈的邻避情结(not-in-my-backyard syndrome),即小区公众虽然心中认同邻避性设施建设的必要性,却反对这些设施建设在自己家后院的情绪反应。在风险事件出现后,由于不确定性和信息不对称,愤怒焦虑的公众很容易被谣言影响。因此,降低公众风险认知水平另一个需要关注的方面是公众的情绪反应。Vittes 和 Pollock 认为,邻避冲突是一种居民反对建设对其生存权与环境权有严重危害的公共设施,是一种强烈的情绪

---

[1] Lima M. L. , On the Influence of Risk Perception on Mental Health: Living near an Incinerator. *Journal of Environmental Psychology*. 2004, 24 (1): 71 – 84.

[2] Eva-Lotta Sundblad, Anders Biel & Tommy Garling, Cognitive and Affective Risk Judgments Related to Climate Change. *Journal of Environmental Psychology*, 2007, 27: 97 – 106.

[3] 丘昌泰:《从"邻避情结"到"迎臂效应"——台湾环保抗争的问题与出路》,《政治科学论丛》2002年第17期。

化反应。① 近些年越来越多的研究者开始关注情绪反应对风险认知与决策的影响，Fischhoff（1978）② 和 Slovic（1987）③ 认为公众对风险的知觉在很大程度上受到人们所体验到的情绪的影响，并且在进行决策时，人们会产生比认知评价更迅速的自动化的情绪反应，且该情绪会影响后续过程中的信息加工和判断。Bohm（2008）研究发现，对邻避设施引发的情感反应依赖于损失的严重性或正常生活被破坏的程度，较小的损失可能仅仅导致担忧焦虑，而较大的损失会导致恐惧和愤怒等较强的情绪反应。④ 通过一个人的情绪可以预测他的行为的趋向性（Bohm，2000）⑤，在愤怒、恐惧等消极情绪作用下个体更容易采取非理性行为。在缺乏信息沟通的情况下，公众会产生更强烈的信息需求，从而导致群体极化现象，表现为非理性行为迅速传播，这将加大突发事件的管理难度。因此，将公众的情绪反应控制在合理的范围内，修正公众的风险认知偏差，使公众采取理性的行为反应，对降低邻避型群体性事件造成的损失是非常必要的。在邻避设施建设之前和建设之初，政府必须培养风险理性意识，利用风险评估、风险沟通等风险治理手段来建立信任并达成共识。

（二）中期：心理台风眼是化解邻避型群体性事件的突破口

心理台风眼效应发现，公众对邻避设施的紧张和焦虑，在时间维度上表现为进入高风险时期，公众的心理反而平静了，很多研究也都证实随着时间的推移，公众对邻避设施的恐惧和拒绝态度会趋于平和。例如，Okeke（2000）对垃圾填埋场附近居民的忧虑水平进行研究发现，在填埋场投建之前，公众对此事感到非常忧虑并采取了激烈的抵制行动；但是

---

① Vittes. M. E., Pollock, III. P. H &, Lille, S. A., Factors Contributing to NIMBY Attitudes. *Waste Management*, 1993, 13 (2): 125–129.

② Fischhoff B., Slovic P., Lichtenstein S., et al., How Safe is Safe Enough? A Psychometric Study of Attitudes Towards Technological Risks and Benefits. *Policy Sciences*, 1978, 9 (2): 127–152.

③ Slovic P., Perception of Risk. *Science*, 1987, 236: 280–285.

④ Gisela Bohm, Anticipated and Experienced Emotions in Environmental Risk Perception. *Judgment and Decision Making*, 2008, 3 (1): 73–86.

⑤ Gisela Bohm & Hans-Rudiger Pfister, Action Tendencies and Characteristics of Environmental risks. *Acta Psychologica*, 2000, 104: 317–337.

在填埋场建成之后，他们的担忧程度反而降低了[①]。但是，矛盾的复杂性决定了矛盾具有反复性，在确定建设邻避设施之后，邻避型群体性事件逐步化解的过程不是一蹴而就的，如果在矛盾趋于缓和时期出现问题，会导致冲突再次被激化。因此，加强政府的公信力建设，优化决策的流程和方式将有助于这一时期的顺利过渡。

加强政府的公信力建设，是化解邻避型群体性事件的政治基础。Kasperson 研究发现公众普遍对设施投资方（通常为政府部门）缺乏信任和信心，认为投资者对利益的关心大于邻避设施的负面影响，且不认可投资方的风险评估、风险水平设置和设施安全保证，最终邻避冲突的强度决定于公众对投资方的信任程度。因此，政府必须正视该问题的严峻性，不能将邻避冲突简单归因为公众不理解，应该将邻避型群体性事件的化解放在公信力建设的大环境中，反思自身的公信力是否能够引导公众的共识。提高政府的公信力，创造良好的政治信用，是解决邻避型群体性事件之根本。

优化决策流程，是化解邻避型群体性事件的着力点。公众并非邻避设施建设中的阻力，而是重要的利益相关方，因此在决策流程中应共同参与制定建设规划方案。决策依据原则也应从传统的"成本最小化"转化为"成本与负面影响兼顾"原则，以达到"风险最小化"的目标。同时，政府决策模式应从自上而下的"决定—宣布—辩护"转化为自下而上的"参与—协商—共识"模式。[②] 决策流程优化和变革有助于公众、政府达成多方共识，降低邻避设施带来的环境风险和社会风险，化解邻避型群体性事件。

（三）后期：心理台风眼是化解邻避型群体性事件的制动阀

心理台风眼效应在空间维度上表现为越接近高风险中心区域，公众的心理反而越淡定。日本国民处于核泄漏的中心表现相当平静，而辐射圈外国家的公众反而惶惶不安，这种情绪错位反差现象在历史上也曾多

[①] Okeke C. U., Armour A., Post-landfill Sitting Perceptions of Nearby Residents: A Case Study of Halton landfill. *Applied Geography*, 2000, 20 (2): 137 - 154.

[②] 董幼鸿：《"邻避冲突"理论及其对邻避型群体性事件治理的启示》，《上海行政学院学报》2013 年第 10 期第 3 卷。

次出现。"二战"期间,纳粹德国对英国伦敦展开了为时三个多月的轰炸。开战前,德方预测对伦敦的轰炸会迫使英国很快投降。但伦敦市中心的居民对轰炸习以为常,当空袭警报拉响,他们就习惯性地躲进防空洞,等轰炸结束再走出来继续一天日常的生活。反而是伦敦郊区的居民,由于不经常受到轰炸,且不确定什么时候会遭受轰炸,反而非常害怕德方的空袭。由此我们可以看出邻避型群体性事件产生的根源是"损失"和"不确定性",而二者刚好是"风险"的两大特征。对于没有直接遭受邻避设施威胁但有可能会被影响的居民来说,他们担心的是自己未来的安危。有研究同样发现,处于灾难边缘区域(感受到灾难但并未遭受实际损失的地区)的民众有着更加强烈和矛盾的心理应激反应。[1] 因此,在邻避设施建设之后,长久来看,直接受到邻避设施影响的群体会逐渐适应,而那些间接受到影响的群体才是最需要得到关注的。

因此,矛盾凸显期过后,政府部门不但不应停止化解邻避型群体性事件的多项措施,反而应该予以加强。我们之前提到的降低公众风险认知,将其情绪反应控制在理性水平;加强政府的公信力建设,优化决策的流程和方式等措施,应扩大实施范围,应全面覆盖邻避设施中心和周边区域所有的公众。心理台风眼中心的公众在邻避设施建设之前和建设之初是重点对象,而在建设之后相当长的一段时间内,周边区域公众的心理疏导工作需要得到足够的重视。否则邻避型群体性事件会以变型的形式再次爆发,且涉及面会更广,参与的公众人数会更多,产生的负效应也会更强。由于信息传播会将负面影响进一步放大,导致邻避型群体性事件的后继影响扩大到更大的范围。但是,因为后继影响发挥作用的时间相对较长、速度相对较慢,对其可以采取有效的预防、控制、干预措施。

三 基于心理台风眼效应构建邻避型群体性事件综合治理框架

邻避型群体性事件往往是在诸多因素的影响下酝酿许久才突显出来

---

[1] 谢佳秋、谢晓非等:《汶川地震中的心理台风眼效应》,《北京大学学报》(自然科学版) 2011 年第 5 期第 47 卷。

的，因此针对此类事件的治理应该在应急管理的基础上构建综合治理框架，对其进行全程动态风险管理。心理台风眼效应为邻避冲突中的公众心理疏导，为邻避型群体性事件化解提供了理论依据，而且从侧面提示了矛盾的发展变化与我们的直觉判断存在显著的差异，因此要重视基础性的研究成果对具体工作的指导意义。心理台风眼效应蕴含着公众的风险认知偏差、群体极化、社会认同感缺失等社会心理现象，均可以作为科学妥善处理邻避型群体性事件的切入点。随着公众主体意识和权利意识的觉醒，政府的风险管理应从单一的化解冲突逐步过渡到构建民众心理支持，培育社会认同感和多元风险沟通。因此，未来将社会群体心理作为具有建构性、调节性、增值性的风险管理资本，对于提升公共管理效率有积极意义。

（一）构建风险理性机制以降低风险认知偏差

心理台风眼效应的相关研究成果为政府各级部门对邻避型群体性事件进行应急管理提供了科学依据，对国家有效化解邻避型群体性事件提供了决策参考。社会风险管理强调构建风险理性（Risk Rationality）机制的重要性，即借助风险沟通建立具有集体意识的风险认知，并进而选择合适的风险管理模式化解社会风险冲突。为了使国家的应急方案发挥有效作用，使邻避型群体性事件的影响最小化，必须坚持准确认识和把握邻避冲突中的公众心理特征，建立理性的风险认知。

Wiegman 和 Guttelingdy 研究表明当面临未知的风险事件时，在相同的信息模糊的条件下，对于直接受到影响的那部分公众，尽管这种直接经验自身带有一定的危险性和威胁性，甚至具有强迫性和不可抗性，但这种直接体验会使个体产生理性客观的风险评估，而合理的风险预期能够降低由信息模糊所造成的无谓的心理恐慌和风险认知偏差。这就是心理台风眼效应在空间上表现出越接近邻避设施的公众反而越冷静的原因。因此，决策部门应对邻避冲突的关键是缓解公众的恐慌情绪和控制公众的非理性行为倾向，减少公众的风险认知偏差，媒体可以根据邻避型群体性事件的发生发展阶段选择合理的信息发布方式，通过风险沟通和危机预警来控制公众的风险认知偏差，降低公众对邻避设施带来损失的过度敏感。① 面对邻避冲突对政府风险管理的挑战，政府应该承担多元化角色，包括风险预警者、风险规制者、风险管理者、合作治理者、统筹规划者、主导引领者等。因此，政府必须提高风险管理意识，多角度考量社会风险的来源和后果，强调邻避型群体性事件发生发展的整体关联性。政府不应执迷于专家和责任单位的专业性，在风险社会的图景中找准自己的定位，采取合理的措施，全面提升风险管理能力以防范并化解邻避型群体性事件。

另外，专家与公众之间的风险认知也不可避免地存在偏差。专家基于科学的研究范式，秉承价值中立原则，根据科学系统的网状知识，理性客观地评估预测邻避设施的风险。而公众多依据社会的分析范式，受到信息来源的限制，根据大众传媒的点状知识，往往会过高地估计邻避设施的风险。如果专家具有较高的公信力，通过知识宣传，对邻避设施的利弊做出明确分析和解释，可以有效疏导公众的紧张心理。但是，如果专家公信力不足，就会降低公众对设施的信任度，加强民众的群体极化，提升其风险预期，导致更严重的风险认知偏差。因此，在我国的邻避设施项目的开发中，专家需要在政府、企业与公众之间树立起中立、权威的形象，避免出现与政企"合谋"之嫌，以消除不同社会群体的风险认知偏差和由此产生的风险沟通障碍。另外，从心理台风眼效应可以推测，与难以获取和理解的专家的科学理论相比，直接受邻避设施影响的民众更容易被周围人的意见所左右。当邻里朋友都对设施的安全性产生疑虑，周围人的影响表现为群体助长和群体极化，使本已趋于平静的台风眼中心的民众重新检视自己对邻避设施风险的评估，迫于社会压力顺从周围人的判断，甚至导致个体理性判断降低，积极参与更为激烈的抗议行动中，形成从众行为。

最后，无论是基于安全风险、环境污染还是社会污名引发的邻避型群体性事件，几乎都包含着民众对邻避设施的知情权和参与权的诉求。在项目管理过程中，公众参与共同决策能够有效提升邻避设施的接纳度，也可作为培养政府、企业、公众三方互信的开端。因为，与被动接受邻

---

① 李文姣：《基于风险评估模型的政府信息供给机制研究——以 H7N9 的风险评估为例》，《商丘师范学院学报》2013 年第 10 期。

避设施带来的未知风险相比,亲自参与决策能够使公众更愿意面对预期的项目风险并承担由此引发的影响。另外,把公众意见纳入项目审批和决策过程,凸显了政府和企业对公众知情权的尊重和对其风险认知能力的信任,这是一种良性的心理资本的延续。有效的风险沟通,有助于巩固公众对政府、企业的信任度,能够将心理台风眼的中心平稳地带进一步扩大到更宽广的范围,从而降低邻避型群体性事件爆发的可能性。

(二) 构建第三方介入机制以化解邻避冲突

目前我国大型的邻避设施项目信息公开还处在起步阶段,很多在发达国家已经完全透明的数据在我国却还属于国家保密信息,尤其是关于设施安全性及环境影响的数据,一直没有完全公之于众。心理台风眼效应显示的越接近邻避设施中心的公众对风险评估越客观,心理表现越平静,主要是因为跟远离设施的民众相比他们对设施的安全性和影响有更详细的了解和切身体验。因此,政府与公众之间的信息对等是修正邻避设施周边民众风险认知偏差的重要因素,进行安全知识宣教,公开地公布环评信息,定期考察邻避设施的运营安全,建立完善的风险应急机制,有助于公众平抑内心的恐慌和对环境的担忧。只有让公众确信政府相关部门出于平衡公共利益在邻避设施选址和运营监督管制方面经过详细反复的论证,才会接受政府对邻避设施的建设规划。

第三方介入机制通常被应用于化解矛盾冲突,其一般意义是指政府在社会行政管理和内部管理中,产生利益冲突的双方对行政作为或者处理结果不满意、不接受而提起申诉,由中立的第三方介入,进行调查、咨询、论证、审查、评判、仲裁,最终提出科学合理的处理建议。第三方组织是独立于决策主体(政府)和责任主体(企业)之外,具有中立身份的评估主体。上文提到,对于处于邻避设施直接影响下的台风眼中心的公众,他们更容易受到政府、企业之外的非直接利益群体意见的影响,因此,在邻避型群体性事件中构建第三方介入机制有助于化解冲突。作为邻避设施决策者的政府和设施建设者的企业,往往与附近民众处于对立面,第三方介入承担了双方的信任,对邻避设施进行客观的评估和判断,因此应具备科学性、专业性和非直接利益。另外,风险具有不确定性,当专家的专业知识受到公众质疑时,信任缺失会使心理台风眼中心的民众质疑自己的直接经验,恐慌心理被处于台风眼之外的非官方消息激化，因此介入的第三方应具备公开性、公正性和独立性。但是将第三方介入机制引入邻避型群体性事件仍需注意以下问题：首先，政府不能全部委托投资咨询公司，或对他们有不适当的倚重，由公司按照"建设项目社会影响评估"的指标体系进行评估。如果投资公司把商业上的评估指标体系简单地套在邻避设施的风险评估上，将不可避免地导致风险预测偏差。其次，投资咨询公司并非严格意义上的"第三方组织"，其缺乏作为一种社会组织应具备的公共性，从而导致公信力存在争议。因此，在全面了解社情民意和平衡各方面的利益要求上，没有任何一家公司可以比政府具有更大的沟通能力并做出更准的评估。所以重大邻避设施和项目的评估，一定要坚持政府主导，即政府部门对评估的结论和参照的结果负责。

在邻避型群体性事件的管理过程中构建第三方介入机制具有重要意义。首先，有助于决策信息沟通全面开放透明，避免了政府决策的封闭性，有利于政府厘清自己的职责边界，构建责任政府。其次，第三方评估主体能够保证邻避设施风险评估的客观性、科学性和专业性，是促进社会实现公平公正、提升群众满意度的重要保障。并且有助于推动风险评估从单向听取民意到系统制度建设，对于形成发展合力具有积极意义。最后，构建第三方介入机制从长远看，能够督促政府部门真正承担和全面履行政府的有限职责，是创新社会管理和建设服务型政府的应有之义。总之，引入第三方组织对邻避设施周边民众的心理与行为干预进行风险分析与风险评估，将客观理性的风险认知调查结果运用到政府决策过程中，能够对决策进行高效的优化调整，最终将心理台风眼效应中的中心平稳区域进一步扩大。

（三）构建多维风险管理机制以控制临界阈值

邻避型群体性事件的爆发有临界阈值（Critical Threshold），其临界阈值受到环评信息对等程度、公众风险认知偏差、利益表达畅通程度等因素的影响。当邻避冲突在上述因素的作用下达到临界阈值的时候，公众的集群行为（Collective Behavior）在社会认同、群体极化、情绪感染、从众的动员作用下在短时间内转化为更为激烈的邻避型群体性事件。以往经验发现，在典型的中国式邻避冲突中，如什邡事件、厦门PX事件、江苏启东事件、浙江余杭事件，当直接受到邻避设施危害公众的集群行为达到某一临界阈值后，那些非直接利益受损的旁观者在持续的社会动员作用下会转变为权益抗争的积极参与者，此时某一偶发的诱致性因素会导致邻避冲突突破阈值边界演变为群体性事件。孙立平（2000）提出的"动员能力生产"理论指出在当代中国，公众的集群行为中动员能力生产与反动员能力生产往往同时进行，形成所谓的"共时态生产"。邻避型群体性事件是冲突双方的动员能力与反动员能力在共时态生产过程中相互博弈结果。因此，可以通过构建多维风险管理机制以控制临界阈值，当邻避型群体性事件在内外多元利益主体之间利益博弈陷入困局时，在经历邻避冲突阶段潜伏期，但最终还未在诱致性因素影响下开始宣泄性爆发前，遵循心理台风眼效应的规律，将公众的恐慌心理和暴力抗争倾向稳定在可控范畴之内。

通过对以往研究进行梳理，构建多维风险管理机制主要包括应急管理机制、公民参与机制、利益补偿机制和风险平衡机制。邻避型群体性事件一般为有相对明确利益诉求的直接利益相关者，因此当邻避冲突有转化为群体性事件的趋势时，政府部门首先通过应急手段来化解冲突，应急管理机制是以触发事件管理为主，及时提出有效的问题解决方式，辅以加强公民参与、利益补偿、风险平衡等灵活的方式和机制解决冲突。

公民参与机制，是化解邻避型群体性事件的有效途径。有学者认为应该将公民参与机制纳入最终决策效标，甚至完善的公民参与机制应在邻避设施建设提案提出和场址评定之前就该进入议程，而非如当下仅仅局限于补偿措施的商议和风险信息交流过程。公民参与机制是对参与路径的配套制度缺失的有效补充，能够重建政府部门和专家学者的公信力。当面临邻避设施的选址和建设时，人们会通过集群行为来表达对现有参与渠道欠缺的不满，倾向于对政府形成压力，引起社会关注来解决问题。心理台风眼效应显示，对于邻避设施议题，不仅仅是专业性、科学性与风险的不确定性等理性层面的探讨，还包括诸如公众对风险的评估、风险的承受意愿及环保与经济发展的权衡等的主观价值判断。如果将其简化为技术性议题，缺乏有效的公民参与机制，则反而会制造出更多邻避抗争，并增加日后政策执行上的困难①。公民参与机制是一个双向互动的社会稳定器，可以有效地降低公众的疑虑和担忧；充分体现广大民意，可以将邻避冲突的风险降至最低；畅通公众诉求表达通道，可以提高风险沟通的有效性。信息透明是公众有效参与的基本保证，完善的公民参与机制是化解邻避型群体性事件的重要载体。

利益补偿机制是基于追求自身利益最大化的经济理性，将邻避设施可能产生的风险损失进行科学计算、加权、规划，在经济层面控制邻避型群体性事件爆发的可能性。现有的利益补偿措施包括直接金钱补偿、税费减免、提供公共设施、医疗保健、改善小区环境等。利益补偿机制的核心是对预期将要发生或可能产生的损失进行评估，通过直接补偿和间接代偿等方式弥补邻避设施周边民众的损失，使之在心理层面达到平衡，以降低民众采取非理性集群行为抗争。②

邻避设施会不可避免地带来无法准确预期的损失，构建风险平衡机制就是为了防止引发可能的负性影响，降低可能发生的环境污染，建立健全环境安全标准、环境监测标准、环保协议等措施，在多个风险点之间找一个最优化的综合方案。心理台风眼效应说明通过为民众提供应对风险损失的安全保障措施，可以减轻他们的心理恐惧与不安，促使他们形成相对合理的风险认知，达到化解邻避型群体性事件的目标。

总之，多维风险管理机制是防范与化解邻避型群体性事件的核心策略，具有综合性、主动性、全程性等特征。在邻避冲突治理中，政府部门应提升风险意识，并构建以风险沟通为核心的风险评估、风险管理、风险决策环节；在邻避冲突化解过程中，加强管理偶发的诱致性因素的同时，综合运用公民参与机制、利益补偿机制、风险平衡机制。

邻避型群体性事件的相关研究从邻避冲突的成因、治理模式、公民参与、矛盾化解等方面进行了深入的探讨，并且就邻避设施的选址投建等问题开展了大量的实证研究，为进一步的综合研究和治理研究奠定了

---

① 汤京平：《邻避性环境冲突管理的制度与策略——以理性选择与交易成本理论分析六轻建厂及拜尔投资案》，《政治科学论丛》（台湾）1999 年第 10 期。

② Luloff, A. E., Stan L. Albrecht, Lisa Bourke, Nimby and the Hazardous and Toxic Waste Siting Dilemma: the Need for Concept Clarification. *Society and Natural Resources*, 1998, 11 (1): 81–90.

理论基础。但邻避型群体性事件中的心理台风眼效应的研究仍然存在以下不足：首先，应加强对该问题进行基本理论的研究，尤其要重视本土化重构和跨文化比较研究；其次，跨学科研究相对较少，由于矛盾具有复杂性，必须打破传统的研究模式和方式，引入多元研究范式，从多学科视角进行系统性和综合性的研究；最后，研究对象和研究成果呈碎片化，导致研究深度不足，应避免因治理机制研究流于学术化而缺乏实践效度。总之，为了提高政府保障公共设施建设和处理邻避型群体性事件的能力，为了保障信息透明度和公民参与机制以防范和化解邻避冲突，为了维护社会稳定与和谐社会构建，邻避型群体性事件中的公众心理研究将成为新的热点。

第三方介入重大决策社会稳定风险评估的困境与机制建设[*]

李文姣[**]

（中共河南省委党校，河南 郑州，451000）

摘 要：伴随着我国社会经济的发展，第三方介入重大决策社会稳定风险评估成为社会治理创新的必然选择，然而该领域的机制探索还处于起步阶段，具体表现为第三方的专业水平有限，主体意识不强，制度保障不健全。基于对促进党和政府重大决策的科学化、民主化建设实际问题的思考，将研究视角聚焦于机制建设和制度保障方面，有助于完善在重大决策社会稳定风险评估中引入第三方组

---

[*] ［基金项目］本文为国家社会科学基金青年项目"重大决策社会稳定风险评估中的第三方介入机制研究"（14CSH011）的阶段性成果。

[**] ［作者简介］李文姣（1983—），女，河南郑州人，社会学博士，中共河南省委党校哲学教研部副教授，研究方向为社会风险治理。

织的实践探索。

关键词：重大决策；社会稳定风险评估；第三方介入机制

重大决策社会稳定风险评估是运用专业的方法和技术手段，对重大决策可能引发的社会稳定风险的等级进行分析、对其危害程度进行预测和评估，进而为重大决策的实施提供支撑。习近平总书记对防范化解政治、经济、科技等领域的重大风险提出了明确要求，进行了具体指导，提出"既要有防范风险的先手，也要有应对和化解风险挑战的高招；既要打好防范和抵御风险的有准备之战，也要打好化险为夷、转危为机的战略主动战"[①]。政府决策失误和社会治理的制度性缺陷会加大国家和地区的经济危机、社会失稳，甚至引发政局动荡的风险。政府的重大决策促使经济结构和社会结构转型，导致社会稳定风险在不同的地域、系统和群体中产生应力集中，给社会稳定带来压力，对公共秩序产生消极影响。政府在决策前进行社会稳定风险评估是很有必要的，如果没有对决策可能引发的风险事件类型及其可能性进行分析、预警和控制，会导致难以回避的社会矛盾。社会秩序的良性运行需要制度的保障，依赖于机制建设的不断完善，以及公众对政府权威的认可、对社会公共秩序的认同与对法律法规的遵守。因此，对第三方介入重大决策社会稳定风险评估的现状进行梳理，分析其面临的困境并探索引入第三方进行社会稳定风险评估的制度保障与机制建设是非常有必要的。

一 第三方介入重大决策社会稳定风险评估实践现状

对涉及经济社会稳定发展的重大决策进行社会稳定风险评估，有助于对社会冲突和社会矛盾进行源头治理，有助于加强政府与公众之间的风险沟通，有助于实现社会善治，是加强国家治理体系和治理能力现代化建设的有力举措。第三方介入重大决策社会稳定风险评估作为社会治理领域的新兴课题，是政府规避重大决策引发社会失稳和群体性事件的听诊器和减压阀，下面从制度建设、实践探索和理论研究三个方面对其

---

① 《习近平在省部级主要领导干部坚持底线思维着力防范化解重大风险专题研讨班开班式上发表重要讲话》，中国政府网，http://www.gov.cn/xinwen/2019-01/21/content_5359898.htm。

实践现状进行梳理。

(一) 第三方介入重大决策社会稳定风险评估的制度建设

重大决策社会稳定风险评估作为一项具有政治前瞻性的社会治理机制，是立足国家政策导向，基于社会治理实践，回应民众权利期许的制度性创新。当下我国处于社会转型期，重大决策的推进过程中承载了严峻的社会风险，在现行的社会治理体系框架下，有效推进"稳评"需要政策制度的支持。因此，第三方介入社会稳定风险评估的制度建设必须置于政治体制重塑、经济体制改革和社会环境变迁的综合视域下，将党委领导，政府负责与多元主体协同相统合。

在制度建设层面，从国务院《关于加强法治政府建设的意见》(2010) 到《国民经济和社会发展第十二个五年（2011—2015 年）规划纲要》、从党的十八届三中全会《中共中央关于全面深化改革若干重大问题的决定》到党的十九大报告，都将重大决策社会稳定风险评估机制作为社会治理体制创新的重要组成部分。2014 年李克强总理在国务院常务会议上强调"要用第三方评估促进政府管理方式改革创新"[①]。同年 12 月，广东省通过了《广东省人民代表大会常务委员会监督工作领域开展第三方评估暂行规定》，在评估"一府两院"解决重大民生和社会普遍关注问题的专项工作或资金使用的情况及效果方面，明确了在广东省人大常委会监督工作领域开展第三方评估的决定。广东省首次从制度层面开启了规范第三方介入重大决策社会稳定风险评估，多个省市在接下来的几年中陆续出台相关政策法规。2015 年 9 月，辽宁省结合全省实际出台《辽宁省第三方社会稳定风险评估机构培育管理办法（试行）》，对第三方社会稳定风险评估机构的资质审核、管理内容、评估程序、收费标准等方面做了详细规定。2017 年甘肃省发布《关于进一步规范第三方社会稳定风险评估工作的通知》，要求省、市两级维稳办要结合工作实际，探索建立行业管理组织，实现第三方评估机构的自我管理和监督。2018 年 11 月咸阳市为深化第三方机构参与社会稳定风险评估工作，规范第三方"稳评"机构执业行为，引导第三方"稳评"机构评估工作健康有序发

---

① 李克强：《用第三方评估促进政府管理方式改革创新》，中国政府网，http://www.gov.cn/xinwen/2014-08/27/content_2741169.htm，2014-08-27。

展，制定出台了《咸阳市第三方社会稳定风险评估机构管理办法（暂行）》。第三方介入重大决策社会稳定风险评估的制度建设在本质上是以实现"从维稳向创稳转变"为主要目标，通过加强多元主体协同互动以缓解风险张力，实现重大决策的稳定有序实施。第三方介入重大决策社会稳定风险评估的制度建设推进了政府公共决策的科学化、民主化进程，有助于缓解社会的系统性风险，是未来中国社会稳定良性运行的有力支撑。

（二）第三方介入重大决策社会稳定风险评估的实践探索

如果政府担当社会稳定风险评估中的唯一责任主体，在重大决策过程中既当"运动员"又当"裁判员"，容易导致评估结论片面化和评估过程形式化。因此，近年来各地政府在重大决策社会稳定风险评估的实践探索过程中结合本地现实情况着力构建多元主体参评模式，"第三方"在多元主体中日益占据重要地位。具有专业性、独立性和客观性的第三方组织介入社会稳定风险评估，有助于完善多元主体评估的模式，进而建立健全社会稳定风险评估机制。

在实践探索层面，上海市建立了首个市场化导向的第三方评估模式，其特点是：强调第三方机构在市场竞争中自我发展完善，包括放开准入门槛，通过市场竞争提升质量水平，通过市场化、制度化的方法来强化保障措施，借助行业协会开展业务培训来培育扶持优秀的第三方机构。而江苏省徐州市则是以党委政府和维稳部门为主导的第三方评估模式，大力推进第三方评估市场的规范化和专业化建设，其特点虽然与上海模式大相径庭，但二者的目标是一致的，那就是构建客观、公正、独立的第三方介入机制。

对多个省市的第三方介入社会稳定风险评估的模式进行梳理，发现第三方介入机制可以通过以下途径实施：在评估主体的选择方面，应区分责任主体与执行主体，非政府专家组织是"稳评"执行主体的最佳选择；在评估客体的选择方面，主张利益相关者以包容开放的态度积极参与信息交流互动；在具体参与形式方面，倡导信息交流、民意调查、公共会议、公民论坛、协作参与、责任委托、授权决策等多种方式相结合；在参与实效方面，应完善"党委领导、政府负责"职能，对于第三方组织介入社会稳定风险评估，党委和政府既要积极支持，又不能放松监督。第三方组织应积极发挥社会协同功能，加强自身建设以提高"稳评"能力，实现科学规范、理性有序的参与机制。总之，开展社会稳定风险评估的根本目的是以风险评估为手段促进政府重大决策的制定和实施遵循以人民为中心的根本要求，因此将第三方引入重大决策社会稳定风险评估是要着力提升风险评估工作的科学性、公正性和可操作性。

（三）第三方介入重大决策社会稳定风险评估的理论研究

随着民众权利意识和公平意识的觉醒，为了满足公众参与意愿，许多研究者提出了将第三方引入重大决策社会稳定风险评估的建议，认为第三方介入"稳评"可以化解政府作为单一评估主体进行内部评估和自我评估的困境。张玉磊（2014）研究认为第三方参与社会稳定风险评估有助于完善"稳评"机制，但在实践中还面临政府的自闭性、第三方发展的滞后性和制度保障缺失等困境，因此政府应从加强扶持和严格监管两个方面提高第三方的风险评估能力。朱正威等（2017）对第三方介入社会稳定风险评估的实践情况进行调查研究发现，虽然部分省市已经开始实施第三方社会稳定风险评估并取得了一些实践经验，但是在政府购买第三方提供的社会稳定风险评估服务过程中仍存在现实障碍，因此通过梳理清楚第三方评估的主体权责关系、推进第三方评估的法治化建设、健全第三方评估机构资质的认证机制等策略有助于进一步完善社会稳定风险评估机制。[1] 张春颜、阎耀军（2018）研究认为由于第三方评估主体具有中立性和专业性，因此在风险调查、风险估测和公众参与等评估关键环节中有不可替代的优势，可以为多方利益博弈提供信息交流和冲突化解的平台。[2]

近些年众多学者从各自学科出发对第三方介入重大决策社会稳定风险评估进行了深入研究，极大地丰富了"稳评"理论的研究成果和理论探索。然而通过分析发现，学界对于这一领域仍然存在有待进一步研究的问题。例如，如何将第三方提供的社会稳定风险评估报告与环评报告、项目可行性报告之间进行严格的区分；如何解决第三方的评估内容缺乏

---

[1] 朱正威、石佳、吴佳、张保星：《社会稳定风险第三方评估：实践进展、现实障碍与优化策略》，《江苏行政学院学报》2017年第4期。

[2] 张春颜、阎耀军：《社会稳定风险评估中的"自风险"问题及破解策略》，《学习论坛》2018年第11期。

针对性，导致"稳评"过程存在千篇一律的格式化操作问题；如何化解第三方评估过程和评估结论缺乏有效的公众监督的风险；如何处理第三方提出的风险防范措施缺乏实效性和可操作性等问题均没有在研究中得到足够的重视和进行深入的探讨。理论研究存在空白会导致实践过程中缺乏基础和支撑，从而使第三方风险评估的成果难以有效地应用于社会风险治理。事实上，第三方介入社会稳定风险评估的目的和价值在于对社会风险采取客观的、有效的预警和研判，而非为了"稳评"而"稳评"。因此，加强第三方介入重大决策社会稳定风险评估的理论探索将有助于促进理论指导实践，有助于促进风险评估与风险治理的有机结合。

二 第三方介入重大决策社会稳定风险评估的困境

目前，第三方评估主体参与重大决策社会稳定风险评估在理论层面得到广泛的支持与肯定，但是在实践层面仍处于探索阶段，因此需要更多的实践经验才能广泛推广。社会稳定风险评估作为一种常态化的社会治理机制，第三方评估主体参与"稳评"的发展方向毋庸置疑，但在政府实践中，很难改变单一评估主体的现状。目前政府之外的其他评估主体在评估能力、水平和"稳评"的制度性保障方面均存在较大的提升空间，构建成熟的第三方介入重大决策社会稳定风险评估机制依然任重道远。

（一）第三方参与"稳评"的专业水平有限

普遍采用的第三方介入社会稳定风险评估的方法是把"稳评"工作以政府购买服务的方式委托给具有独立身份、专业资质、专门人才和专项技能的评估机构进行。在重大决策社会稳定风险评估领域也采取了类似的做法，各个省市均已成立了专业的评估机构，但这些"稳评"机构是近年来根据"稳评"工作需要建立起来的。有些甚至是从事环境评估和可行性评估的项目咨询公司转型而来，其工作机制尚不规范，并没有规范的机构资质认定标准和法律规范来核实他们的评估资质，其能够开展"稳评"工作仅仅是得到了政府相关部门的授权和委托。因此，我国参与重大决策社会稳定风险评估的主体，无论是作为主导的地方政府，还是多元评估主体的专家学者、社会组织、公司企业、事业单位和社会公众，其进行"稳评"的专业能力都需要进一步提高。

另外，这些专业"稳评"机构，目前没有在行业内部形成统一的社会稳定风险评估体系，每个机构都各成一派，因此亟待在行业内部，构建可操作的"稳评"程序、标准化的技术方法和统一的指标体系，提高整个行业的专业化水平。而且，专业"稳评"机构大多以政府购买服务的方式接受政府委托开展评估工作，地方政府仍然是其机构运营经费的主要来源，无法与政府之间切断利益关系，会导致其丧失独立性，过度的逐利行为也影响其客观性和公信力。在重大决策社会稳定风险评估工作中，第三方评估主体介入机制确立的最大障碍是"稳评"机构的专业水平有限。

（二）第三方参与"稳评"的主体意识不强

政府的自闭性阻碍了第三方评估主体介入重大决策社会稳定风险评估机制的形成和发展。长期以来我国的社会稳定风险评估机制是一个被动反应的过程。政府的自闭性是指政府本身就是一个相对封闭的系统，有排斥外部力量介入的本能倾向，[1] 根据公共选择理论，政府作为独立的"经济人"，自闭性有助于实现自身利益的最大化。政府的自闭性使其为了维护自身利益不受侵害（如果政府决策不能顺利通过审核并实施，某种程度上就是对政府利益的损害），因此，社会稳定风险评估是传统的封闭运行的行政主导权和决策权与现代公众对知情权、参与权和利益表达等诉求相互博弈的中介环节。

首先，第三方参与"稳评"的主体意识不强与政府部门对社会稳定风险评估机制在认识上仍然存有误区有关。有些政府部门和责任主体对社会稳定风险评估机制持消极抵触情绪，无视"稳评"的积极作用，认为"稳评"就是"挑错误，找不足"；有的认为政府部门才是唯一的风险评估主体，而其他主体没有必要也没有能力完成"稳评"工作；有的认为可以进行"选择性风险评估"，只对符合民众期许的决策进行"稳评"，而可能引发争议的决策应绕过"稳评"，尽快落地实施。同时，凡是重大决策均须接受第三方的风险评估的意识并没有在社会公众中形成共识，即使政府承认第三方评估主体介入社会稳定风险评估对于保障评估的全面客观和维护社会稳定具有重要意义，或在外部压力下允许第三方主体介入评估过程，也会在"稳评"过程中施加影响，甚至设置障碍阻止不

---

[1] 周建国：《政策评估中独立第三方的逻辑、困境与出路》，《江海学刊》2009年第6期。

利于政策实施的评估结论出现,缺乏有效开展风险评估的良性氛围,构建良性互动的风险评估机制可谓任重道远。

其次,在政府主导发展的模式下,我国形成了"大政府、小社会"的整体架构,政府以外的其他主体参与评估意识不强,阻碍了社会稳定风险评价机制多元主体评估模式的形成。长期以来,在以往全能型政府自上而下进行社会管理模式的影响下,行政管理体系在实施重大决策时倾向于封闭运行。在社会稳定风险评估中表现为其他评估主体会倾向于认为"稳评"是政府自身的工作职责,自我的主体意识不强,缺乏参与"稳评"的主动性和自觉性。第三方评估主体参与社会稳定风险评估的意识和态度对其在"稳评"中的作用和地位有重要影响,民众对风险评估机制的内容和程序不甚了解,公众的参与意识和权利意识不强,对政府主导风险评估的公信度存有疑虑,这些均不利于建立社会稳定风险评估的多元主体评估模式。

(三)第三方参与"稳评"缺乏制度性保障

制度制定和政策支持是重大决策社会稳定风险评估的第三方介入评估机制构建的基础,政府是否主动将其他主体纳入"稳评"决定了第三方介入评估机制的发展动力。当前我国的第三方介入重大决策社会稳定风险评估机制仍然存在较大的提升空间。

第一,第三方介入评估机制需要法律保障。虽然从中央到地方都在积极倡导构建多元评估主体参与"稳评",但第三方评估主体参与"稳评"在法律层面缺乏可操作性的法律法规。首先,现行法律法规不够明确,当前相关法律政策只在政府层面如何进行社会稳定风险评估进行了明确界定,但对于政府以外的其他主体在评估资质、参与程序、应承担的责任与义务方面均没有明确规定。其次,现行规定缺乏强制性,虽然地方政府规定可以委托社会中的第三方组织进行社会稳定风险评估,且"稳评"工作应充分尊重社会公众和相关领域专家的意见和建议,但这些规定属于规范性文件,大多是地方政府的行政规章和试行办法,不具备法律意义上的强制性,因此在现实实施中困难重重。

第二,第三方介入评估机制需要信息公开保障。在政府信息公开工作中,必要的信息公开,能够提高各级行政机关的履职能力和办事效率,能够保障企业、公民和社会组织对政府信息的知情权,有效地监督行政机关行使公权力。全面真实的信息是第三方评估主体介入重大决策社会稳定风险评估的基础和前提。目前，由于政府信息公开保密机制不健全，信息公开执行不到位，导致"稳评"信息透明度不够，政府以外的其他评估主体难以获得足够的相关信息，非政府方面的评估主体与评估对象之间的信息不对称，从而影响第三方评估主体参与"稳评"的有效性。最大限度的信息公开可以有效推动社会对政府的监督，可以转变政府与公众之间信息不对称的情况，可以极大地改善社会公众对政府的监督条件，从而大大提升公众的监督能力、政府执行各项政策的效果，以及政府公信力，加强政府与公众之间的良性合作与互动。

三 第三方介入重大决策社会稳定风险评估的机制建设

重大决策的制定实施主要包括决策主体、实施主体和第三方评估主体。决策主体的职责是根据第三方评估主体提供的社会稳定风险评估报告的结论，按照相关法律法规，经党委和政府商议，对被评估的重大决策做出执行、暂缓执行或不执行的决定，并将该决定及评估报告送同级重大决策社会稳定风险评估领导小组办公室审核评议。实施主体的职责是负责掌握重大决策实施阶段和具体情况并制定相应的应急管理方案。第三方评估主体是由决策主体按照法律法规和国家有关规定，委托开展重大决策社会稳定风险评估的社会组织、专业机构和专家学者组成。

构建第三方介入重大决策社会稳定风险评估机制必须遵循实事求是、客观公正、违规必究、权责统一、惩教结合的原则。第三方的风险评估内容包括基本风险调查、风险信息分析、风险源辨识和分类、风险评价和分级、风险控制、风险监控预警、风险应急处置、监督检查与评价等。构建第三方介入机制与多元主体相结合，能够细化社会稳定风险的责任落实，完善风险监管的考核评价模式，确立风险管理的通报排名、约谈警示、挂牌督办、责任追究倒查等机制。在制度运行中，严格按照"查找运行风险→预设防范控制→运行控制监督→失范处置追究→规范修正制度→职责界限划分"的"六步骤一循环"闭环运行科学规范工作流程，分别对应"风险动态追踪机制→风险动态防控机制→后续风险监督管理机制→风险责任追究机制→"稳评"绩效考核机制→责任共担均衡机制"。

(一) 构建风险动态追踪机制和风险动态防控机制以提升第三方的专业水平

1. 风险动态追踪机制

随着我国经济社会的快速发展，社会风险将随着时间、地点、环境等因素的变化而变化，第三方作为风险评估的主体，将"稳评"工作贯穿决策制定实施全过程，建立了"目标设定、等级评定、预警管控、动态监控"四项风险动态追踪机制。基于社会管理向社会治理的转变，构建风险动态追踪机制，提升防御社会风险的整体能力，形成基础性、整体性、系统性的制度架构。在社会稳定风险评估的整个流程中，第三方评估主体应充分发挥大数据、人工智能等技术在风险评估领域的核心作用。基于以数据驱动建立的风险评估系统，将互联网技术深度应用于风险分析等重要环节，通过机器学习、深度学习及自然语言处理等技术对海量数据进行处理、分析和挖掘，进而增强识别风险、量化风险、预测风险的能力。规范评估流程，明确责任事项，采取独立评估风险、互检评估结论、公众参与评议、组织审核批复等方式，对排查出来的社会稳定风险点逐一审核，登记汇总，争取达到"查找准确、表述准确、认定准确"的目标。

2. 风险动态防控机制

健全的机制是科学防控风险的前提和基础，明确重大决策社会稳定风险防控工作的目标任务、主要内容和实施步骤。第三方评估主体介入风险控制应与实施主体共同把握动态风险，采取有效的风险防控措施。

"防"是指针对风险易发多发的重点领域和关键环节，采取实地调研、结构化访谈、抽样调查、问卷调查、专家评估、公众参与等方式充分收集风险信息，分别做出"节点预防、阶段预防和综合预防"。

"控"是指结合现实情况，深入调查研究，坚持"第三方评估主体自控、实施主体内控、决策主体总控和监控"相结合，大力推行多元主体责任制，强化对社会稳定风险监控的督促指导。通过对风险源采取防控措施，修正完善现行制度，推动整个制度层面产生变化，重点加大对社会稳定风险评估的监督控制力度，健全完善社会稳定风险防范措施运行制度。

坚持防控结合的原则，以源头治理为切入点，按照"查为基础、防为关键、控为核心"的社会风险防控思路,探索建立以"动态查找风险、预警防控风险、制度化解风险"为内容的"三位一体"风险防控机制。

(二)构建后续风险监督管理机制和风险责任追究机制以提升第三方的主体意识

1. 后续风险监督管理机制

根据风险的严重程度不同、自由裁量权的大小、群体性事件发生的概率及危害程度,对排查出的社会稳定风险点的风险等级评估和分级进行后续监督管理,才能使"稳评"达到"具体有效、针对性强和风险防得住"的目标。重大决策社会稳定风险评估工作中将风险识别出并划分等级只是工作的开端,根据评估报告进行政策部署和后续的风险监督管理,才是"稳评"的最终目的。构建后续风险监督管理机制需要在之前的工作的基础上,强化社会稳定风险管理责任,把风险管理责任落实到具体责任部门和个体,达到"没有问题早预防,问题苗头早发现,一般问题早纠正,严重问题早查处"的监督管理目标,真正做到监督全面,防控有效。坚持抓住社会稳定风险易发多发的重点领域、关键环节,从影响经济社会发展的现实问题、群众反映强烈的突出问题、社会稳定的热点难点问题入手,努力构建"以风险为点、以机制为线、以制度为面"环环相扣的重大决策社会稳定风险评估后续风险监督管理机制。

2. 风险责任追究机制

风险责任追究机制是对由于不按照评估结论落实社会稳定风险防控措施而引发风险的,根据不同风险等级由决策主体采取不同措施。对低风险等级的,决策主体进行警示提醒,督促其自我改进;对一般风险等级的,决策主体进行诫勉约谈,督促其增强风险意识;对高风险等级的,决策主体实施行政问责,使风险防患于未然;对于已经引发社会失稳的,决策主体启动责任追究,目标是做到事前与事中防控到位,使存在的管理漏洞和薄弱环节及时发现、及时预警、及时纠正。

决策主体作为责任追究的主要责任方,要充分发挥法律在社会稳定风险评估工作中不可替代的作用,把进行社会稳定风险评估作为执行重大决策的前置条件和刚性约束,逐步改变问责难的局面;构建风险失范责任追究机制,要依据法律落实问责机制,严格责任查究。根据有关法律法规加大责任查究力度,对违反有关要求、出现重大问题的地方、部门（单位）和第三方评估机构及其领导、责任人进行严格的责任查究，倒逼第三方评估主体有效落实各项措施要求。构筑起"风险评估有标准、风险防控有措施、问责追究有依据"的社会稳定风险防控管理机制，以实现科学、动态、循环管理。

对于决策主体，应对重大事项决策不当、失误、错误，或未严格按照评估意见落实相应的防范、化解和处置措施，或未按相关程序和规定进行严格审查；对于实施主体，重大事项在实施过程中未跟踪掌握情况，未及时发现和纠正偏差、调控风险，引发社会稳定问题或群体性事件的；对于第三方评估主体，凡是应当开展评估而未进行评估的，或未按照有关程序进行评估和分析，评估走过场、弄虚作假的，都要严肃追究相关人员的责任，对主要负责人、分管负责人和直接责任人给予处分，对涉嫌犯罪的，要移交司法机关依法追究法律责任。

把强化风险责任追究作为推进重大决策社会稳定风险科学评估的有效手段，突出重大决策、重点工程、重要项目和重大活动这四个重点，以公开促公正、以监督促严谨、以追责促规范。为了防止社会稳定风险事件的发生，初步实现评估分析程序化、风险防控全程化，做到源头治理，以达到"评估一案、治理一片、稳定一方"的效果。

（三）构建"稳评"绩效考核机制和责任共担均衡机制以构建制度性保障

1. "稳评"绩效考核机制

"稳评"绩效考核机制是采取问卷调查、电话评议等方式对决策实施结果进行满意度测评、评估结论反馈测评，并对整改情况跟踪督办，提高重大决策社会稳定风险评估考核评价的全面性和准确性。将"稳评"绩效纳入到重大决策的社会稳定风险评估范畴，坚持把绩效考核作为风险评估的重要补充，及时解决"稳评"过程中存在的"懒、散、庸、拖、混"等问题。根据《重大决策社会稳定风险评估办法》中明确规定的评估内容、评估标准、评估细则、评估流程、评估程序和评估范围，按照突出重点和化繁为简的原则，凸显高风险等级决策，形成高、中、低宝塔形结构布局。根据风险等级变化、评估结论整改情况及时修订考核内容，按要求向决策主体和实施主体报备。并且积极推动风险评估结论向社会公开，接受群众监督。

另外,"稳评"绩效考核机制可以尝试从最初的只考核评估结论逐步扩大到评估全程,探索建立日常考评、阶段考核、自查自纠、民主测评等机制,对社会稳定风险防控工作情况进行专项考核,并进一步构建"稳评"责任制考核评价体系,作为风险责任追究的重要依据。

2. 责任共担均衡机制

决策主体、实施主体和第三方评估主体共同实施三位一体的第三方介入机制实现责任共担均衡,增加"稳评"制约点。针对以往单一主体评估权力过分集中、民主监督不到位的情况,构建责任共担均衡机制,对决策主体、实施主体和第三方评估主体交叉的工作内容进行清晰界定,对重复职权予以明确,对公共职权予以完善,细化职权流程,对涉及全局性的重大决策、重大事项和重大项目的"稳评"都能严格按照评估程序使多元主体各负其责,做到了科学决策、民主决策,使"稳评"规范运行。实现重大决策"零投诉、零上访、零违规"的目标。

通过对创新相互监督制约的第三方介入机制进行理论探索和实践检验,使"稳评"工作深入到党委和政府工作的各个环节,增强决策主体的风险危机意识,加强实施主体的风险化解意识,提高第三方评估主体的风险防范意识,第三方介入机制与多元主体机制相融合,规范重点领域和关键环节的公共权力运行,提升公众对"稳评"的认可度、支持度和满意度,进一步完善重大决策社会稳定风险评估的体系建设。但是,不可否认重大决策社会稳定风险评估的第三方介入机制作为新生事物,仍存在需要进一步完善之处。今后,可以将这项工作进一步向基层延伸,通过搭建技术平台,强化对"稳评"常态化的推广,建立健全第三方有效介入"稳评"的长效机制,努力提高重大决策的科学化水平。

习近平总书记强调"要强化风险意识,常观大势、常思大局,科学预见形势发展走势和隐藏其中的风险挑战,做到未雨绸缪。要坚持守土有责、守土尽责,把防范化解重大风险工作做实做细做好"[①]。重大决策社会稳定风险评估作为政府决策实施的创新性机制,关键在于完善评估过程中的具体实施细节。但是在网络时代,信息传播途径日趋复杂,信

---

① 《习近平在省部级主要领导干部坚持底线思维着力防范化解重大风险专题研讨班开班式上发表重要讲话》,中国政府网,http://www.gov.cn/xinwen/2019-01/21/content_5359898.htm。

息所代表的立场和观点日趋多元化，如何保障收集资料的真实性、数据分析的科学性、风险评估的有效性、评估结论的精准性，是"稳评"实施过程中面临的共同困境。我国积极推进重大决策社会稳定风险评估现代化进程，将第三方介入机制引入社会稳定风险评估工作是提高社会治理体系系统化、科学化、智能化和法治化的重要着力点。通过规范评估流程和关键环节，培育专业的第三方评估机构，初步形成了有效的实践经验和标准规范，在社会稳定风险评估过程中引入第三方介入机制能够实现重大决策和纷繁民意形成无缝对接。

参考文献

一　马克思主义经典著作

习近平:《关于〈中共中央关于坚持和完善中国特色社会主义制度　推进国家治理体系和治理能力现代化若干重大问题的决定〉的说明》,《人民日报》2019年11月6日第4版。

《习近平关于社会主义社会建设论述摘编》,中央文献出版社2017年版。

二　中文专著

王华:《2016年中国邻避问题与解决路向》,《中国社会体制改革报告/社会体制蓝皮书》,社会科学文献出版社2017年版。

肖盛燮:《灾变链式理论及应用》,科学出版社2006年版。

张治库:《风险社会与人的发展》,人民出版社2015年版。

朱庆芳:《社会指标的应用》,中国统计出版社1993年版。

三　中文译著

[德]乌尔里希·贝克、约翰内斯·威尔姆斯:《自由与资本主义》,路国林译,浙江人民出版社2001年版。

[德]乌尔里希·贝克:《风险社会》,何博闻译,译林出版社2004年版。

[德]乌尔里希·贝克:《风险社会再思考》,郗卫东译,《马克思主义与现实》2002年第4期。

[英]安东尼·吉登斯:《现代性的后果》,田禾译,译林出版社2011年版。

[英]斯科特·拉什:《风险社会与风险文化》,王武龙译,《马克思主义

与现实》2002 年第 4 期。

四 论文

毕翔、唐存琛:《后舆情时期社会风险与政府行为变革模式研究》,《图书馆》2020 年第 2 期。

曹峰、王巧:《重大政策社会稳定风险评估:问题与对策》,《中国党政干部论坛》2017 年第 10 期。

常健、许尧、张春颜:《社会稳定风险评估机制中的问题及完善建议》,《中国行政管理》2013 年第 4 期。

陈秋玲、肖璐、曹庆瑾:《社会预警指标体系设计及预警评判标准界定——基于社会稳定视角》,《公共管理高层论坛》2008 年第 1 期。

陈秀峰、陈美冰:《风险社会中的社会组织参与性公共服务效能探析》,《社团管理研究》2010 年第 9 期。

陈一新:《打好防范化解重大风险战略主动战》,《学习时报》2019 年 6 月 19 日第 1 版。

成协中:《风险社会中的决策科学与民主——以重大决策社会稳定风险评估为例的分析》,《法学论坛》2013 年第 1 期。

邓伟志:《关于社会风险预警机制问题的思考》,《社会科学》2003 年第 7 期。

董幼鸿:《社会组织参与城市公共安全风险治理的困境与优化路径——以上海联合减灾与应急管理促进中心为例》,《上海师范大学学报》(哲学社会科学版)2018 年第 4 期。

董幼鸿:《重大事项社会稳定风险评估制度的实践与完善》,《中国行政管理》2011 年第 12 期。

冯华:《构建完善的政府风险管理体系之我见》,《中国检验检疫》2012 年第 12 期。

高山、王京京:《社会稳定风险评估的两种模式及其融合》,《湖南师范大学社会科学学报》2015 年第 2 期。

高小平、刘一弘、高可清:《负激励:对社会风险评估制度的反思》,《治理研究》2021 年第 6 期。

龚维斌:《当代中国社会风险的产生、演变及其特点——以抗击新冠肺炎疫情为例》,《中国特色社会主义研究》2020 年第 1 期。

龚维斌:《当代中国社会风险的特点——以新冠肺炎疫情及其抗击为例》,《社会学评论》2020 年第 2 期。

龚维斌:《新时代中国社会治理新趋势》,《中国特色社会主义研究》2018 年第 2 期。

管兵:《社会组织的去风险机制研究》,《学海》2018 年第 6 期。

郭秀云:《重大项目:从"社会影响评价"到"社会稳定风险评估"》,《中国社会公共安全研究报告》2015 年第 1 期。

国务院发展研究中心"经济转型期的风险防范与应对"课题组,李伟、王一鸣、张承惠、高世楫、陈昌盛、吴振宇、陈道富、许伟、何建武、卓贤、朱鸿鸣、兰宗敏、李承健:《打好防范化解重大风险攻坚战:思路与对策》,《管理世界》2018 年第 1 期。

郝亮、郭红燕、王璇:《由"破"到"立":动力学视角下中国环境社会风险化解机制研究——以杭州九峰、湖北仙桃垃圾焚烧发电项目为例》,《生态经济》2020 年第 4 期。

何珊君:《中国社会风险治理的难题及其对策研究》,《社会建设》2019 年第 3 期。

何哲:《人工智能技术的社会风险与治理》,《电子政务》2020 年第 9 期。

胡洪彬:《化解社会风险:新中国成立 70 年来的历程、经验与启示》,《求实》2019 年第 4 期。

胡象明、张丽颖:《科学主义与人文主义视角下大型工程社会稳定风险评估困境及对策探析》,《行政论坛》2018 年第 2 期。

黄杰、朱正威:《国家治理视野下的社会稳定风险评估:意义、实践和走向》,《中国行政管理》2015 年第 4 期。

黄金梓:《社会风险视域下生态扶贫政策工具及其适用机制优化》,《求索》2019 年第 3 期。

黄仕靖、陈国华、袁勤俭:《突发事件社会风险放大的信息作用机制研究》,《图书与情报》2021 年第 2 期。

黄学贤:《突发公共卫生事件中的法治社会建设论纲》,《苏州大学学报》(法学版)2020 年第 3 期。

黄英君:《公共管理视域下的社会风险管理体系培育:战略、逻辑与分析框架》,《行政论坛》2018 年第 3 期。

季燕霞、石亚林:《我国地方重大项目社会风险评估的现实困境与制度改进》,《理论导刊》2014 年第 4 期。

孔祥涛:《科学推进新时代社会风险治理》,《中国党政干部论坛》2019 年第 3 期。

李殿伟、赵黎明:《社会稳定与风险预警机制研究》,《经济体制改革》2006 年第 2 期。

李颖:《市域治理下的社会风险整体性防控研究》,《山东社会科学》2021 年第 9 期。

廖秀健、刘白:《重大决策社会稳定风险评估的困境及其规制——以重庆"短命医改"为例》,《中国行政管理》2016 年第 1 期。

廖秀健:《"对抗式"重大决策社会稳定风险评估模式构建》,《中国行政管理》2018 年第 1 期。

林鸿潮:《社会稳定风险评估的法治批判与转型》,《环球法律评论》2019 年第 1 期。

林奇凯、刘海潮、梁虹:《当前城市社会风险预警管理现状及其机制构建——以宁波市为例》,《宁波大学学报》(人文科学版) 2012 年第 1 期。

刘白、廖秀健:《基于大数据的重大行政决策社会稳定风险评估机制构建研究》,《情报杂志》2016 年第 9 期。

刘锋:《社会组织协商"失灵"风险及其规避》,《理论视野》2016 年第 11 期。

刘婧:《现代社会风险解析》,《浙江社会科学》2005 年第 1 期。

刘隆、马振清:《将社会风险教育纳入思想政治教育体系刍议》,《人民论坛·学术前沿》2020 年第 10 期。

刘寿明、陆维臣:《公共领域中的委托代理理论及其拓展》,《求索》2009 年第 4 期。

刘伟伟、张博宇:《日本为何难弃核?——基于政策终结理论的分析》,《社会科学》2017 年第 5 期。

刘有贵、蒋年云:《委托代理理论述评》,《学术界》2006 年第 1 期。

陆杰华、刘芹:《转型期重大决策社会稳定风险评估体制机制探究》,《中国特色社会主义研究》2019 年第 3 期。

吕浩然：《从碎片化到整体性：超大城市突发公共卫生事件有效治理的实现路径》，《领导科学》2021 年第 2 期。

吕庆春：《化解新冠肺炎疫情重大社会风险的民族政治优势》，《理论探讨》2020 年第 6 期。

明燕飞、钟昭华：《委托代理视角下地方政府公共危机预警失灵研究》，《求索》2009 年第 8 期。

木永跃：《流动人口社会风险治理：理论与路径》，《上海行政学院学报》2021 年第 2 期。

沈一兵：《新时代社会风险与主要矛盾的转变及治理机制的创新——基于"风险—矛盾"双轴演变的视角》，《河南社会科学》2018 年第 12 期。

沈正赋：《社会风险视野中网络舆情的生成、传播及其信息治理——基于新冠肺炎疫情网络信息的梳理与阐发》，《安徽师范大学学报》（人文社会科学版）2020 年第 5 期。

史培军：《三论灾害研究的理论与实践》，《自然灾害学报》2002 年第 3 期。

宋林飞：《社会风险指标体系与社会波动机制》，《社会学研究》1995 年第 6 期。

宋林飞：《中国社会风险预警系统的设计与运行》，《东南大学学报》（社会科学版）1999 年第 1 期。

宋宪萍：《当前我国城市社会风险的多元协同治理》，《甘肃社会科学》2021 年第 4 期。

孙萍、翟钰佳：《国内社会风险防范的研究述评——基于 CiteSpace 的可视化分析》，《石家庄学院学报》2022 年第 1 期。

谭术魁、赵毅、刘旭玲：《防范征地冲突中地方政府与村委会的委托代理关系研究》，《华中农业大学学报》（社会科学版）2018 年第 3 期。

唐安杰：《政府决策依据的转变：从 GDP 到 GNH》，《开放导报》2012 年第 1 期。

唐皇凤、黄小珊：《百年大党防范化解社会风险的基本历程与主要经验》，《贵州社会科学》2021 年第 10 期。

唐钧：《人工智能的社会风险应对研究》，《教学与研究》2019 年第 4 期。

陶振:《重大决策社会稳定风险评估:流程与方法》,《中共天津市委党校学报》2015 年第 5 期。

童星:《公共政策的社会稳定风险评估》,《学习与实践》2010 年第 9 期。

汪大海、张玉磊:《重大事项社会稳定风险评估制度的运行框架与政策建议》,《中国行政管理》2012 年第 12 期。

王春业、邓盈:《重要立法事项第三方评估机制研究》,《中南大学学报》(社会科学版) 2017 年第 6 期。

王锋、胡象明:《重大项目社会稳定风险评估模型研究——利益相关者的视角》,《新视野》2012 年第 4 期。

王宏伟:《完善重大决策社会稳定风险评估机制的五大转变》,《云南社会科学》2013 年第 2 期。

王吉峰:《委托代理理论视角下公共治理的困境及其对策分析》,《长春市委党校学报》2009 年第 1 期。

王甲成、周璇:《新时代社会风险的转变与治理模式创新》,《河北科技大学学报》(社会科学版) 2020 年第 4 期。

王强、孙潇:《基于委托—代理理论的政府信任风险因素分析》,《学术交流》2013 年第 3 期。

王雪梅:《中欧环评公众参与机制的比较与立法启示》,《中国地质大学学报》(社会科学版) 2014 年第 4 期。

王阳:《重大决策社会稳定风险评估制度的效果分析——以"评估主体"的规定为重点》,《中国行政管理》2016 年第 3 期。

危红波:《我国数字社会风险治理责任分配》,《学术交流》2021 年第 10 期。

韦长伟:《冲突化解中的第三方干预研究综述》,《甘肃理论学刊》2011 年第 2 期。

文洁贤、张建华:《大数据时代社会风险治理的思维范式转换及其路径创新》,《华南师范大学学报》(社会科学版) 2021 年第 4 期。

吴晓林:《特大城市社会风险的形势研判与韧性治理》,《人民论坛》2021 年第 35 期。

吴忠民:《关于社会风险转为政治风险的可能性问题——中国中近期社会安全前景的一种判断》,《山东社会科学》2019 年第 12 期。

武胜伟：《基于利益相关者视角的社会稳定风险评估研究》，《河南师范大学学报》（哲学社会科学版）2014 年第 2 期。

谢俊贵、谭敏茵：《万联时代的社会福祉与社会风险》，《新视野》2019 年第 6 期。

谢俊贵：《高新技术社会风险的生发逻辑与控制理路》，《社会科学研究》2019 年第 3 期。

徐和平：《社会矛盾的法治化探讨——以社会稳定风险评估和社会管理为视角》，《社会科学辑刊》2013 年第 3 期。

徐文锦、廖晓明：《重大社会风险致灾机理分析与防控机制建构——基于新冠肺炎疫情风险防控的研究》，《软科学》2020 年第 6 期。

许传玺、成协中：《重大决策社会稳定风险评估的制度反思与理论建构》，《北京社会科学》2013 年第 3 期。

薛澜、周玲、朱琴：《风险治理：完善与提升国家公共安全管理的基石》，《江苏社会科学》2008 年第 6 期。

杨典：《特大城市风险治理的国际经验》，《探索与争鸣》2015 年第 3 期。

杨栋成：《基于社会稳定风险评估公众参与的制度创新——以地方政府重大决策公众参与为视角》，《福建教育学院学报》2014 年第 4 期。

杨芳勇：《论社会燃烧理论在"重大事项"上的应用——重大事项社会稳定风险评估的理论基础与方法模型》，《中共浙江省委党校学报》2012 年第 4 期。

杨雪冬：《全球化、风险社会与复合治理》，《马克思主义与现实》2004 年第 4 期。

杨艳文：《乡村振兴视域下农业农村现代化面临的社会风险及化解之道》，《领导科学》2021 年第 18 期。

郁建兴：《社会治理共同体及其建设路径》，《公共管理评论》2019 年第 3 期。

岳少华：《基本现代化进程中的社会风险预警及治理研究》，《现代经济探讨》2020 年第 9 期。

张海波、童星：《中国应急管理结构变化及其理论概化》，《中国社会科学》2015 年第 3 期。

张乐、童星：《重大决策社会稳定风险评估的问题、回应与完善》，《江苏社会科学》2015 年第 4 期。

张乐、童星：《"邻避"冲突管理中的决策困境及其解决思路》，《中国行政管理》2014 年第 4 期。

张乐、童星：《公众的"核邻避情结"及其影响因素分析》，《社会科学研究》2014 年第 1 期。

张乐、童星：《社会稳定风险评估之评估：过程与效果的综合指标》，《南京大学学报》（哲学·人文科学·社会科学）2016 年第 5 期。

张乐、童星：《重大"邻避"设施决策社会稳定风险评估的现实困境与政策建议——来自 S 省的调研与分析》，《四川大学学报》（哲学社会科学版）2016 年第 3 期。

张乐、童星：《重大决策社会稳定风险评估的问题、回应与完善》，《江苏社会科学》2015 年第 4 期。

张丽芬：《论新业态领域中的社会风险及其治理》，《北京社会科学》2021 年第 6 期。

张茂一、王洪树：《后疫情时代农村次生社会风险的深度治理探索》，《党政研究》2020 年第 6 期。

张勤、华炜：《社会组织治理社会风险的能力研究——基于江苏社会风险的视角》，《行政论坛》2015 年第 2 期。

张诗晨：《社会稳定风险第三方评估优化研究》，硕士学位论文，西南政法大学，2018 年。

张宪丽、高奇琦：《社会风险化还是心理风险化——对贝克风险社会理论的反思》，《探索与争鸣》2021 年第 8 期。

张小明：《我国社会稳定风险评估的经验、问题与对策》，《行政管理改革》2014 年第 6 期。

张学浪、笪晨：《农业转移人口市民化社会风险源分析及防范策略》，《农村经济》2020 年第 1 期。

张友浪、韩志明：《社会风险治理视角下的非正式诉求表达》，《中国行政管理》2021 年第 8 期。

张玉磊、贾振芬：《基于利益相关者理论的重大决策社会稳定风险评估多元主体模式研究》，《北京交通大学学报》（社会科学版）2017 年第 3 期。

张玉磊、徐贵权：《重大决策社会稳定风险评估机制的问题与完善》，《中共天津市委党校学报》2015年第4期。

张玉磊：《多元主体评估模式：重大决策社会稳定风险评估机制的发展方向》，《上海大学学报》（社会科学版）2014年第6期。

张玉磊：《重大事项社会稳定风险评估中的第三方参与：意义、困境与对策》，《内蒙古社会科学》（汉文版）2014年第1期。

赵继强、李建：《抗击社会风险的命运共同体构建》，《人民论坛》2020年第18期。

赵蜀蓉、陈绍刚、王少卓：《委托代理理论及其在行政管理中的应用研究述评》，《中国行政管理》2014年第12期。

赵延东：《社会资本与灾后恢复——一项自然灾害的社会学研究》，《社会学研究》2007年第5期。

郑杭生、洪大用：《中国转型期的社会安全隐患与对策》，《中国人民大学学报》2004年第2期。

周建国：《政策评估中独立第三方的逻辑、困境与出路》，《江海学刊》2009年第6期。

周锦章：《"第三方介入"：城市管理者破解拆迁难题的新思路》，《领导科学》2011年第2期。

周利敏、谷玉萍：《人工智能时代的社会风险治理创新》，《河海大学学报》（哲学社会科学版）2021年第3期。

朱德米：《开发社会稳定风险评估的民主功能》，《探索》2012年第4期。

朱德米：《社会稳定风险评估的社会理论图景》，《南京社会科学》2014年第4期。

朱德米：《政策缝隙、风险源与社会稳定风险评估》，《经济社会体制比较》2012年第2期。

朱庆芳：《社会指标课题研究初见成效》，《社会科学战线》1990年第4期。

朱正威、石佳、吴佳等：《社会稳定风险第三方评估：实践进展、现实障碍与优化策略》，《江苏行政学院学报》2017年第4期。

邹东升、陈昶、陈思颖：《重大事项社会稳定风险评估的权益引导困境与机制设计》，《领导科学》2019年第6期。

五 外文文献

B. Wiersma, P., Devine-Wright, "Public Engagement with Offshore Renewable Energy: A Critical Review WileyInterdisciplinary", *Reviews Climate Change*, Vol. 5, No. 4, 2014.

Covello V. T., "Best Practices in Public Health Risk and Crisis Communication", *Journal of Health Commun*, Vol. 8, No. 1, 2003.

Douglas M., Wildavsky A., *Risk and Culture: An Essay on the Selection of Technological and Environmental Dangers*, Berkeley: University of California Press, 1983.

Hendrickx L., Nicolaij S., "Temporal Discounting and Environmental Risks: The Role of Ethical and Loss-related Concerns", *Journal Environmental Psychology*, Vol. 24, No. 4, 2004.

Hood C., James O., Scott C., et al., *Regulation inside Government: Waste Watchers, Quality Police, and Sleaze-busters*, Oxford: Oxford University Press, 1999.

Hood C., Rothstein H., Baldwin R., "The Government of Risk: Understanding Risk Regulation Regimes", *OUP Catalogue*, Vol. 22, No. 5, 2001.

Klinke A., Renn O., "Expertise and Experience: A Deliberative System of a Functional Division of Labor for Post-normal Risk Governance", *Innovation the European Journal of Social Science Research*, Vol. 27, No. 4, 2014.

Morgan, M. G., "Risk Analysis and Management", *Scientific American*, Vol. 269, No. 1, 1993.

N. Stehr, R. Ericson (ed.), *The Culture and Power of Knowledge*, Berlin: Walter de Gruyter & Co., 1992.

O. Renn, "Stakeholder and Public Involvement in Risk Governance", *International Journal of Disaster Risk Science*, Vol. 6, No. 1, 2015.

Slovic, P., "Perceived Risk, Trust, and Democracy", *Risk Analysis*, Vol. 13, 1993.

Slovic, P., "Trust, Emotion, Sex, Politics, and Science: Surveying the

Risk-Assessment Battlefield", *Risk Analysis*, Vol. 19, No. 4, 1999.

Thompson M., Wildavsky A., *A Proposal to Create a Cultural Theory of Risk*, New York: Spring-Verlag, 1982.

Toma S. V., Alexa I. V., Arpe D., "The Risks and the Governments", *Procedia-Social and Behavioral Sciences*, Vol. 62, No. 1, 2012.

后　　记

党的二十大报告指出："我国发展进入战略机遇和风险挑战并存、不确定难预料因素增多的时期，各种'黑天鹅''灰犀牛'事件随时可能发生"。当前国内国际风险因素日趋复杂，我国面临社会风险的预测难度更高，影响范围更广，破坏性更重，控制难度更大。表现为风险源头多，风险点分布广，新旧交织、内外并存，重点领域和地区风险集中，持续时间长，不断激化升级，临界状态运行，引发公共危机。社会风险与经济金融结构、经济发展模式、环境敏感期、利益关系格局和社会政策框架相叠加，进而形成复合性风险，导致治理难度增大。

笔者长期致力于社会风险治理相关研究，最新的研究成果《新时代防范和化解社会风险研究》立足于促进防范和化解社会风险的科学化、民主化、社会化和法治化建设，将研究视角聚焦在构建完善的制度保障和机制建设，打造社会治理共同体、构建协同治理机制和建设韧性社会，科学处理风险防治、经济发展和社会稳定三者之间的关系，着力将社会风险转化为发展机遇。

在过去的十年里，笔者在河南省内的政府部门、研究机构、党校系统等以讲座的形式探讨社会治理、国家安全、社会稳定、民生福祉等相关问题，主持完成了国家社科基金项目和省部级课题多项，在国内的学术期刊也发表了一系列的学术论文。这些讲座、项目和论文为本书的主题"防范和化解社会风险"提供了长期性思考和创新性成果，在此基础上通过学理化的分析及系统性的梳理，遂成此书。

未来可以预见，在国内范畴，社会风险因素极易在经济、金融、科技、网络等风险因素作用下放大，并向政治等领域传导，导致社会风险

后　记

演变成综合性风险、全局性风险。国际领域，在全球化、信息化背景下风险环环相扣，社会风险极易形成局部社会危机、全国性社会动荡，甚至诱发地区性、全球性危机。社会风险将会变得更加复杂和多样化，传统与现代风险叠加，内外风险交织感染，社会风险表现出触点多、燃点低、易扩散、难处理等特征。笔者将会就如何有效防范和化解风险，深入推进国家治理体系和治理能力现代化展开更深入的研究。

最后，感谢中国社会科学出版社的朱华彬老师，他为本书的出版付出许多辛勤。

李文姣

2023 年 6 月 5 日